Mainz

Johannes Kral

2. komplett überarbeitete und aktualisierte Auflage 2017

Inhalt

Unterwegs mit

Johannes Kral

Nach seinem Studium der Kulturgeographie und Politikwissenschaft in Erlangen zog es Johannes Kral (Jahrgang 1985) Ende 2011 ins schöne Mainz. Während seiner Ausbildung am Journalistischen Seminar der Gutenberg-Universität entstand mit dem vorliegenden City-Guide sein erstes Reisebuch. Daneben war Johannes u. a. als Autor und Reporter für die Frankfurter Rundschau und den Bayerischen Rundfunk aktiv. Seit 2015 lebt Johannes in Berlin und berät aufstrebende Start-ups in den Bereichen Content Marketing und Public Relations. Regelmäßig kehrt er nach Mainz zurück, um Neues zu entdecken und Altes wiederzufinden.

Über Umwege hatte es mich im Herbst 2011 nach Mainz verschlagen. Dass die Karnevalshochburg am Rhein mir als fränkischem Faschingsmuffel gewisse Schwierigkeiten bereiten würde, war mir damals nicht bewusst. In meiner alten Heimat hatte ich mich dem Trara ganz gut entziehen können. Damit war es in Mainz ab Januar aber vorbei: Beim Bäckerbesuch musste ich mit weiß gekleideten Prinzen und ihrer Eskorte aus hochrangigen Ranzengardisten um die letzte Quarktasche streiten. Draußen auf der Straße beobachtete ich dann zwei Herren im blaulichtgeschmückten Karnevalswagen, die einem jugendlichen Golf-Fahrer die Überprüfung seines Restalkohols ermöglichten. „Restalgehol an Karneval!? Gibt's bei uns nit. Mir dringe brav ach die Reste!", entgegnete der Meenzer Bub und deutete als Beweis auf die zwei Dutzend Bierdosen auf der Rückbank, denen auch die letzten Tropfen Gerstensaft in der Nacht zuvor fachmännisch entzogen worden waren.

Als ich schließlich am Rosenmontag beim Versuch, dem närrischen Spuk zu entfliehen, feststellte, dass der Bahnhof von betrunkenen Gießkannen und vollschlanken Ballerinas mit behaarten Beinen belagert wurde, wusste ich: Ich würde mich dem alljährlichen Spektakel nicht entziehen können. Zum Glück ist die effektivste Überlebensstrategie in der närrischen Zeit absolut simpel: Pappnase oder Hütchen auf und einfach mitfeiern – Helau Mainz!

Was haben Sie entdeckt?

Haben Sie ein besonderes Restaurant, ein neues Museum oder ein nettes Hotel entdeckt? Wenn Sie Ergänzungen, Verbesserungen oder Tipps zum Buch haben, lassen Sie es uns gerne wissen!

Schreiben Sie an: Johannes Kral, Stichwort „Mainz" |
c/o Michael Müller Verlag GmbH | Gerberei 19, D – 91054 Erlangen |
johannes.kral@michael-mueller-verlag.de

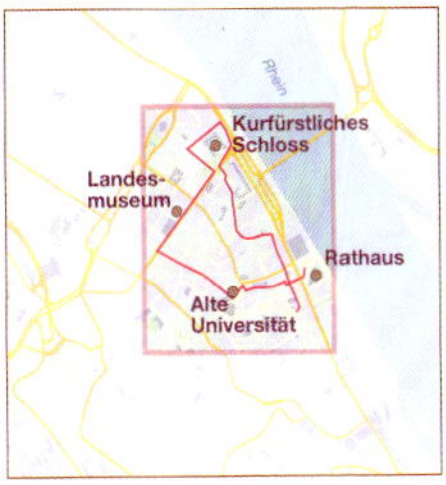

Im Norden der Altstadt

Tour 4: Vom Rathaus durch die nördliche Altstadt

Auf diesem Spaziergang streift man stadt- und landespolitische Schaltzentralen sowie bauliche Zeugnisse der Römerzeit. Unterwegs lässt sich in der Fußgängerzone ausgiebig shoppen.

■ S. 62

Stadt am Fluss

Tour 5: Durch die Neustadt zum Rhein

Diese Tour führt durch das Schachbrettmuster der Neustadt direkt an den großen Fluss. Die Rheinpromenade lädt zum Flanieren ein und bietet Ausblicke auf geschichtsträchtige Prachtbauten.

■ S. 78

Park-Hopping

Tour 6: Durchs grüne Mainz

Ausgedehnter Spaziergang durch die grüne Lunge der Stadt, der nicht nur diverse Parks, sondern auch parkähnliche und sehr sehenswerte Friedhöfe streift.

■ S. 92

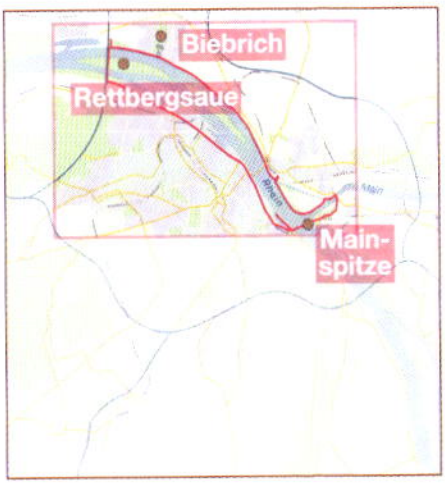

Immer am Rhein entlang

Ausflug 1: Auf die „ebsch Seit"

Beim Abstecher auf die „falsche" Rheinseite bieten sich wunderbare Aussichten auf die Mainzer Silhouette; Ausdauernde gehen oder radeln bis zum imposanten Schloss Biebrich.

■ S. 104

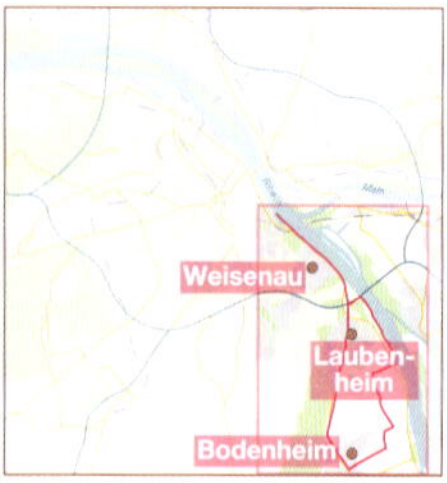

Radtour ins Grüne

Ausflug 2: Mit dem Rad durch Ried und Reben

Natur pur im Schutzgebiet Laubenheimer-Bodenheimer Ried, anschließend Weinseligkeit in und um Bodenheim, wo sich Reben die Hänge hochziehen und Weinstuben aneinanderreihen.

■ S. 114

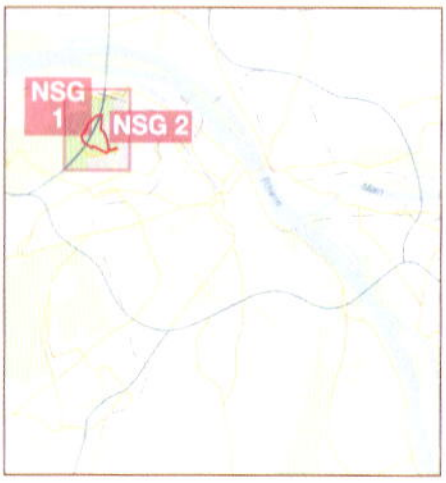

Zur Steppe am Stadtrand

Ausflug 3: In den Mainzer Sand

Im offiziell Großer Sand genannten Naturschutzgebiet am nördlichen Stadtrand sorgt eine für Deutschland einzigartige Steppen- und Sandflora für visuelle und physische Entspannung.

■ S. 120

Nachlesen & Nachschlagen

Was haben Sie entdeckt?

Haben Sie ein besonderes Restaurant, ein neues Museum oder ein nettes Hotel entdeckt? Wenn Sie Ergänzungen, Verbesserungen oder Tipps zum Buch haben, lassen Sie es uns gerne wissen!

Schreiben Sie an: Johannes Kral, Stichwort „Mainz" |
c/o Michael Müller Verlag GmbH | Gerberei 19, D – 91054 Erlangen |
johannes.kral@michael-mueller-verlag.de

Mit dem grünen Blatt haben unsere Autoren Betriebe hervorgehoben, die sich bemühen, regionalen und nachhaltig erzeugten Produkten den Vorzug zu geben.

Flamingos im Stadtpark

Orientiert in
Mainz

- Stadt und Stadtviertel
- Sightseeing-Hightlights
- Essen und Ausgehen

Orientiert in Mainz

Stadt und Stadtviertel

Mainz ist mit nur 98 km² die kleinste Landeshauptstadt Deutschlands. Die über 2000 Jahre Stadtgeschichte können also problemlos an einem Wochenende erkundet werden. Touristisch im Rampenlicht steht die quirlige Innenstadt mit ihren baulichen Zeugnissen aus Jahrtausenden. In den Randbereichen versprechen grüne Weinberge und Naturschutzgebiete Erholung pur.

Rot oder Blau?

In der Mainzer Innenstadt sollte die Orientierung nicht schwerfallen: Alle Straßen, die parallel zum Rhein verlaufen, sind blau beschildert, während Straßen, die senkrecht zum Strom verlaufen, mit roten Schildern bestückt sind. Dabei steigen die Hausnummern der „roten" Straßen in Richtung Rhein an, die Nummerierung der „blauen" Straßen folgt der Fließrichtung des Rheins von Süd nach Nord.

Kleine Stadt ganz groß

Rund 210.000 Einwohner zählt Mainz heute. Insgesamt 15 Stadtteile verteilen sich auf eine Fläche von exakt 97,74 km² – und machen Mainz zur kleinsten **Landeshauptstadt** Deutschlands. Dass Mainz nicht wie andere Städte in Zeiten der Industrialisierung rasant ins Umland hinauswuchs, hängt mit seiner militärisch-strategischen Bedeutung zusammen, die Mainz lange Zeit innehatte. Ab Mitte des 17. Jh. bis zum Ende des 19. Jh. umgab ein geschlossener Festungsring die Stadt. Mainz sollte als „Bollwerk Deutschlands" vor allem den expansionslüsternen Franzosen Widerstand leisten. Die Entwicklung der Stadt fand damit lange Zeit nur innerhalb der Festungslinie statt, deren Verlauf sich am Mainzer Grüngürtel heute noch gut erkennen lässt. Erst mit der Schleifung der Wehranlagen verschaffte sich Mainz mehr Luft. Durch die Anlage der Neustadt verdoppelte sich die Stadtfläche und Mainz entwickelte sich schnell zur Großstadt – übrigens zur größten des Landes Rheinland-Pfalz.

Stadt am Fluss

Als **Hafenstadt am Rhein** brachte es Mainz im Mittelalter zu ansehnlichem Wohlstand. Auch heute noch laufen täglich Containerschiffe den modernen Hafen an der Ingelheimer Aue an. Das Rheinufer zwischen ehemaligem Zollhafen im Norden und dem Winterhafen mit seinen Jachten im Süden ist die Lebensader der Stadt. Grünflächen locken an schönen Tagen Tausende Sonnenhungrige an den Fluss. Hier legen auch die weißen Rheinschiffe ab, die Besucher in die Metropole Frankfurt, nach Heidelberg oder ins UNESCO-Welterbe Oberes Mittelrheintal bringen.

Alt- und Neustadt

In der Altstadt schlägt das touristische Herz von Mainz. Hier streckt sich am Markt der **Dom** selbstbewusst über die Dächer hinweg und dient als guter

Orientierungspunkt für alle, die ihren Weg ins Zentrum suchen. Wenn Mainzer von der „Altstadt" reden, meinen sie meist nur das historische Viertel zwischen Markt und Südbahnhof. Genau genommen erstreckt sich der Ortsbezirk Altstadt aber in Dreiecksform von der Kaiserstraße mit der mächtigen **Christuskirche** im Norden über den Stefansberg mit der Kirche **St. Stephan** im Westen bis zum Winterhafen im Südosten über mehrere gewachsene Stadtteile. Charakteristisch für die Altstadt stehen einerseits die großen Plätze wie **Markt**, **Liebfrauenplatz**, **Gutenbergplatz** und **Schillerplatz**, aber auch das verwinkelte Gassennetz um die **Augustinerstraße**. Nördlich der Altstadt beginnt die Neustadt, deren Schachbrettmuster sich zwischen Hauptbahnhof und Rheinpromenade erstreckt. Mit gut 27.000 Einwohnern ist die Neustadt heute der zahlenmäßig größte und am dichtesten besiedelte Stadtteil von Mainz. Die Oberstadt südwestlich der Altstadt und Hartenberg-Münchfeld westlich der Neustadt komplettieren die Mainzer Innenstadt.

Am Stadtrand

Ruhesuchende finden in den randstädtischen Bezirken viele grüne Oasen. Der **Mainzer Sand** und der **Lennebergwald** im Norden sowie das **Laubenheimer Ried** und der **Steinbruch Weisenau** im Süden sind beliebte Naherholungsgebiete, die sich für Radtouren oder Wanderungen anbieten. In den südlichen Stadtteilen **Laubenheim**, Ebersheim und Hechtsheim zieht sich heute noch auf gut 200 ha Fläche **Wein** die Hänge hoch. Von hier bieten sich weite Ausblicke bis in den Taunus oder auf die Skyline der Mainmetropole Frankfurt.

Links und rechts des Rheins

Wer in Mainz auf die Theodor-Heuss-Brücke fährt, erreicht schon nach 475 m Wiesbaden. Ortsfremde Besucher sind nicht selten irritiert, wenn sie dort durch Mainz-Amöneburg, Mainz-Kastel und Mainz-Kostheim spazieren. Lassen die Namen doch vermuten, dass es sich hierbei um rechtsrheinische Ortsteile von Mainz handelt. Das waren sie auch mal, bis der Rhein nach dem Zweiten Weltkrieg kurzerhand zur Grenze zwischen den neu geschaffenen Bundesländern Rheinland-Pfalz und Hessen erkoren wurde. Mainz verlor damit über Nacht große Teile seines damaligen Stadtgebiets. Formal Hessen, fühlen sich viele Bewohner der sog. **AKK-Gemeinden** auch heute noch eher Rheinland-Pfalz verbunden. Das trifft im linksrheinischen Mainz auf große Sympathie. Denn für eingefleischte Mainzer steht sowieso fest: Rechts des Rheins ist auch noch Mainz.

Orientiert in Mainz

Sightseeing-Highlights

Wahrzeichen der Stadt und oft erste Anlaufstation für Mainz-Besucher ist der Dom. Drum herum die belebten Gassen und Plätze der Altstadt sowie in Sichtweite das Rheinufer. Die reiche Museenwelt hat viel Hochkarätiges zu bieten. Und Ruhe und Entspannung findet man in den Parks am Rande der Innenstadt oder weiter außerhalb in den Naturschutzgebieten und Weinbergen.

Ausflug ins Mittelrheintal

Wer meint, er hätte in Mainz alles gesehen, könnte einen Tagesausflug ins Obere Mittelrheintal unternehmen. Zwischen Koblenz und Bingen schlängelt sich der Rhein rund 70 km an Burgen, Festungen und Schlössern vorbei. Als Highlight wartet der mächtige Schieferfelsen der Loreley. Die Schiffe legen in Mainz vor dem Rathaus ab (→ S. 191).

Kirchen und Architektur

▪ **Mainzer Dom:** Ein Besuch der über 1000 Jahre alten Kathedrale ist obligatorisch, die sechstürmige Silhouette ist allgegenwärtig. Einen ganz unverbauten Blick hat man aber nur vom Liebfrauenplatz, und zwar auf die mächtige Ostgruppe. Die Erkundungstour startet man am besten durch den Haupteingang auf der Marktseite. → Tour 1, S. 18

▪ **Stephanskirche:** Selbst wer mit sakraler Kunst und Architektur gar nichts am Hut hat, sollte dieser Kirche einen Besuch abstatten. Seine Bekanntheit verdankt das Gotteshaus in erster Linie den von Marc Chagall gefertigten Buntglasfenstern. Das tiefblaue Glas ist von farbigen Bildern durchbrochen und wirft bunte Muster auf den Kirchenboden. → Tour 3, S. 46

▪ **Neue Synagoge:** Das spektakulärste Bauwerk der Neustadt wirkt mit seiner grünen Reliefkeramikfassade, den gezackten Konturen, den unförmigen Fenstern und dem markanten Dreiecksturm wie ein futuristischer Fremdkörper im Quartiersbild. Einen Blick hinein werfen kann man nur nach Anmeldung. Highlight ist aber sowieso die äußere Erscheinung. → Tour 5, S. 78

Plätze und Gassen

▪ **Markt:** Zwischen Dom und Barockfassaden findet jeden Dienstag, Freitag und Samstag auf dem zentralen Platz der Wochenmarkt mit allerlei regionalen Erzeugnissen statt. Weinstände und Fressbuden bilden eine gelungene Symbiose aus Freiluftsupermarkt und Wein-Bier-Garten. → Tour 2, S. 28

▪ **Augustinerstraße:** Die berühmteste Straße von Mainz und ihre verwinkelten Seitengässchen laden zum gemütlichen Flanieren ein. Charakteristisch das anthrazitfarbene Kopfsteinpflaster, die restaurierten Fachwerkfassaden, die kleinen Boutiquen, Kunstgalerien, Cafés sowie Weinstuben und Restaurants jeder Couleur. → Tour 2, S. 28

Mystik und Militär

- **Zitadelle:** Mit der Zitadelle hat sich eines der bedeutendsten Baudenkmäler von Mainz erhalten, 250 Jahre lang diente sie als Sitz des Militärkommandos. Hier steht mit dem Drususstein auch das Ehrenmal für den Stadtgründer. → Tour 3, S. 46

- **Isis-Tempel:** Mitten in einer Einkaufspassage erlauben die Reste des Heiligtums aus dem 1. Jh. Einblicke in die Zeiten des mystischen Mogontiacums. In dem unterirdischen Schauraum werden beeindruckende Fundstücke ausgestellt. → Tour 4, S. 62

- **Römisch-Germanisches Zentralmuseum:** Weitere Einblicke in die römische Epoche sowie ins frühmittelalterliche Mainz ermöglicht das RGZM. Im Ostflügel des Kurfürstlichen Schlosses widmen sich zwei Dauerausstellungen u. a. dem römischen Totenkult, dem Militär und Handwerk sowie dem Niedergang des Imperium Romanum. → Tour 4, S. 62

Bücher und Gemälde

- **Gutenberg-Museum:** Das „Weltmuseum der Druckkunst" widmet sich auf fünf Etagen u. a. dem Leben und Werk des berühmtesten Sohnes der Stadt. Sicher verwahrt in einem Tresorraum findet sich mit den Gutenberg-Bibeln das bedeutendste Werk des Druckpioniers. Wer will, kann sich hier auch selber in der mittelalterlichen Druckkunst ausprobieren. → Tour 2, S. 28

- **Landesmuseum:** In der ehemaligen Golden-Ross-Kaserne ist heute die größte kunst- und kulturgeschichtliche Sammlung von Rheinland-Pfalz untergebracht. Neben antiker und mittelalterlicher Kunst sind hier auch Picasso & Co. zu bewundern. → Tour 4, S. 62

Fluss und Grün

- **Rheinpromenade:** An der rund 2 km langen Mainzer Uferpromenade laden Grünflächen, ein aufgeschütteter Sandstrand, Biergarten und Cafés zur Verschnaufpause ein. Jenseits der Theodor-Heuss-Brücke bietet sich ein schöner Blick auf die Mainzer Silhouette. → Tour 5, S. 78

- **Stadtpark:** Der prächtigste Park von Mainz liegt als idyllische Oase am südlichen Rand der Altstadt. Im großen Biergarten des Favorite-Hotels gibt's Kaffe, Kuchen und Erfrischungen. Zum Flussufer sind es nur zwei Katzensprünge. Die Südbrücke führt an die Mainmündung, wo man den Rheinschiffen beim Wendemanöver zuschauen kann. → Tour 6, S. 92

Essen und Ausgehen

An Einkehr- und Ausgehmöglichkeiten mangelt es in Mainz nicht. Für den Start in den Abend bieten sich die Gassen der Altstadt an. Plauderfreudige Winzer, fantasievolle Küchenchefs und kreative Cocktailmixer laden hier in ihre Räumlichkeiten. Auf den Bühnen wird Konzert, Theater und Kabarett geboten. Menschenschlangen vor den Clubs der Stadt verraten, wo gerade angesagte DJs auflegen.

Ausführliche Restaurantbeschreibungen finden Sie im Kapitel Mainzer Gastronomie ab S. 143

Alle Clubs, Bars und Kneipen sowie Theater- und andere Bühnen finden Sie im Kapitel Kultur- und Nachtleben ab S. 154

Mainzer Küche

Die regionale Küche ist bodenständig. Für den kleinen Hunger gibt's die Fleischwurst mit Brötchen auf die Hand. In den Weinstuben werden Spundekäs und Handkäs als Begleitung für Riesling & Co. gereicht. Neben diesen Kleinigkeiten kommt in Mainz auch allerlei Schmackhaftes aus Wald und Wasser auf die Teller. Vielerorts wird die regionale Küche gekonnt neu interpretiert und von internationalen Einflüssen geprägt. Dabei haben sich viele Küchenchefs den unterschiedlichen Vorlieben ihrer Gäste angepasst und zaubern neben Fleisch- und Fischspezialitäten auch Leckeres für das vegetarische oder vegane Publikum auf die Teller.

5 Einkehr-Tipps

- **Fisch Jackob:** Für nicht wenige Menschen ist ein Marktbesuch untrennbar mit einem Stopp in dieser rustikalen Gaststube verbunden. Die Fischsuppe ist der Klassiker und weit über die Stadtgrenzen hinaus bekannt. Wenige Schritte entfernt gibt's im gleichnamigen Fachgeschäft schnell ein Fischbrötchen auf die Hand. → S. 147

- **La Gallerie:** Die Speisekarte dieses dezent-eleganten Restaurants hat alle paar Wochen Neues zu bieten, Freunde der mediterranen Küche kommen hier zu leicht gehobenen Preisen sicher auf ihre Kosten. Mini-Dessert im Glas zum Abschluss ist Pflicht. → S. 146

- **alCortile:** Auf Buchenholz gebacken, kommen hier in ansprechender Atmosphäre die besten Pizzen der Stadt auf die Teller. Neben Pizza und Pasta aber auch allerlei Schmackhaftes der traditionellen Landküche, vom toskanischen Rinderschmorbraten bis zum Schwertfisch sizilianischer Art. → S. 148

- **Geberts Weinstuben:** Mit einer klassischen Weinstube hat dieses Restaurant so gar nichts zu tun. Man sitzt auf brombeerfarbenen Stühlen unter schweren Kronleuchtern und genießt die gehobene Kochkunst des Küchenchefs. 3-Gang-

Menü mit Begleitweinen für unter 50 €. Die beste Adresse in der Neustadt! → S. 146

▪ **Nelly's Frühstückslust:** Gemütliches Bistro in der Mainzer Neustadt, das seine Gäste ganztägig mit Frühstück, hausgemachten Kuchen, Suppen, Baguettes, Obst oder frisch gepressten Säften versorgt. Der Nelly-Kalender verrät, welche Eigenschaften Gäste haben müssen, um Kaffee oder Kakao umsonst zu bekommen. → S. 152

Bühnen, Bars, Clubs und Co.

Das kulturelle Programm der Stadt verspricht auf den großen und kleinen Bühnen vielseitige Unterhaltung. Sinfoniekonzerte, Opern, Dramen, Ballett, Kabarett und Comedy laden zum Lauschen, Lachen, Weinen und Staunen ein. In den Programmkinos flimmern dankenswerterweise immer wieder Schmuckstücke abseits des Mainstreams über die Leinwände. Tanz- und Feierlustige können in den Clubs zwischen Großer Bleiche und Weißliliengasse leicht die Nacht zum Tag machen.

5 Tipps für 5 Abende

▪ **Staatstheater Mainz:** Die wichtigste Bühne der Stadt zeigt an drei Spielstätten ein abwechslungsreiches Programm von klassisch bis modern. Neben Drama, Oper und Ballett auch experimentelles Theater, Werkstattproduktionen und Schauspiel für Kinder. → S. 154

▪ **unterhaus:** Zwei Bühnen bieten hier ganz große Kleinkunst, und das seit 1966. Comedy- und Kabarettgrößen gastieren im „unterhaus" ebenso wie Newcomer und in Vergessenheit geratene Wortkünstler. → S. 154

▪ **Capitol & Palatin:** Diese beiden Programmkinos haben sich ganz den eher unbekannten Autorenfilmen verschrieben. Das wöchentlich wechselnde Programm beinhaltet auch regelmäßig Originalfassungen (mit oder ohne Untertitel). → S. 156

▪ **Panama Bar:** Die gemütliche Cocktail-Bar mit lebensgroßer Kuh im Fenster gehört seit 10 Jahren zu den beliebtesten Adressen im Mainzer Nachtleben. Das Publikum und der freundliche Service heißen auch Nichtstammgäste willkommen. → S. 33

▪ **schon schön:** Am Wochenende angesagte Party-Adresse für das feierlustige Jungvolk mit Pop, Hip-Hop, Techno oder House. Unter der Woche abwechslungsreiche Konzerte von Rock und Punk über Rap bis Soul, montags gibt's immer Jazz. Wegen seines herausragenden Live-Musik-Programms erhielt der Kulturclub die Bundesauszeichnung „Applaus 2015". → S. 159

Renaissance-Brunnen am Markt

Wege durch Mainz

Im Wahrzeichen der Stadt

Tour 1

Einst Repräsentant der Macht der Erzbischöfe und Krönungsstätte, ist der Dom heute nicht nur die Bischofskirche der Diözese, sondern auch das unbestrittene Wahrzeichen der Stadt Mainz.

Willigistüren, ältestes Ausstattungsstück des Doms, S. 21

Udenheimer Kreuz, der Gottessohn als Triumphator, S. 23

Domschatz, kostbare liturgische Utensilien, S. 26

Mit Dommuseum und Domschatz

Der Mainzer Dom

Rund 1000 Jahre gehörten die Mainzer Erzbischöfe zu den einflussreichsten Männern Europas. Mit dem Dom St. Martin errichteten sie ab 975 ein repräsentatives Zentrum ihrer religiösen wie auch weltlichen Macht. Über die Jahrhunderte war die Kathedrale stumme Zeugin bedeutender geschichtlicher Ereignisse, hier wurden Könige gekrönt, Reichstage und große Synoden abgehalten. Aber der Sakralbau wurde auch immer wieder Opfer von Bränden und Kriegen. Insgesamt siebenmal fiel das Gotteshaus den Flammen zum Opfer. Heute ist der Mainzer Dom die touristische Hauptattraktion der Stadt. Damit das auch so bleibt, wird der Dom seit dem Jahr 2000 wieder einmal umfassend restauriert. Dabei handelt es sich nicht um das Finale der Arbeiten, sondern lediglich um eine weitere Etappe in der bereits über 10 Jahrhunderte andauernden Baugeschichte der opulenten Kirchenanlage.

Baugeschichte

Den Grundstein für den Bau eines neuen Doms legte Erzbischof Willigis im Jahre 975. Mit seiner Ernennung durch den Kaiser war er im gleichen Jahr Vorstand der größten Kirchenprovinz außerhalb Roms geworden, überdies erhob der Papst ihn zu seinem legitimen Stellvertreter nördlich der Alpen. Da er als Erzbischof von Mainz das Amt des Erzkanzlers innehatte, gewann er auch politisch großen Einfluss im Heiligen Römischen Reich. Die Errichtung einer prachtvollen Kathedrale nach dem Vorbild des Petersdoms in Rom sollte nun den herrschaftlichen Anspruch des Erzbischofs und die herausragende Stellung der Mainzer Kirche architektonisch repräsentieren. Nach den Plänen von Willigis und seinen Baumeistern entstand das romanische Fundament der dreischiffigen

Basilika mit mächtigem Querschiff und je einem Chor im Westen und im Osten. Zum Rhein hin wurde eine Empfangskirche errichtet, die durch Säulenarkaden mit der Mutterkirche verbunden war. Auch wenn heute vom Gründungsbau neben wenigen Mauerresten nur noch die unteren Etagen der beiden Flankentürme am Ostbau erhalten sind, so war die Ausdehnung des Willigis-Baus doch maßgebend für alle Veränderungen in den folgenden Jahrhunderten.

Der Gründungsvater erlebte die Fertigstellung seines Bauwerks allerdings nicht mehr. 1009 brannte der Dom nach rund 30 Jahren Bauzeit in der Nacht vor seiner Weihe bis auf die Grundmauern ab. Wahrscheinlich wurde die Kathedrale Opfer der Fackelbeleuchtung, die anlässlich des bevorstehenden Weihetages zur gebührenden Illumination angebracht worden war. Erst unter Erzbischof Brado konnte der Dombau vollendet und 1036 feierlich eingeweiht werden. Bis dahin mussten die Erzbischöfe mit dem schlichten, alten Dom vorliebnehmen, der sich an der Stelle der heutigen Johanniskirche befand und in Größe und Ausstattung längst unwürdig erschien. Schließlich war Mainz mit seinen zahlreichen Suffraganbistümern die größte mitteleuropäische Kirchenprovinz, die sich vom schweizerischen Chur über Prag bis nach Hildesheim und noch weiter in den Norden erstreckte.

In den kommenden Jahrhunderten wurde das Gotteshaus immer weiter aus- und umgebaut sowie um weitere Bauwerke ergänzt. Nach einem erneuten Dombrand 1081 versah man die Ostgruppe im 12. Jh. mit einer halbrunden Apsis. Zur Marktseite hin entstand bis 1137 die Gotthard-Kapelle, die dem Erzbischof als exklusive Privatkapelle diente. Knapp 100 Jahre später wurden die Arbeiten zum Aufbau der formenreichen Westgruppe mit ihrem großen Vierungsturm und den beiden Seitentürmen abgeschlossen. Mit einer erneuten Weihe im Jahr 1236 war der Dombau in seiner heutigen Grundform und wesentlichen Gestaltung vollendet.

Gegen Ende des 13. Jh. erfolgten die ersten Eingriffe in die romanische Architektur. Das Langhaus wurde an der Nord- und Südseite um gotische Seitenkapellen erweitert. Ab 1390 wurde der doppelgeschossige Kreuzgang im Stile der Spätgotik angelegt. Und auch die Türme des Ost- und Westchores wuchsen nach und nach immer höher hinaus.

Nach Abschluss der gotischen Umgestaltungsarbeiten wurden bis Mitte des 18. Jh. kaum weitere Veränderungen an der äußeren Erscheinung des Doms vorgenommen. Erst im ausgehenden Barock kam es wieder zu nennenswerten Baumaßnahmen. Zwischen 1769 und 1774 setzte der Würzburger Architekt Franz Ignaz Michael Neumann dem westlichen Hauptturm seinen mehrstöckigen steinernen Helm auf, der das Gebäude und das gesamte Stadtbild bis heute prägt. Auch der Wetterhahn auf der Spitze des 82 m hohen Westturms, der sog. Domsickel, und die Domhäuser auf der Marktseite, die teils heute noch von Mitgliedern des Domkapitels als Wohnhäuser genutzt werden, stammen aus dem Spätbarock.

Während der neunmonatigen Mainzer Republik (1792/93) wurde der Dom im Zuge der deutschen Belagerung schwer beschädigt. Neben den Dächern des Langhauses und dem Kreuzgang wurde vor allem die östliche Turmgruppe Ziel preußischer Bombardements. Bis 1828 errichtete der hessische Hofbaumeister Georg Moller daraufhin eine eiförmige Eisenkuppel als neuen Abschluss des gotischen Mittelturms. Dieser spektakuläre Kuppelbau wurde aber bereits 40 Jahre später wieder abgetragen und durch den heutigen spitzen Turmhelm ersetzt. Grund hierfür waren vermutete Statikprobleme, darüber hinaus konnte die außergewöhnliche Konstruktion aber auch nie große Sympathie in der Bevölkerung erlangen. Alles in allem hat der Dom die revolutionären Jahrzehnte mit einem blauen Auge überstanden, besonders wenn man bedenkt, dass die Franzosen die Kathedrale als Proviantmagazin, Lazarett oder Schweinestall nutzten und kurzzeitig sogar einen Abriss in Erwägung zogen. Auch wenn dieses Vorhaben glücklicherweise verworfen wurde, so gingen doch zahlreiche Domschätze in jener Zeit verloren: 1801 wurde fast die komplette Inneneinrichtung versteigert.

Im Gegensatz zu den meisten anderen Gebäuden der Altstadt trug der Dom nur geringfügige Schäden durch die Luftangriffe im Zweiten Weltkrieg davon. Zwar brannten die meisten Dächer ab und der Kreuzgang wurde in Teilen zerstört, das Domgewölbe blieb aber intakt. Und so konnte man nach gut 20 Jahren Restauration im Jahr 1975 planmäßig das tausendjährige Domjubiläum feiern.

In den frühen Phasen des Dombaus stellten weniger die technischen Herausforderungen die Baumeister vor Probleme, da man sich diesbezüglich auf die traditionelle Handwerkskunst der Steinmetze stützte. Viel häufiger galt es, logistische Hürden zu überwinden. So mussten Tausende Steine aus dem Spessart und später aus dem Weisenauer Steinbruch zur Baustelle geschafft werden – für die damalige Zeit eine Meisterleistung! Auch heute noch kommt der rötliche Sandstein, wenn Ausbesserungen nötig sind, aus der Gegend um das unterfränkische Miltenberg. Und irgendetwas gibt es eigentlich immer zu tun – im Schnitt bedarf das Gotteshaus alle 50 Jahre einer Generalüberholung. Nachdem der Dom zu Beginn des vergangenen Jahrhunderts umfassend restauriert und mit neuen Fundamenten stabilisiert wurde, ist St. Martin seit 2000 einmal mehr zur Baustelle geworden. Bis mindestens 2017 soll das Kirchenmonument mit einer Grundfläche von heute 4600 m^2 für rund 25 Mio. € umfassend renoviert werden. Die Außenfassaden der Domtürme wurden mit Hubschrauber und Spezialkamera minutiös auf den Restaurationsbedarf überprüft. Mittlerweile sind die Sanierungsarbeiten zwar schon sichtbar fortgeschritten, hier und da werden aber noch für einige Zeit Gerüste stehen.

Rundgang durch den Dom

Aus der Ferne und von vielen Orten in der Innenstadt ist von der sechstürmigen Silhouette der Kathedrale eigentlich immer etwas zu sehen. Je weiter man sich dem „Domgebirge" aber nähert, desto mehr scheint sich die Basilika vor neugierigen Blicken wegzudücken. An drei Seiten schmiegen sich Gebäude an die Außenfassaden, als wollten sie das Baudenkmal beschützen. Am Leichhof verdecken das Domstiftsgebäude sowie ein Nachkriegsbau das Gotteshaus, im Westen versperrt eine Geschäftspassage die freie Sicht auf den Hauptturm. Und an der Marktseite drängen sich die Rokokohäuser aus dem 18. Jh. sowie die St.-Gotthard-Kapelle mit der Bonifatius-Statue in den Vordergrund.

Blick auf die Domtürme vom Rathausplatz

Nur vom Liebfrauenplatz hat der Betrachter einen unverbauten Blick auf die mächtige Ostgruppe mit ihren drei Türmen. Der Marktplatz, der größte der drei Domplätze, geht zum Rhein hin in den Liebfrauenplatz über. Im Westen wird er durch den kleinsten Domplatz, das Höfchen, begrenzt.

Drei Eingänge führen ins Innere des Doms: Nur zu Gottesdiensten ist der Zugang über den Leichhof möglich, ansonsten gelangt man von Osten auf der Domstraße in den Kreuzgang. Auf der Marktseite liegt der Haupteingang – es bietet sich an, eine Erkundungstour durch den Dom hier zu starten.

Zwischen den Domhäusern hindurch gelangt man zum Marktportal mit den bronzenen **Willigistüren** – das älteste Ausstattungsstück der Kathedrale. Die beiden Türflügel aus einem Guss stammen aus der Gründungszeit des Doms um das Jahr 1000 und sind den Bronzetüren des Aachener Münsters nachempfunden. Sie sollten – wie das gesamte Bauwerk – die Vorrangstellung der Mainzer Erzbischöfe untermauern. Schließlich hatte Willigis den Plan, Aachen als traditionellen Ort der Königskrönung abzulösen (was letztlich aber nicht gelingen sollte). Ursprünglich waren die Türen an der dem Dom vorgelagerten Liebfrauenkirche angebracht, die sich vor der Rheinuferaufschüttung noch bis zum Wasser erstreckte, um den per Schiff ankommenden König gebührlich empfangen zu können. Nach dem Abbruch der Kirche 1803 wurden die Türen am Marktportal angebracht. Bis heute hat sich auf den oberen Teilen der Flügel das 1135 unter Erzbischof Adalbert I. eingravierte Stadtprivileg erhalten, das den Bürgern erstmals Mitbestimmungsrechte, etwa in Steuerfragen, zusicherte.

Hat man den düsteren Dom betreten, lohnt gleich ein Schwenk nach links, bevor man sich dem religiösen Zentrum des Sakralbaus, dem Westchor, zuwendet. An das nördliche Seitenschiff grenzt hier die **Marienkapelle**, die zu den im 12. und 13. Jh. vorgenommenen Kapellenanbauten gehört. Den neugotischen Altar schmückt eine holzgeschnitzte Marienfigur mit Kind.

▲ Die schöne Mainzerin

▼ Das Willigis-Fenster

Flankiert wird die sog. „schöne Mainzerin" von den Bistumsheiligen Bonifatius und Martinus. Die Figuren selbst lassen sich auf den Anfang des 16. Jh. datieren, sie wurden später in den Flügeltürenaltar von 1875 integriert. Neben dem Marienaltar befindet sich das **Grab von Bischof Ketteler**. Willhelm Emmanuel Freiherr von Ketteler (1811–1877) war von 1850 bis zu seinem Tod oberster Geistlicher von Mainz. Er ging vor allem als Sozialbischof in die Geschichtsbücher ein, da er sich insbesondere um bessere Arbeitsbedingungen und mehr Armenhilfe bemühte. Ketteler war der Gründer der Katholischen Arbeitnehmer-Bewegung (KAB) und gilt als einer der Wegbereiter der katholischen Soziallehre.

Der Innenraum der dreischiffigen Pfeilerbasilika wird von der erhöht gelegenen Doppelchoranlage dominiert. Dabei ist der Hauptchor im Westen durch das 53 m messende Arkaden-Langhaus mit dem Ostchor verbunden. Dass die westliche Choranlage, wie beim großen Vorbild Alt-St.-Peter, seit jeher als liturgisches Zentrum dient, zeigt schon die im Vergleich zum Ostchor reichere Ausstattung. Hinter dem Hochaltar mit dem schlichten Bronzekruzifix erhebt sich im Halbkreis das aufwendig geschnitzte **Rokoko-Chorgestühl** aus dem 18. Jh. Hier nehmen in Gottesdiensten traditionell die Vertreter der Geistlichkeit Platz; im Zentrum befindet sich der Bischofssitz. Allerdings wird nur zu hohen Feiertagen der goldene Thronsessel des Bischofs unter den großen Baldachin gerückt. Unter dem Hauptchor liegt die schmucklose **Westkrypta**, die ab 1925 angelegt wurde und heute als Grabstätte der Bischöfe dient.

Nördlich des Westchores findet sich im Querhaus ein **Taufbecken** von 1328. Hierbei handelt es sich vermutlich um den größten Gegenstand, der jemals aus Zinn gegossen wurde; der Deckel ist allerdings aus Kupfer und wurde erst 1804 aufgesetzt. Das Becken zeigt den Kirchenpatron St. Mar-

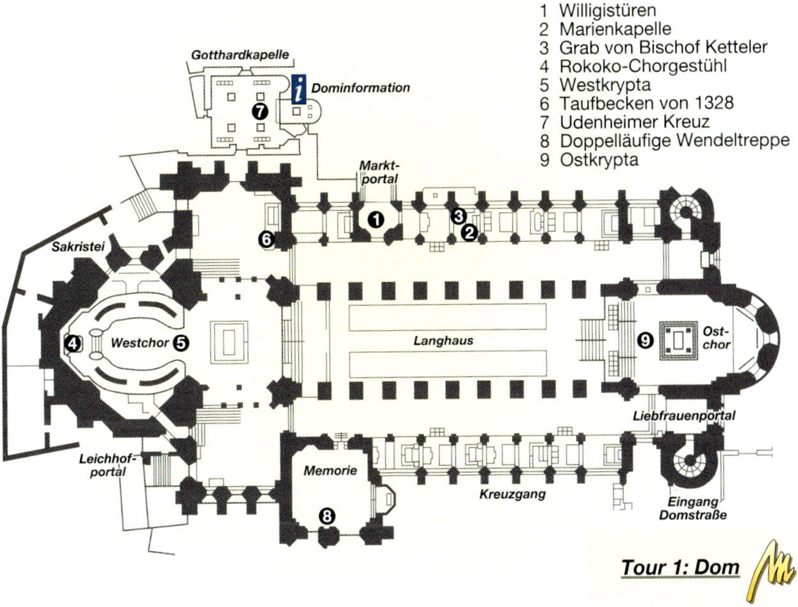

tin von Tours, eingereiht in den Kreis der Apostel, sowie die Muttergottes mit Kind.

Über das nördliche Querhaus gelangt man auch in die einstige bischöfliche Privatkapelle, die heute als Andachtsraum dient und genau genommen nicht zum Dombauwerk gehört. Die um 1137 angebaute Gotthard-Kapelle beherbergt einen der wertvollsten und ältesten Kunstschätze des Doms: Das **Udenheimer Kreuz** stammt vermutlich aus dem 11. Jh. und wurde 1962 der unweit von Mainz gelegenen Kirche Udenheim abgekauft. Das Holzkreuz zeigt nicht den leidenden Jesus, sondern den Gottessohn als Triumphator. Bei genauer Betrachtung lassen sich noch originale Farbreste erkennen. Allerdings wurde das Triumphkreuz im Laufe der Zeit überarbeitet – und das wohl nicht gerade von einem Fachmann: Zwei Paar Brustwarzen sowie zwei Seitenwunden legen diese Vermutung zumindest nahe.

Der Mainzer Dom beherbergt eine der größten Sammlungen klerikaler **Grabdenkmäler** in Europa. Hier finden sich Denkmäler der unterschiedlichsten Stilepochen, von der Mitte des 13. bis ins 19. Jh. In früheren Zeiten verwendeten die Bildhauer vor allem Materialien wie roten und grauen Sandstein, mit der Renaissance fanden dann auch kostbarere Gesteine wie Marmor und Alabaster ihren Weg in den Dom. Heute sind die Grabdenkmäler der Erzbischöfe vor allem an den Mittelschiffpfeilern im **Langhus** angebracht – ursprünglich waren sie in den Fußboden eingelassen. Manche Reliefplatten zeigen die Verstorbenen mit ausdrucksstark gearbeiteten, eher heiteren Gesichtszügen. Andere wirken dagegen düster und fast bedrohlich. Das größte der Denkmäler steht im südlichen Querhaus und ist nicht einmal einem Erzbischof gewidmet. Der hier abgebildete Dompropst von der Leyen ließ das 8,33 m hohe Barockmonument 1706 noch zu seinen Lebzeiten anfertigen. Der Dompropst stand einst an der Spitze des Domkapitels und gehörte somit zu den mächtigsten Männern der Stadt. Voll von entsprechendem Selbstbewusstsein ließ sich von der Leyen dieses prächtige Denkmal bauen, das durch die Tuchdraperie wie eine Bühne für den Verstorbenen wirkt. Aber auch seine Frömmigkeit sollte es monumental zum Ausdruck bringen: Flankiert wird der demütig kniende Dompropst von den Personifikationen von Tod und Zeit.

Gleich hinter dem größten Domgrabmal verbirgt sich die spätromanische Memorie, die einst dem Domkapitel als Versammlungssaal diente. Hier befindet sich auch einer der zwei Aufgänge zur **doppelläufigen Wendeltreppe**, der andere liegt in der St.-Nikolaus-Kapelle im Westflügel des Kreuzgangs. Die beiden Spiralen der Treppe verlaufen übereinander; diese besondere Form der Wendeltreppe ermöglicht es, dass zwei Personen die Treppenläufe durch jeweils separate Ein- und Ausgänge betreten und wieder verlassen können, ohne sich zu begegnen. Früher führten die Treppen zur alten Dombibliothek. Leider bleibt die Memorie heute in der Regel verschlossen.

Beim Gang durch die Seitenschiffe lohnt der Blick auf die großen Maßwerkfenster der Seitenkapellen. Diese sind bewusst aus schlichtem Glas gefertigt, da sie durch die umstehenden Häuser von außen sowieso kaum gesehen werden können. Lediglich im oberen und unteren Fensterabschluss kommt etwas Farbe ins Spiel. Die Fenster zeigen umlaufend die Portraits und Wappen der Bischöfe bzw. Kurfürsten seit der Domgründung im Jahre 975. Das Bildnis des ersten Bauherrn findet sich am Ostende des südlichen Seitenschiffs. Gegenüber vom **Willigis-Fenster** liegt der Abgang in die Ostkrypta bzw. in die Nassauer Kapelle.

Die **Ostkrypta** entstand um 1100 und wurde in Anlehnung an die frühromanische Hallenkrypta des Speyerer Doms angelegt. Schon lange finden hier nicht mehr Bischöfe ihre ewige Ruhe, sondern die unterirdische Kapelle ist heute ein Ort zur Verehrung der Bistumsheiligen. Hiervon zeugt der **Schrein der Mainzer Heiligen**, der 1960 von Gläubigen gestiftet wurde und die Reliquien von 22 Verstorbenen unter Verschluss hält. Einen Blick werfen kann man auch in die ebenfalls unterirdische **Nassauer Kapelle** aus dem frühen 15. Jh. Sie wurde einst zu Ehren des Hl. Martin und zum Andenken an das Nassauer Fürstenhaus, dem gleich vier Mainzer Erzbischöfe entstammten, angelegt. Ursprünglich erstreckte sich die Kapelle über zwei Etagen, und das obere Stockwerk ragte turmähnlich in das Langhaus des Doms empor. Heute ist nur noch die untere Etage erhalten – sie dient nun einer spätgotischen Christusfigur aus Sandstein (um 1430) als Schlafstätte.

Das ZDF bietet auf seiner Website einen attraktiven **virtuellen 360-Grad-Rundgang** durch den Dom an. Hier kann man mal einen Blick in die sonst verschlossene Memorie oder die Sakristei werfen und darf auch die Aussicht über die Stadt von den Domtürmen genießen. Einfach „ZDF – Dom – Rundgang" in die Suchmaschine eingeben.

Wer die Ostkrypta über den südlichen Aufgang wieder verlässt, kommt halblinks hinaus in den **Kreuzgang** mit sei-

nem brunnengeschmückten Garten. Die drei doppelgeschossigen Flügel des Innenhofs wurden zwischen 1397 und 1410 errichtet, mussten infolge von Kriegsschäden aber zweimal wiederaufgebaut werden. Der Kreuzgang wurde vor allem als Bindeglied zwischen den um ihn errichteten Stiftsgebäuden angelegt. Für große Prozessionen war die Anlage von vornherein nicht konzipiert worden, was schon der Umstand vermuten lässt, dass auf einen umgehbaren Kreuzgang verzichtet wurde. West- und Ostflügel münden im Norden direkt in das Seitenschiff des Doms. Daneben diente die Anlage als Grabstätte für die Mitglieder des Domstifts; auch heute werden im Garten noch hohe Geistliche zu Grabe getragen. Unter den einzelnen Denkmälern hervorzuheben ist die Grabplatte des 1318 verstorbenen Minnesängers Heinrich von Meißen im Ostflügel (dritte Reliefplatte vor dem Eingang ins Dommuseum). Die heute in die Wand eingelassene **Grabplatte des Frauenlob**, wie der bekannteste Popstar des Mittelalters meist nur genannt wurde, ist allerdings eine 1783 geschaffene Replik. Im unteren Reliefabschluss sind noch ganz gut Frauen in langen Kleidern zu erkennen, die den Sarg ihres Schwarms zu Grabe tragen. Das Untergeschoss des Kreuzgangs wird mittlerweile nur noch selten für liturgische Zwecke genutzt, im Obergeschoss befinden sich heute die Räumlichkeiten des Dommuseums.

Dombesichtigung: Für Besucher steht der Dom März–Okt. Mo–Fr 9–18.30 Uhr, Sa 9–16 Uhr sowie So und feiertags 12.45–15 und 16–18.30 Uhr offen. Nov.–Febr. nur bis 17 Uhr. Eintritt frei (ohne Dommuseum). Während der Gottesdienstzeiten und zu Domkonzerten ist die Besichtigung nicht gestattet. Ein Domkalender mit allen Terminen und weiteren Informationen ist auf der offiziellen Website des Mainzer Doms abrufbar: www.mainz-dom.de.

Dominformation: Markt 10, ¢ 06131/253412; im Sommer Mo–Fr 9–18 Uhr, Sa 9–14 Uhr, So 12.30–16 Uhr, im Winter Mo–Fr 9–17 Uhr, Sa 9–14 Uhr geöffnet.

Eine gut 40-seitige **Broschüre** über den Dom und seine Kunstdenkmäler gibt es im Dommuseum oder in der Schatzkammer für 3 €.

Verschiedene **Führungen** durch den Dom für Gruppen und/oder Einzelpersonen bieten die

Mainzer Uferfront mit Dom und Rathaus

Der Mainzer Dom → Karte S. 23

Dominformation (bis zu 25 Pers. für 40–80 €/Gruppe) sowie die Touristeninformation an. Es gibt sowohl separate Domführungen als auch kombinierte Dom-Altstadt-Führungen (je nach Programm 1–2 Std., 7 €/Pers.). Über Treffpunkt und Zeiten der Führungen informiert man sich am besten direkt bei der Dominformation bzw. der Touristeninformation (→ S. 193).

Dommuseum und Domschatz

Das Bischöfliche Dom- und Diözesanmuseum beherbergt in den drei Obergeschossflügeln des Kreuzgangs nicht nur Kunstdenkmäler aus dem Dom, sondern auch solche aus weiteren Mainzer Kirchen sowie einige Dauerleihgaben anderer Städte. Wo bis um 1800 noch die Regale der Dombibliothek standen, finden sich heute zahlreiche kunsthistorisch wertvolle Schätze aus allen Epochen, vom Spätmittelalter bis zur Neuzeit.

Wer sich chronologisch durch die kleine Ausstellung arbeiten will, startet in der Ostgalerie. Hier finden sich mehrere Kruzifixe sowie eine spätgotische Kreuzigungsgruppe aus Stein, die wegen ihres enormen Gewichts keinen direkten Bodenkontakt haben darf und nur an zwei Stellen auf einem extra installierten Stahlträger aufliegt. Die aufwendige Installation verwundert anfangs, da bei größerem Abstand das steinerne Denkmal wie eine (eher leichte) Holzkonstruktion aussieht. Zu den weiteren Highlights gehört sicher auch das von Kunstschreiner Abraham Roentgen im 18. Jh. für das Altmünsterkloster geschaffene Drehtabernakel. Das Möbelstück wurde sogar schon als Leihgabe im New Yorker Metropolitan Museum of Art ausgestellt.

Wer kein Interesse an den Ausstellungsstücken des Museums hat, sollte zumindest einen (kostenlosen) Blick in den Souvenir-Shop des Museums werfen. Neben dem üblichen Postkarten-Schnickschnack finden sich hier vier **Dommodelle** – vom Gründungsbau des Willigis bis zum Gotteshaus der heutigen Zeit –, die einen guten Überblick über den Wandel der Kirchenanlage im Laufe der Jahrhunderte geben. Neben der Dauerausstellung in der oberen Etage werden im Erdgeschoss in den ehemaligen Versammlungsräumen des Mainzer Domkapitels ergänzend wechselnde Sonderausstellungen gezeigt. Ebenfalls im Erdgeschoss des Kreuzgangs findet sich der Eingang zur Schatzkammer.

Der **Domschatz** ist heute in der St.-Nikolaus-Kapelle und deren Sakristei untergebracht, die im Westen an den Kreuzgang grenzen. Schon bevor die ersten Steine des Doms gelegt wurden, begann Bauherr Willigis, kostbare liturgische Utensilien für seine künftige Mutterkirche zusammenzutragen. Auch seine Nachfolger teilten diese Sammelleidenschaft und häuften so einen der größten Kirchenschätze des Abendlandes an. Das Gros des ursprünglichen Schatzes kam zwar im Zuge des Dreißigjährigen Krieges und ein weiterer Teil zu Beginn des 19. Jh. unter französischer Besatzung abhanden. Einige Kunstgegenstände blieben aber erhalten oder wurden wieder nach Mainz zurückgeholt. So finden sich heute – sicher verwahrt in Vitrinen – mehrere silber- und goldverzierte Messkelche und Monstranzen, mit Edelsteinen besetzte Kruzifixe sowie diverse bischöfliche Insignien. Frischen Wind in das teils über 1000 Jahre alte Ausstellungsinventar bringt das um 1970 gefertigte **Dalí-Kruzifix**. Die surrealistische Plastik verzichtet in der für Salvador Dalí typischen Weise auf eine detailreiche Darstellung des schmerzverzerrten Antlitzes: Dicke Spaghetti-Haare bedecken das Gesicht des Heilands und aus der Brustwunde sprudelt auch nicht das oft schon obligatorische tiefrote Blut.

Der Eingang des Dommuseums befindet sich im Südflügel des Kreuzgangs. Eintritt für die Dauerausstellung inkl. Domschatzkammer 5 €, erm. 3 €. Für Sonderausstellungen wird extra kassiert. Di–Fr 10–17 Uhr, Sa/So 11–18 Uhr; an kirchlichen Feiertagen geschlossen. Domstr. 3, ✆ 06131/253344, www.dommuseum-mainz.de.

E
QUADRATA

Im Herzen der Stadt

Tour 2

Das historische Viertel im Schatten des Doms mit seinen verwinkelten Straßenzügen und Fachwerkhäusern ist das romantische Herzstück der Stadt. In und um die Augustinerstraße laden Weinstuben und Cafés zum gemütlichen Plausch, in den Gassen um den Kirschgarten verstecken sich hübsche Boutiquen und Galerien.

Augustinerstraße, malerische Flaniermeile, S. 34

Holzturm, Gefängnis des Schinderhannes, S. 40

Gutenberg-Museum, Mekka für Bibliophile, S. 42

Verwinkelte Gassen und Fachwerkromantik

Rund um den Dom durch die südliche Altstadt

Mainzer Gemütlichkeit zusammen mit dem Glanz von Rokoko und Barock lassen sich vor allem noch in den Straßen und Gassen südlich des Doms finden. Bei einem Spaziergang fällt schnell auf, dass das Altstadtensemble dort keine stilistische Geschlossenheit aufweist. Rokokofassaden wechseln sich mit barocken Bürgerhäusern aus dem 18. Jh. ab, dazwischen drängen sich Wohn- und Geschäftshäuser aus der Zeit der Wende zum 20. Jh. und Neubauten. Der Grund für die bauliche Heterogenität liegt zum einen in der von Zerstörungen geprägten Vergangenheit der Domstadt, zum anderen in der Bauwut des Kirchenadels und wohlhabender Bürger, die über die Jahrhunderte immer wieder individuelle architektonische Akzente setzten.

Spaziergang

Als Ausgangspunkt für einen kleinen Spaziergang durch die südliche Altstadt bietet sich der Markt an. Über das Höfchen und die Schöfferstraße geht es vorbei an der Johanniskirche, dem ältesten Gotteshaus der Stadt, und weiter auf den Leichhof. Der ehemalige Domfriedhof ist heute ein belebtes kleines Plätzchen mit einem Café und Geschäften. Leicht abschüssig führt die Leichhofstraße über Kopfsteinpflaster zur Augustinerstraße. Bevor man die Mainzer Flaniermeile entlangschlendert, lohnt ein kleiner Abstecher in die Nebengassen. Ausgehend vom schmucken, mit Fachwerk umstellten Kirschgarten lassen sich die Geschäfte und Galerien zwischen Hollagäßchen und Heringsbrunnengasse erkunden.

Am Ende der engen, lichtarmen Badergasse öffnet sich der Blick auf die

prächtige **Augustinerkirche**, deren hohe Fassade die gleichnamige Straße dominiert und die mit dem Gebäudekomplex des benachbarten Priesterseminars verschmilzt. Gegenüber der ehemaligen Bettelordenskirche liegt der **Frankfurter Hof**, der heute Gastronomie und Kultur beherbergt, im 19. Jh. aber auch eine der demokratischen Keimzellen von Mainz darstellte. Mit dem **Haus zum Stein** aus dem 12. Jh. findet sich in der Weintorstraße das älteste erhaltene Wohnhaus der Stadt. Vom Graben zweigt linker Hand die Kapuzinerstraße ab. Die Häuser aus der Zeit vom 16. bis zum 18. Jh. beheimateten einst Fischer, Schiffer und Fährleute. Direkt gegenüber vom Weinlokal Gutenberger, der einzigen veganen Weinstube der Stadt, erhebt sich die klassizistische **Ignazkirche** mit ihrer figurengeschmückten Fassade. Von hier sucht man sich einfach seinen Weg über das Hänleingäßchen oder das Ignazgäßchen auf die Rheinstraße und geht in nördliche Richtung auf den steinernen **Holzturm** zu. Der ehemalige Wehrturm der Stadtmauer verdankt seinen Namen dem einstmals hier stattfindenden Holzhandel und diente außerdem als Gefängnis für den berüchtigten Räuberhauptmann Schinderhannes bis zu dessen Hinrichtung.

Durch das **Weintorstraßenviertel** gelangt man auf den meist menschenleeren Mauritzenplatz, von dem sich ein guter Blick auf das auffällige Dachgebirge des **Erbacher Hofs**, des heutigen Tagungszentrums des Bistums Mainz, bietet. Ein Tunnel durch ein Wohnhaus führt vom Mauritzenplatz auf die Grebenstraße. Hier befindet sich der Zugang zum Innenhof des Tagungszentrums mit seiner kleinen gotischen Kapelle. Nur wenige Schritte weiter liegt die Martinus-Bibliothek, die älteste Bibliothek der Stadt. Über die Domstraße geht es schließlich auf den Liebfrauenplatz, an dem das bekannteste und meistbesuchte Museum von Mainz steht, das Gutenberg-Museum. Für den Besuch des Museums für den berühmten Sohn der Stadt sollte man mindestens ein bis zwei Stunden einplanen.

Sehenswertes

Buntes Treiben zwischen Dom und Barock

Markt

Jeden Dienstag, Freitag und Samstag strömen von den Morgenstunden bis zum frühen Nachmittag Tausende Menschen auf den zentralen Platz der Stadt, um sich auf dem **Wochenmarkt** mit Obst, Gemüse, Blumen, Marmelade, Wein und vielen anderen regionalen Erzeugnissen zu versorgen. Eingebettet in die malerische Kulisse zwischen dem Dom und den restaurierten Markthäusern, gehört der Mainzer Markt sicherlich zu den Schönsten seiner Art

Nachtleben
8 Pourist (S. 157)
16 Quartier Mayence (S. 157)
18 Malakoff Bar (S. 157)
22 Viva Moguntia (S. 156)
26 Irish Pub (S. 157)
27 Medina Lounge (S. 157)
31 DejaVu (S. 157)
33 Panama Bar (S. 157)
34 Roxy (S. 158)
35 Starclub (S. 158)
36 Comodo (S. 156)
Einkaufen
2 Gutenberg-Shop 2 (S. 168)
4 Gutenberg-Shop 1 (S. 168)
7 Schokoladenhaus am Dom und ZDF-Shop Mainz (S. 168)
14 Schokophonie (S. 168)
15 The Cape House (S. 168)
25 Souvenirs de Mayence (S. 168)
Essen & Trinken
5 Fisch Jackob (S. 147)
6 Hintz & Kuntz (S. 149)
9 Naxos (S. 148)
10 Weinhaus Hottum (S. 150)
11 Weinhaus zum Spiegel (S. 150)
12 Thai-Express (S. 148)
13 Incontro (S. 148)
19 Weinhaus Bluhm (S. 149)
20 alCortile (S. 148)
23 Zum Goldstein (S. 147)
28 Weinstube Zum Bacchus (S. 150)
29 Weinhaus Michel (S. 149)
30 Kamin (S. 148)
32 Citrus (S. 149)
Cafés
1 Café Dinges (S. 151)
3 Café Extrablatt (S. 151)
17 Café dell'Arte (S. 150)
21 Altstadtcafé (S. 151)
24 Da Vito (S. 152)
Nördliche Altstadt siehe S. 65
Vom Gutenbergplatz zum Römischen Theater siehe S. 48/49
Rhein
Bauerngasse
Karmeliterstraße
Jüngerer Dalberger Hor
St. Christoph
Kaufhof
Hintere Christofsgasse
Altenauergasse
Löhrstraße
Rheinstraße
Rheingoldhalle
Jockel-Fuchs-Platz
Rathaus
Schusterstraße
St. Quintin
Quintinsstraße
Eisenturm
Sonnengäßchen
Betzelsstraße
Alte Universität
Am Rathaus
Uferstraße
Korbgasse
Gutenbergmuseum
Fischtorplatz
Mahnmal der Deutschen Einheit
Fischtorbrunnen
Staatstheater
Heunensäule
Höfchen
Marktplatz
Haus zum Römischen Kaiser
Bonifatius
Liebfrauenplatz
Gotthardkapelle
Nagelsäule
Gutenbergplatz
Gutenbergdenkmal
Dom
St. Johannis
Domstraße
Heugasse
Gallusgasse
Weintorstraße
Lauterenstraße
Leichhof
Johannisstraße
Fuststr.
Mauritzenplatz
Erbacher Hof

Tour 2:
Südliche Altstadt
75 m
Bischöfliches Ordinariat
Kirschgarten
12
13
14
15
16
Frankfurter Hof
17
Augustinerkirche
Augustinerstraße
Hollagässchen
Kirschgarten
Weihergarten
19
20
21
22
23
Kartäuserstraße
Schönbornstraße
Rochusstraße
Haus zum Stein
24
Hopfengarten
P
Graben
Weintorstraße
Kappelhofgasse
Holzturm
Holzstraße
Holzstraße
Fachhochschule Mainz
Templerstraße
18
Kammerspiele
Templerg.
Ignazgäßchen
St. Ignaz
Hänleingässchen
Kapuzinerstraße
Malakoff Passage
25
Malakoff-Terrasse
Rheinstraße
Kulturzentrum KUZ
Dagobertstraße
32
30
31
26
Weißliliengasse
27
28
29
Goldenluftgasse
Eisgrubweg
Neutorstraße
Dagobertstraße
Windmühlenstraße
Holzhofstraße
Windmühlenberg
Am 87er Denkmal
Windmühlenstraße
P
Parkhaus Römisches Theater
33
34
Holzhofstraße
M
Museum für Antike Schiffahrt
Rheinstraße
35
36
P
CineStar
Römisches Theater
Römisches Theater
Zitadelle
Windmühlenstraße
Stadthistorisches Museum

in Deutschland. Dass der Markt bei den Einheimischen dabei nicht nur Versorgungsstation, sondern auch beliebter Ort zur Pflege gesellschaftlicher Kontakte ist, zeigt sich vor allem an den Randbereichen. Längst haben Fressbuden und Probierstände mit verschiedenen Weinen attraktive Standorte am Höfchen und Liebfrauenplatz erobert, sodass insgesamt eine gelungene Symbiose aus Freiluftsupermarkt und Wein-Bier-Garten entstanden ist, die auch das jüngere Volk zu schätzen weiß.

Seit den 1970er-Jahren geben die restaurierten **Markthäuser** dem Stadtzentrum zwar wieder etwas von seinem ursprünglich barocken Glanz zurück. Als Randnotiz muss aber angeführt werden, dass es sich hierbei mehr um Schein als Sein handelt. Den Fassaden, die dem Markt zugewandt sind, setzte man im Zuge der Altstadtsanierung lediglich Repliken ihrer einst reich verzierten Außenhüllen auf. Manch einer spricht deshalb auch spöttisch vom Mainzer „Babbedeckel-Barock" – aber selbst wenn es sich nur um Kopien handelt, schön anzuschauen sind die Markthäuser allemal. Wirft man einen Blick auf die andere Seite der Markthäuser, so zieren hier große Schaufenster die Gebäude. Auffallend sind die dem Rebstockplatz zugewandten Lamellen-Fassaden des modernen, nach Plänen des römischen Architekten Massimiliano Fuksas errichteten Wohn- und Geschäftskomplexes. Dessen lichtdurchfluteten Innenhof, die „Stadtpiazzetta", kann man von drei Seiten betreten: Vom Marktplatz ist der Zugang durch einen Torbogen unter dem Balkon des Hauses Nr. 11 möglich, außerdem kommt man vom Rebstockplatz und durch die Geschäfte an der Korbgasse in den Hof.

In der Mitte des Marktplatzes reckt sich seit 1975 eine Miltenberger **Heunensäule** empor. Das 16 Tonnen schwere und 6,40 m hohe Sandsteingebilde aus einem Steinbruch bei Miltenberg am Main fand anlässlich der Eintausendjahrfeier des Doms seinen Weg nach Mainz. Vor über 1000 Jahren waren mehrere Dutzend dieser Rundstützen für den Vorgängerbau des Martinsdoms angefertigt worden. Da sich der Geschmack des Bauherrn aber zwischenzeitlich wieder geändert hatte, lagerten die Sandsteinsäulen über Jahrhunderte

Restaurierte Barockhäuser am Marktplatz

im Steinbruch. Ab und an zeigt sich die Stadt Miltenberg spendabel und verschenkt eine der verbliebenen Säulen; auch München und Nürnberg bekamen jeweils eine. Die Mainzer Heunensäule steht auf einem Bronzesockel des pfälzischen Bildhauers Gernot Rumpf, der sonst vor allem für seine Brunnenkunstwerke bekannt ist. Inschriften und Figurenschmuck an der Verkleidung erinnern an geschichtliche Ereignisse in Mainz. Die vier Ecken zieren für die Stadt typische Kopfbedeckungen: Legionärshelm, Kaiserkrone, Bischofshut und Jakobinermütze. Wirft man einen Blick in den Legionärshelm, glotzt ein schlauer Fuchs aus seinem Bau heraus – eine Hommage an den ehemaligen Oberbürgermeister Jockel Fuchs, unter dessen Ägide das Rathaus am Rhein („Fuchsbau") errichtet wurde. Im Zipfel der Jakobinermütze, die an die Mainzer Republik erinnert, befindet sich ein bewegliches Teilchen, mit dem wohl revolutionäres Scheppern erzeugt werden könnte. Anfassen sollte man die Manschette aber nur, wenn's denn unbedingt sein muss, denn nächtens dient die Säule schon mal überfüllten Blasen oder Mägen als Fixpunkt der Entleerung.

Am Übergang zum Liebfrauenplatz steht eine zweite Schenkung an die Stadt und ihre Bürger. Der Mainzer Erzbischof Albrecht von Brandenburg stiftete den bunt verzierten **Marktbrunnen** 1526 allerdings weniger aus einer großherzigen Laune heraus, sondern kühl kalkuliert als Zeichen seiner Macht. Inschriften und Darstellungen erinnern an die Niederschlagung des Bauernkrieges von 1524, als die Bauern gemeinsam gegen Adel und Klerus ins Feld zogen und für soziale Gerechtigkeit und Freiheit kämpften. Die Abbildungen an den Brunnenpfeilern sollten denn auch die Bürger vor erneutem Aufbegehren gegen die Obrigkeit sowie allgemein vor Sünden warnen. So ist etwa das Bild eines betrunkenen Bauern mit der Inschrift „O bedenck das End" versehen und prangert wohl die Trunksucht an.

Im Westen geht der Markt fließend in das **Höfchen** über. Um den kleinen Platz mit Brunnen und Sitzbänken standen früher die Wohnhäuser des Domkapitels, heute beengen ihn ein Kaufhaus und mehrere Geschäfte. Im alltäglichen Sprachgebrauch bezeichnet „Höfchen" heute in der Regel nicht mehr den eigentlichen Platz, sondern die große Bushaltestelle etwas nördlich davon.

Ältestes Gotteshaus der Stadt

Johanniskirche

Kurz vor dem Leichhof liegt an der Ecke Schöfferstraße/Johannisstraße der älteste Sakralbau von Mainz. Die Johanniskirche wurde um 900 auf spätkarolingischem Fundament erbaut und diente bis zur Weihe des Martinsdoms 1036 als Bischofskirche. Als Stiftskirche blieb sie bis ins 18. Jh. über einen Säulengang mit dem neuen Dom verbunden. Während der französischen Besatzung Anfang des 19. Jh. zweckentfremdeten die Soldaten auch diesen alten Dom als Proviantlager. Wenig später wurde die Kirche der evangelischen

Rund um den Dom durch die südliche Altstadt → Karte S. 30/31

Gemeinde übertragen, der sie bis heute als Begegnungsstätte dient. Auch wenn das Gotteshaus mehrfach umgebaut und im Zweiten Weltkrieg schwer beschädigt wurde, hat sich das Mittelschiff weitgehend erhalten. In den letzten Jahren wurde der Bau umfassend renoviert; das schlichte und unscheinbare Äußere und der einfache Innenraum sind dabei erhalten geblieben.

Sa 11–15 Uhr. Gottesdienst So 11 Uhr. Ecke Schöfferstraße/Johannisstraße, www.johannis-mainz.de.

Das Tor zur Altstadt

Leichhof

Wer über das gemütliche Plätzchen südlich des Doms seinen Weg in die Augustinerstraße sucht, sollte kein Problem damit haben, über Leichen zu gehen. Bis ins 12. Jh. diente der Leichhof als zentrale Begräbnisstätte für die Toten des gesamten Stadtgebietes. Danach bekamen zwar die einzelnen Pfarrkirchen ihre eigenen Friedhöfe, die sterblichen Überreste aber blieben an Ort und Stelle. Hobby-Archäologen könnten somit wohl noch einiges an Gebein zutage fördern, hätte man den Platz nicht 1978 mit Kopfsteinpflaster überzogen. Seitdem ist das „Tor zur Altstadt“ mit seinem Café gerade im Sommer ein beliebtes Rastplätzchen. Unter Sonnenschirmen sitzt es sich bei leisem Brunnengeplätscher gemütlich im Schatten und oft geben Straßenmusiker der Szenerie einen akustischen Rahmen.

Blick auf den Dom vom Leichhof

Bevor man auf der Leichhofstraße ins Herz der südlichen Altstadt spaziert, lohnt noch einmal der Blick zurück auf die mächtige Westgruppe des Doms. Majestätisch strecken sich die drei Türme in den Himmel, denen man Ende des 18. Jh. ihre feuerfesten Steinhauben aufsetzte. Gut sichtbar wacht hier auch der Schutzpatron Martin zu Pferd über die ihm anvertraute Kathedrale.

Malerische Flaniermeile

Augustinerstraße

Anthrazitfarbenes Kopfsteinpflaster, restaurierte Fachwerkfassaden, enge und zuweilen düstere Nebengässchen mit kuriosen Namen sowie zahlreiche kleine Geschäfte, Cafés, Restaurants und Weinhäuser charakterisieren die malerische Flaniermeile der Altstadt. Nicht zu vergessen natürlich die ehemalige Kirche des Augustinerordens, deren prächtige Barockfassade sich zwar bescheiden zwischen Häuserfronten zurückzieht, die Nachbargebäude aber deutlich überragt.

Bis ins 17. Jh. hinein war die Augustinerstraße die Hauptgeschäftsstraße der Stadt. Auch heute finden sich hier zwar die meisten Läden in der südlichen Altstadt, die charakterlosen Konsumtempel der globalen Marken bzw. die eigentliche Fußgängerzone erstrecken sich aber vorwiegend nördlich von Markt und Gutenbergplatz. Nach aufwendigen Sanierungsarbeiten in den 1950er-Jahren vermittelt die Augustinerstraße mit ihren ansprechenden Altbauten noch heute den besten Eindruck davon, wie Mainz im 15. und 16. Jh. ausgesehen hat.

Gleich am Beginn der Straße sticht ein schmucker Fachwerkbau aus dem 17. Jh. ins Auge. Das Haus Zum Spiegel (Leichhofstr. 1) mit seinem doppelgeschossigen Erker beherbergt heute die gleichnamige Traditionsweinstube, ist zusammen mit den Westtürmen des Doms beliebtes Fotomotiv und in den Abendstunden Anlaufstation eines gesetzteren Publikums. Nur wenige Schritte entfernt stehen auf Höhe der Grebenstraße zwei weitere erwähnenswerte Altbauten. Das Haus Zum Spiegelberg (Augustinerstr. 75) wurde im frühen 17. Jh. erbaut und zählt wegen seiner reich verzierten Fassade zu den bedeutendsten profanen Bauwerken der Region. Das Relief der heiligen Familie in der zweiten Etage kam erst 100 Jahre später dazu – über dem Jesuskind wacht hier der Heilige Geist in Gestalt einer goldenen Taube. Rechts daneben schmiegt sich das rosa gestrichene Zweifensterhaus Zum Kleinen Elefanten (Nr. 73) an, das ein schiefes Mansardendach aus dem späten 18. Jh. schmückt.

Haus Zum Spiegel

Fachwerkpracht statt Obstgarten

Kirschgarten

Sicher eines der schönsten Fleckchen in der Mainzer Altstadt. Ein barockes Fachwerkensemble aus der Zeit vom 15. bis zum 18. Jh. umgibt den kleinen Platz mit seinem roten Sandsteinbrunnen. Wie heute nur noch der Name vermuten lässt, befand sich hier einst tatsächlich ein Obstgarten. Ein Baumstumpf am Haus Zum Beimburg (Nr. 19) mag hierfür als Indiz gelten: Der Legende nach soll es sich um die Reste eines alten Kirschbaumes aus dem einstigen Garten handeln, tatsächlich steht hier aber nur das Rudiment einer fast versteinerten Eiche. Über dem Baumstumpf weist das Wappen der Bäckerzunft auf die frühere Nutzung des Hauses hin.

Jedes Jahr im Sommer rankt am Haus Zum Aschaffenberg (Nr. 26) eine kräftig blühende Rose die Fassade empor. Das um 1450 erbaute Haus zählt mit der benachbarten Wilden Gans zu den ältesten Fachwerkbauten von Mainz. Und auch der Name Johannes Gutenberg ist mit dem Gebäude verbunden: Für einen Kredit, den sein Vetter für ihn aufgenommen hatte, dienten Zinseinnahmen aus dem Haus Zum Aschaffenberg als Bürgschaft für die Gläubiger.

Bevor man den Kirschgarten über eine der kleinen Seitengassen wieder verlässt, lohnt ein kurzer Blick auf den 1932 errichteten Sandsteinbrunnen. Eines der Reliefs am Brunnenbecken zeigt die Blasiuskapelle, die 1803 abgebrochen wurde und bis dahin den Eingang zum Kirschgarten markiert hatte. Die Brunnensäule ist geschmückt von einer zierlichen Madonnenfigur, die von Ähren und Früchten umrahmt ist.

Abstecher in die Seitengassen

Ausgehend vom Kirschgarten lassen sich gut die verwinkelten, kleinen

Gässchen abseits der Augustinerstraße erkunden. Hier locken Kunstgalerien, Schmuck-, Antiquitäten- und Möbelgeschäfte sowie versteckte Cafés und Weinstuben in ihre urigen bis modernen Räumlichkeiten. Folgt man dem Hollagäßchen oder dem Kirschgarten-Gässchen, trifft man an deren Ende auf den Weihergarten mit seinen restaurierten klassizistischen Gebäuden aus der Zeit um 1792, als es auf das Ende der kurfürstlichen Stadt Mainz zuging. Das Haus Nr. 5 ist seit über 220 Jahren das Stammhaus des 1770 gegründeten **Musikverlags Schott**, der unter anderem die Spätwerke von Beethoven und Richard Wagner publizierte und so weltweite Bedeutung erlangte.

Am Südende des Weihergartens trifft man auf das ehemalige **Rochusspital**, das ab 1721 unter Kurfürst-Bischof Lothar Franz von Schönborn erbaut wurde und zunächst als soziale Einrichtung für die Armen der Stadt diente. Wer hier Zuflucht fand, musste im Gegenzug in den hauseigenen Manufakturen arbeiten. Das Gebäudeensemble beherbergte einst eine Spinnerei und Weberei sowie zeitweise eine Druckerei. Hier entstand 1744 die erste Mainzer Zeitung mit dem Titel „Churmayntzische wochentliche Frage- und Anzeigungs-Nachrichten". In den Nachkriegsjahren diente das Spital als Alten- und Pflegeheim; seit 1993 ist hier das Dom- und Diözesanarchiv untergebracht.

Durch die Heringsbrunnengasse mit ihren Galerien und die Rochusstraße mit empfehlenswertem Weinhaus und gemütlichem Café gelangt man in die schmale Badergasse, die wieder zurück auf die Augustinerstraße führt. Bis zum Ende des Mittelalters gingen hier die Bader – Friseure und Heilpraktiker – ihrem Gewerbe nach. Einige von ihnen unterhielten auch öffentliche Bäder, die allerdings im ausgehenden 15. Jh. aus hygienischen (und moralischen) Gründen geschlossen wurden. Heute erinnern im Innenhof des Wohnblocks zwischen Badergasse und Kartäuserstraße zu Spielgeräten umfunktionierte Badezuber an den einstigen Ort ausgelassenen Vergnügens.

Am Ende der Badergasse schiebt sich rechts die prächtige Fassade der Augustinerkirche ins Blickfeld, während linker Hand mit dem Frankfurter Hof eine der demokratischen Keimzellen von Mainz steht.

Kulturzentrum mit bewegter Geschichte

Frankfurter Hof

Als sich Mitte des 19. Jh. langsam die ersten organisierten politischen Vereinigungen bildeten, war der Frankfurter Hof, ursprünglich ein Gasthaus mit Festsaal, immer wieder Ort des Zusammentreffens von demokratischen Pionieren. Ludwig Bamberger, gebürtiger Mainzer, liberaler Finanzpolitiker sowie Mitgründer der Deutschen Bank, wirkte hier ebenso wie Sozialbischof Ketteler. In den Zeiten des deutschen Vormärz entwickelte sich hinter der neobarocken Fassade auch die politisch-literarische Fastnacht. Als Ort der Freiheit und Demokratie wird dem 1895 neu errichteten Saalbau zuweilen die Rolle einer „rheinhessischen Paulskirche" zugesprochen. Das scheint dann aber doch etwas zu hoch gegriffen – nicht nur in architektonischer, sondern auch in funktionaler Hinsicht. Denn der Frankfurter Hof war Zeit seines Bestehens als Schauspielhaus vor allem ein Ort der Geselligkeit und Unterhaltung, wenngleich verbunden mit verstecktem Protest gegen die Bevormundung der Bürgerschaft.

Nach dem Zweiten Weltkrieg verwahrloste der Bau über die Jahre und schien nur noch auf seinen Abriss zu warten. Das Engagement einer Bürgerinitiative rettete das historische Gebäude glücklicherweise vor seiner Vernichtung. Nach umfangreichen Sanierungsarbeiten wird der Frankfurter Hof seit 1991 vorrangig als Kulturzentrum genutzt.

Augustinerstraße 55, ✆ 06131/220438, www.frankfurter-hof-mainz.de.

Mainz im Kasten

Der Schinderhannes und das Mordsspektakel von Mainz

Eines war Johannes Bückler (1778–1803), vielen nur als Schinderhannes bekannt, sicherlich nicht: ein rheinlandpfälzischer Robin Hood. Er nahm zwar den Reichen, aber nicht um die Beute unter den Armen aufzuteilen, sondern um sich und seiner Bande einen luxuriöseren Lebensstil zu ermöglichen. Dennoch hielt sich in der Bevölkerung über Jahrzehnte der Mythos vom edlen Räuberhauptmann, der in den turbulenten Zeiten des ausgehenden 18. Jh. als Helfer der Armen das Rhein-Main-Gebiet durchstreifte.

Schinderhannes und seine Männer trieben vor allem im Taunus und Hunsrück ihr Unwesen. Schon in seiner Jugend verdiente sich Johannes Bückler durch Viehdiebstahl und kleinere Überfälle ein paar Groschen dazu. Das Räuberwesen erhielt im Zuge der vielen Kriege im 18. Jh. und der großen Not in dieser Zeit enormen Zulauf. Durch seine Taten brachte es der Schinderhannes schnell zu überregionaler Bekanntheit. Und so scharte sich bald eine bis zu hundert Mann starke Bande um ihn, darunter nicht wenige verarmte Bauern und Handwerker, die sich vorwiegend darauf spezialisierte, reiche Handelsreisende um einen angemessenen „Wegzoll" zu erleichtern. Aber auch Dutzende Überfälle auf Wohnhäuser gut betuchter Bürger standen am Ende zu Buche.

Im Laufe seiner Karriere konnte Bückler mehrfach verhaftet und inhaftiert werden, doch gelang ihm immer wieder die Flucht. Dies sollte sich im Mai 1802 ändern: Nachdem Schinderhannes sowie mehrere seiner Gefolgsleute im Taunus gestellt werden konnten, lieferte man die Bande an die napoleonischen Truppen in Mainz aus, die nicht lange fackelten und sogleich mit den Vorbereitungen für einen geordneten Gerichtsprozess begannen.

Der Prozess sollte zum größten Gerichtsspektakel dieser Zeit werden. Die Ermittlungsrichter trugen über 3400 Beweisstücke zusammen, insgesamt 350 Zeugen wurden angehört und 67 Angeklagten wurde letztlich im Kurfürstlichen Schloss der Prozess gemacht. Dieser rief so großes Interesse bei Presse und Öffentlichkeit hervor, dass gar Eintrittskarten verteilt werden mussten.

Schinderhannes, der sicher verwahrt im Holzturm auf seinen Prozess wartete, zeigte sich im Zuge des Ermittlungsverfahrens äußerst kooperativ. In über 50 Verhören stand er umfassend Rede und Antwort zu seinen Straftaten, in der Hoffnung, so ein milderes Urteil erwarten zu dürfen. Das aber half alles nichts: Am 20. November 1803 wurde Bückler zusammen mit 19 Gefolgsleuten zum Tode verurteilt. Nach dem damals geltenden französischen Recht sollte die Exekution unter „humanen" Bedingungen ablaufen. Bereits im Morgengrauen des Folgetages wurde im Bereich des heutigen Rosengartens deshalb eine moderne Guillotine errichtet. Um die Mittagszeit brachte man die Verurteilten dann in einem von Infanterie begleiteten Zug zum Hinrichtungsplatz, auf dem schon rund 40.000 Schaulustige dem Spektakel entgegenfieberten.

Presseberichten der damaligen Zeit zufolge ließ Schinderhannes die Prozedur anstandslos und gefasst über sich ergehen. Neugierig musterte er, noch Minuten bevor das Fallbeil ihm die Last des Hauptes nahm, die bis dato relativ unbekannte Tötungsmaschine. Dann sagte er zu einem Kameraden: „Gute Nacht!", und zur versammelten Bürgerschaft: „Ich sterbe gerecht!". Nach knapp 30 Minuten hatte man alle 20 Todeskandidaten abgefertigt.

Rund um den Dom durch die südliche Altstadt → Karte S. 30/31

Im Innern reich verziert

Augustinerkirche

Sie gaben nicht nur dem Gotteshaus, sondern der gesamten Straße ihren Namen: Bereits im 13. Jh. siedelten sich Augustinereremiten an der Stelle des heutigen Barockbaus mit einer kleinen Kirche an. Als diese im 18. Jh. architektonisch aus der Mode gekommen war, veranlasste der Kurfürst den Bau einer neuen Klosteranlage mit prächtig ausgeschmückter Klosterkirche – schließlich wollte der oberste Stadtherr keine „Bauernkirche" an seiner Hauptstraße haben. Gleichzeitig sollte die ohnehin schon enge Augustinerstraße nicht noch weiter durch hervorstehende Fassadenteile verschmälert werden, weshalb die Figurengruppe über dem Eingangsportal der Augustinerkirche in eine Fassadennische zurückversetzt wurde. Nach der Aufhebung des Klosters im Zuge der Säkularisation wurde das Gebäudeensemble 1805 zum Priesterseminar des gerade erneut gegründeten Bistums Mainz. Das Gotteshaus diente fortan als Seminarkirche und angehenden Priestern für Übungspredigten. Auch heute noch werden in dem Gebäudekomplex südlich der Augustinerkirche Priester und Seelsorger ausgebildet. Neben der schmalen Augustinergasse befindet sich das Portal des ehemaligen Klosters der Bettelmönche, das heute der Eingang des Priesterseminars ist. Dieser Gebäudeteil steht aber in der Regel nur kirchlichen Amtsträgern und denen, die es werden wollen, offen.

Einen Blick werfen darf und sollte man aber in die reich verzierte Augustinerkirche. Hinter der schmalen Sandsteinfassade verbirgt sich ein lichtdurchfluteter sakraler Festsaal. Alle Linien des Raumes streben auf das Tabernakel unter dem großen Baldachinthronaltar zu. Die original erhaltene Deckenausmalung (1772) von Johann Baptist Enderle zeigt Szenen aus dem Leben des Hl. Augustinus und der Geschichte des Ordens. Da die Kirche im Zweiten Weltkrieg unversehrt blieb, kann man hier heute noch die einzige Mainzer Stumm-Orgel hören. Zwischen den zwei südlichen Seitenaltären hat die ursprünglich in der Liebfrauenkirche beheimatete Lindenholz-Madonna eine neue Bleibe gefunden. Das um 1420 entstandene Gnadenbild zeigt die in Gold gewandete Maria mit dem Jesuskind auf dem Schoß und wurde einstmals hoch verehrt.

Tägl. 9–17 Uhr. April–Okt. immer am letzten Samstag im Monat um 11.30 Uhr Kirchenführung (ca. 1 Std.); Teilnahme frei, um eine Spende wird gebeten; Anmeldung nicht erforderlich, Treffpunkt vor dem Kirchenportal. Weitere Informationen: Sekretariat des Priesterseminars. Augustinerstr. 34, ✆ 06131/266331, www.bpsmainz.de.

Wohnturm aus dem 12. Jh.

Haus zum Stein

Ins Mittelalter zurückversetzt fühlt sich der Betrachter beim Anblick des massiven steinernen Wohnturms in der Weintorstraße (Nr. 1). Der dreigeschossige romanische Profanbau ist nicht nur das im Kern älteste noch erhaltene Wohngebäude von Mainz, sondern wahrscheinlich auch das sicherste. Rund 1,40 m starke Außenmauern schützen die 23 m hohe „Steinburg", die sich eine wohlhabende Patrizierfamilie gegen Ende des 12. Jh. als städtisches Wohnquartier errichten ließ.

Bis zur Erweiterung der Stadtmauer im 14. Jh. lag der Turm direkt am damaligen Stadtmauerring und diente somit wohl vorwiegend als Schutz- bzw. Verteidigungsanlage und Aussichtsplattform. Im Laufe der Jahrhunderte widmeten sich die wechselnden Besitzer und Bewohner dann dem Ausbau des Turmes zu einer luxuriösen Wohnstätte, wobei der Festungscharakter mehr und mehr zurückgebaut wurde. Wehrhaft zeigte sich das Haus zum Stein aber weiterhin: Bei der Rückeroberung der Stadt von den Franzosen 1793 wurde durch die große Kanonade der obere Teil zwar zerstört, konnte aber schnell wieder instand gesetzt werden. Im Zuge von Restaurationsarbeiten Anfang der 1980er-Jahre wurde unter Einbeziehung der historischen Bausubstanz versucht, dem Gebäude seine ursprüngliche romanische Gestalt zurückzugeben. Charakteristisch hierfür sind die gekuppelten Fensterarkaden in den Obergeschossen und die schmalen Schlitzfenster im Erdgeschoss. Seit 2000 befindet sich der Wohnturm wieder im Privatbesitz von Mainzer Familien und beherbergt mehrere Maisonette-Wohnungen.

Haus zum Stein ▲

Holzturm ▼

Figurengeschmückte Sandsteinfassade

Ignazkirche

In der Kapuzinerstraße mit ihren Häusern aus dem 16. bis 18. Jh. ragt mächtig die Kirche St. Ignaz empor. Der schmucke Saalbau entstand etwa zur gleichen Zeit wie die Augustinerkirche und sollte den Straßenzug vor allem architektonisch aufwerten. Schon im 13. Jh. existierte an gleicher Stelle ein bescheidenes Kirchlein der Ignazpfarrei, das sich schüchtern in die Kapuzinerstraße mit ihren einfachen, bürgerlichen Häusern eingliederte. Als das alte Gotteshaus Mitte des 18. Jh. aufgrund bröckelnder Fassaden und maroden Dachgebälks abgerissen werden musste, entschied sich der Kurfürst trotz knapper Stadtkasse für einen repräsentativen Neubau klassizistischer Prägung. Als Vorbild für die reich geschmückte Westfassade diente dem kurmainzischen Architekten Johann Peter Jäger die Pariser Kirche St. Gervais. Dass man die dreigeschossige Säulenkomposition sowie den dazugehörenden Kapitellschmuck quasi eins zu eins dem französischen Vorbild nachempfand, verursachte dem Mainzer Bauherrn dann wohl aber ein schlechtes Gewissen. Und so versuchte man, sich durch reicheren Figurenschmuck von den Parisern abzugrenzen.

In der Nische über dem Hauptportal begrüßt Kirchenpatron Ignatius von Antiochien die Besucher seines Hauses. Der Missionar und Märtyrer aus rotem Mainsandstein sucht sich hier mit einer

Bibel vor zwei hungrigen Löwen zu schützen. Der Legende nach soll Ignatius um 100 n. Chr. unter Kaiser Trajan wegen allzu eifriger Missionierungsgebaren nach Rom gebracht und dort im Zirkus von Löwen zerfleischt worden sein.

Der Innenraum der Kirche ist überschaubar: Auf Seitenschiffe und -kapellen hat der Baumeister verzichtet, nur zwei flache Querhausarme durchbrechen den geradlinigen Saal. Vom Hochaltar bietet sich ein schöner Blick auf das klassizistische Orgelgehäuse über dem Haupteingang. Die ursprünglich vom Barockmaler Johann Baptist Enderle zwischen 1773 und 1776 geschaffene, mittlerweile aber mehrfach überarbeitete Deckenausmalung zeigt farbenprächtige Szenen aus dem Leben des Hl. Ignatius.

Die Ignazkirche wird seit 2009 aufwendig restauriert. Nachdem die Fassade und das verfaulte Dachgebälk mit seinen 60 Dachgauben bis 2015 generalüberholt wurden, widmet man sich nun bis voraussichtlich 2017 dem Innenraum.

Die Kirche steht Besuchern tägl. 9.30–19 Uhr offen. Kapuzinerstr. 36, ✆ 06131/224264, www.bistummainz.de.

Gefängnis des Schinderhannes

Holzturm

Neben dem Eisenturm und dem Alexanderturm ist der Holzturm an der Ecke Holzstraße/Rheinstraße einer der drei verbliebenen Wachtürme der mittelalterlichen Stadtmauer und ein Wahrzeichen von Mainz. Der Name lässt nicht etwa auf das verwendete Baumaterial schließen, sondern weißt auf die Nutzung des Ortes als zentralen Stapelplatz für den Holzhandel der Stadt hin. Bis zur Rheinufererweiterung Mitte des 19. Jh. war der sechsgeschossige Turm mit seinen vier charakteristischen Ecktürmchen noch unmittelbar am großen Fluss gelegen – wirft man heute einen Blick in den eingezäunten Torbogen, so lassen sich noch zwei Hochwasserstandsmarken aus dem 16. Jh. erkennen. Als das Ufer aufgeschüttet wurde, um neues Bauland zu gewinnen, rückte der Rhein etwas in die Ferne. Durch das große Stadterweiterungsprojekt, im Zuge dessen u. a. das sog. Lauterenviertel südlich des Rathauses entstand, wurde auch das Straßenniveau um rund 2 m erhöht. Sichtbar wird dies mit Blick auf den Torbogen, den man früher noch ebenerdig durchschreiten konnte.

Wie viele andere Wachtürme der Stadt diente der in seiner heutigen Gestalt zu Beginn des 15. Jh. errichtete Holzturm auch immer wieder als Gefängnis. Der prominenteste Häftling war sicher der berühmte Räuberhauptmann Johannes Bückler, genannt Schinderhannes, der hier auf seine Hinrichtung im Jahr 1803 warten musste (→ Kasten S. 37).

Gassengewirr in Ufernähe

Durchs Weintorstraßenviertel

In Richtung Dom und Liebfrauenplatz führt der Spaziergang weiter durch die kleinen Gassen der südlichen Altstadt zwischen Rheinstraße und Augustinerstraße. Im Mittelalter befanden sich im damaligen Uferbereich an der Stadtmauer rund um das heute nicht mehr erhaltene Weintor die Verladestationen für den Weinexport. Und so nannte man die Weintorstraße zusammen mit den abzweigenden, kleinen Gässchen dann auch einfach Weintorstraßenviertel, wobei diese Bezeichnung mittlerweile kaum noch von den Mainzern gebraucht wird. Auch heute existiert noch ein Weintor am Ende der Weintorstraße bzw. in der Uferstraße, dieses wurde aber erst in der zweiten Hälfte des 19. Jh. im Zuge der Aufschüttung und Befestigung des Rheinufers erbaut. Bis zum Zweiten Weltkrieg war das Weintorstraßenviertel dem ein oder anderen wohl auch als Rotlichtviertel bekannt; derartige Dienstleistungsbetriebe wurden aber inzwischen an den Rand der Altstadt verbannt.

Unweit des Holzturms findet sich in der Schlossergasse noch ein größeres, gut erhaltenes Stück der mittelalterlichen

Stadtmauer, in dessen Schatten heute Kinder auf einem kleinen Spielplatz toben können. Linker Hand in der Kappelhofgasse steht mit dem **Hof Zum Homberg** (Nr. 8) das erste Waisenhaus von Mainz aus dem Jahr 1665, das inzwischen aber als Kolpinghaus fungiert. Das kurfürstliche Wappen im Torbogen erinnert noch an den Gründer Johann Philipp von Schönborn. Am westlichen Ende der Kappelhofgasse lohnt noch ein Blick auf das denkmalgeschützte Fachwerkensemble des **Leininger Hofs** (Nr. 2) mit seinem kleinen Erkertürmchen, bevor es rechter Hand auf der Weintorstraße zum wohl unattraktivsten Platz der Altstadt weitergeht.

An der Südseite des **Mauritzenplatzes** empfängt eine ehemalige Kapuzinerkirche die Besucher. Gleich gegenüber der heutigen Mutterkirche der Marienschwestern fällt der Blick auf ein Marmor-Relief über der Toreinfahrt des mittlerweile als Alten- und Pflegeheim genutzten Gebäudeensembles. Bis Ende des 19. Jh. befand sich hier das Mainzer Zuchthaus, in dem „gesunde arbeitsscheue Bettler und Vagabunden beiderlei Geschlechts" zur gemeinnützigen Ertüchtigung verpflichtet wurden. Das Relief von 1742 zeigt eine von Wildschweinen, Hirschen und Löwen – Sinnbilder für Völlerei, Hochmut und Stolz – gezogene Kutsche, die ebenjene „Faulenzer" zum Zuchthaus bringt.

Beherbergt eine sehenswerte Kapelle

Erbacher Hof

Das Tagungs- und Bildungszentrum des Bistums Mainz besticht vor allem durch sein verwinkeltes Bleidach, das gleich einem kleinen Gebirge die umliegenden Bauten überragt. Seit dem 12. Jh. diente der Gebäudekomplex der Zisterzienserabtei Eberbach als städtisches Verkaufslager für ihre landwirtschaftlichen Produkte. In den 1970er-Jahren erwarb das Bistum Mainz die Gebäude und wandelte sie zu einem modernen Tagungszentrum um. Bei Restaurationsarbeiten konnte eine zwischenzeitlich verbaute gotische Marienkapelle mit Wandgemälden aus dem 13. Jh. wieder freigelegt werden, die heute malerisch in den Innenhof ragt.

Der Eingang des Erbacher Hofs liegt in der Grebenstraße, zu der ein Gang vom Mauritzenplatz durch das Haus Zum Römischen König mit seinem reich verzierten Erker an der Hausfront führt. Im Hauptgebäude linker Hand findet sich im Erdgeschoss eine kleine archäologische Ausstellung. Rechts geht es durch einen gotischen Torbogen in den Innenhof mit der schmucken Marienkapelle. Eigentlich stehen die Räumlichkeiten des Erbacher Hofs nur Tagungsgästen offen, wer aber einen Blick in die Kapelle im ersten Stock werfen oder durch die kleine Ausstellung flanieren will, hat keine Gegenwehr zu erwarten.

Grebenstr. 24–26. Veranstaltungsinformationen unter www.ebh-mainz.de.

Nicht nur für Seminaristen

Martinus-Bibliothek

Nur wenige Schritte vom Erbacher Hof entfernt liegt mit der Wissenschaftlichen Diözesanbibliothek des Bistums Mainz die älteste Bibliothek der Stadt und eine der größten öffentlichen Fachbibliotheken für Philosophie und Theologie in Deutschland. Im Jahr 1662 als Exklusiv-Bibliothek für das Priesterseminar in der Augustinerstraße gegründet, blieb sie samt Buchbestand zunächst über 300 Jahre nur den Seminaristen und ihren Lehrern zugänglich. Seit der Ausgliederung aus dem Seminar und dem Umzug in den Arnsburger Hof in der Grebenstraße dürfen nun auch interessierte Laien in den rund 300.000 Büchern schmökern. Die Bibliothek und der Lesesaal befinden sich im ersten Stockwerk. Im Erdgeschoss werden wechselnde Ausstellungen rund um die Themen Buchkunst, Religion und Geschichte gezeigt.

Mo–Fr 9–12.30 und 13.30–18 Uhr. Eintritt für die Ausstellungen frei. Grebenstr. 8, www.bistummainz.de.

Rund um den Dom durch die südliche Altstadt → Karte S. 30/31

Unverbauter Dom-Blick

Liebfrauenplatz

Der Name des Platzes geht auf die während der französischen Belagerung 1793 schwer beschädigte und Anfang des 19. Jh. abgebrochene Liebfrauenkirche zurück. Anhand der Musterung im Pflaster lassen sich gut die Ausmaße der ehemaligen Vorkirche des Doms nachvollziehen. Zum Rhein hin findet man außerdem restaurierte Fundamentreste des einstigen Chors, die heute als Sitzgelegenheit dienen, von der aus man einen unverbauten Blick auf den Ostbau des Doms genießen kann.

Direkt vor dem Dom steht mit der **Nagelsäule** ein Propaganda- und Kunstobjekt aus dem Ersten Weltkrieg. Um der notleidenden Bevölkerung Mut zu machen, waren im Sommer 1916 die Mainzer Bürger aufgerufen worden, für Kinder und verwitwete Soldatenfrauen zu spenden. Je nach Größe ihrer Spende durften die Bürger unterschiedlich wertvolle Metallnägel in den 7 m hohen Eichenstamm schlagen. Mehr als 100.000 Nägel zieren seitdem das mit einem Eisenkreuz gekrönte Denkmal, das nicht nur die Kriegsnot, sondern auch die Kriegsmüdigkeit des Volkes lindern sollte. Nach 5-jähriger Restauration steht die Nagelsäule seit 2011 als Ehrenmal für die Kriegsopfer wieder an ihrem angestammten Platz.

Bis Mitte des 19. Jh. befand sich an der Südseite vom Liebfrauenplatz noch das Gebäude der preußischen Militärpolizei. Die Hauptwache wurde 1829 errichtet – zu einer Zeit, als Mainz die Festung des Deutschen Bundes (1815–1866) war und noch große militärstrategische Bedeutung hatte. Zeitweise waren bis zu 7000 österreichische und preußische Soldaten in der Domstadt stationiert. In den 1960er-Jahren wurde der ursprüngliche Bau durch das moderne „Haus am Dom" ersetzt. Nur die davorgesetzte Fassade erinnert heute noch an die ehemalige Polizeistation.

Der rheinseitige Teil des Liebfrauenplatzes ist vor allem dem berühmtesten Sohn der Stadt gewidmet. Das prachtvolle Haus **Zum Römischen Kaiser** aus dem 17. Jh. beherbergt heute u. a. die Verwaltung des Gutenberg-Museums und die Gutenberg-Gesellschaft, während das eigentliche Museum seit den 1960er-Jahren in einem Neubau gleich hinter dem Renaissance-Palais untergebracht ist. Bevor man sich dem Museum zuwendet, lohnt aber noch einmal der Blick auf die reich geschmückte Fassade des einstmaligen Bürgerhauses. Über der stuckverzierten Toreinfahrt steht ein stolzer L'Empereur Romain mit einem abgeschlagenen Kopf zu seinen Füßen. Um welchen römischen Kaiser es sich hierbei handelt, ist allerdings unklar.

Mekka für Bibliophile

Gutenberg-Museum

Das „Weltmuseum der Druckkunst" wurde im Jahr 1900 zum 500. Geburtstag Johannes Gutenbergs gegründet und gehört heute zu den meistbesuchten Museen Deutschlands. Auf fünf Etagen widmet sich die Dauerausstellung neben dem Leben und Werk Gutenbergs auch der Entwicklung des Nachrichtenwesens sowie der asiatischen Schrift- und Druckkunst.

Im Untergeschoss befindet sich ein Nachbau der verschollenen **Druckerwerkstatt** Gutenbergs, in der zu jeder vollen Stunde das Druckverfahren mit beweglichen Lettern veranschaulicht wird. Neben der Druckerpresse gehören vor allem das Handgießinstrument, mit dem eine schnelle und exakte Herstellung von einzelnen Lettern möglich wurde, sowie die schnell trocknende Druckfarbe zu den Entwicklungen Gutenbergs, die noch Jahrhunderte später quasi unverändert in den Druckereien Anwendung fanden. All das und diverse andere Druckinstrumentarien wie Matrizen, Lettern und Stempel geben einen Überblick über die Anfänge der modernen Druckkunst.

Sicher verwahrt hinter schweren Stahltüren finden sich in der zweiten Etage die wertvollsten und bekanntesten Exponate des Museums: die **Gutenberg-Bibeln**. Sie sind das größte Werk des Druckmeisters und stellten in Qualität und Ausarbeitung alle bis dahin existierenden Druckerzeugnisse in den Schatten. Auf jeder der 1282 Seiten der Bibel in zwei Bänden finden sich in akkuratem Blocksatz je zwei Kolumnen zu je 42 Zeilen, daher auch die Bezeichnung B 42. Um den gleichmäßigen Satz zu erreichen, ließ Gutenberg insgesamt 290 Schriftzeichen schneiden: neben den 26 Buchstaben des Alphabets in Groß- und Kleinschreibung auch Satzzeichen, Abkürzungen und Kombinationen von Buchstaben. Zwischen 1452 und 1454 fertigte Gutenberg zusammen mit seinem Gehilfen Peter Schöffer vermutlich rund 180 Exemplare der B 42, meist auf Papier, teils auf wertvollem Pergament. Bis heute haben sich in Bibliotheken und Museen weltweit 49 Gutenberg-Bibeln erhalten, gleich zwei davon finden sich im Mainzer Tresorraum.

Wer sich selbst einmal in der Kunst des Druckens erproben will und kein Problem mit etwas Farbe an den Fingern hat, dem sei der Besuch des **Druckladens** des Museums empfohlen. Im gegenüberliegenden Erweiterungsbau an der Seilergasse kann nach Lust und Laune mit Wort und Bild herummontiert und gedruckt werden. Regelmäßig gibt es hier auch ein Programm speziell für Kinder (→ S. 171).

Wem es nach einem Rundgang durch vier Jahrtausende Schriftkultur und über sechs Jahrhunderte Druckkunst nach noch mehr kulturellem Input dürstet, der darf gerne mal in der **Gutenberg-Bibliothek** gegenüber vom Museum vorbeischauen. Im Haus Zum Römischen Kaiser warten ein öffentlicher Lesesaal und rund 80.000 Buchbände mit Informationen zu allen Abteilungen des Museums.

Museum: Di–Sa 9–17 Uhr, So 11–17 Uhr. Eintritt 5 €, erm. 3 €, bis 18 J. 2 €. Liebfrauenplatz 5, ✆ 06131/122640, www.gutenberg-museum.de.

Druckladen: Mo–Fr 9–17 Uhr, Sa 10–15 Uhr. Seilergasse 1, ✆ 06131/122686, www.gutenberg-druckladen.de.

Bibliothek: Di–Fr 9–13 und 14–17.30 Uhr (letzter Einlass 16.30 Uhr). Liebfrauenplatz 5, ✆ 06131/122623, www.gutenberg-bibliothek.de.

Haus zum Römischen Kaiser

Rund um den Dom durch die südliche Altstadt → Karte S. 30/31

Johannes Gutenberg: der berühmteste Sohn der Stadt

Sicher darf Mainz auch als Karnevalshochburg oder Medienmetropole bezeichnet werden. Da sich die Narren aber dann doch nur in „ihrer" Jahreszeit zeigen und das ZDF weit weg von der Innenstadt auf dem Lerchenberg angesiedelt und somit nicht allzu präsent ist, darf man gerne auf einen weiteren Beinamen zurückgreifen: Mainz ist vor allem Gutenberg-Stadt! Johannes Gutenberg ist (bis dato) mit Abstand der populärste unter allen gebürtigen Mainzern. Seine Erfindung des Buchdrucks mit beweglichen Lettern löste im Europa des Spätmittelalters eine mediale Revolution aus, die ihm postum zu weltweiter Bekanntheit verhalf. Allein in seiner Geburtsstadt hat man einen Platz, einen Marathon, ein Einkaufszentrum sowie die Universität nach ihm benannt und ihm ein Museum gewidmet. An mehreren Stellen in der Stadt erinnern Denkmäler an den Druck-Pionier. Um den Johannistag feiert man seinen Geburtstag mit einem großen Volksfest. Und Tausende Touristen lassen sich jährlich vom Gutenberg-Express durch die Stadt kutschieren.

Johannes Gutenberg ist überall und jeder kennt ihn. Oder? Wer dieser Mensch jenseits seiner bahnbrechenden Erfindung wirklich war, darüber lässt sich auch nach über 100 Jahren Forschung nur wenig sagen. Fundstücke oder Dokumente, die Aufschluss über Leben und Wirken Gutenbergs geben könnten, existieren kaum. Vor allem anhand von Gerichtsdokumenten aus jener Zeit wurde versucht, Etappen im Leben Gutenbergs zu rekonstruieren und Licht ins Dunkel zu bringen.

Johannes Gensfleisch (so Gutenbergs Geburtsname) wurde um 1400 als drittes Kind einer wohlhabenden Patrizierfamilie in Mainz geboren, wo er 1468 auch verstarb. Den Beinamen „zum Gutenberg" legte sich die Familie erst später zu. Er geht auf den elterlichen Hof zum Gutenberg zurück, dem Geburts- und Wohnhaus des jungen „Henne", das inzwischen aus dem Stadtbild verschwunden ist (eine Gedenktafel an einem Haus Ecke Schusterstraße/Christofsstraße erinnert noch an den einstigen Standort). Damals war es vielerorts üblich, den Familiennamen um den Namen des Grund- oder Hausbesitzes zu ergänzen.

Über die Jugendjahre Gutenbergs kann nur spekuliert werden. Als Spross aus gutem Hause scheinen eine Schulausbildung auf der Lateinschule und womöglich auch ein Studium wahrscheinlich. Erstmals schriftlich erwähnt wird Gutenberg erst 1420 im Zuge eines Rechtsstreits um das Erbe seines Vaters zwischen den Gutenberg-Geschwistern und einer Halbschwester. Auch aus späterer Zeit ist bekannt, dass sich Gutenberg wegen diverser Finanz- und Eigentumsstreitigkeiten mehrfach vor Gericht verantworten musste. Und um das liebe Geld ging es auch, als Gutenberg Mainz zwischenzeitlich den Rücken kehrte. Anfang des 15. Jh. herrschte in Mainz Krisenstimmung: Durch die enorme Schuldenlast stand die Stadt kurz vor der Verpfändung und zwischen Geldadel und Bürgertum kam es immer wieder zu Auseinandersetzungen, weil das Patriziat auch in Krisenzeiten nicht auf seine Privilegien (z. B. Steuerfreiheit) verzichten wollte. Um Konflikten mit den Zünften zu entgehen, verließen nicht wenige Patrizier zu dieser Zeit vorübergehend die Stadt. So auch Gutenberg, der im Zuge von Unruhen 1428 aus der Stadt floh.

Über Gutenbergs Verbleib in den folgenden Jahren ist nichts bekannt. Erst im Jahr 1434 führt seine Spur – ein Dokument, in dem es um ausstehende Rentenzahlungen der Stadt Mainz geht – nach Straßburg. Sein Geld verdiente er unter anderem mit der Produktion von Pilgerspiegeln. Für die Wallfahrt nach Aachen 1440 stellten Gutenberg und ein Geschäftspartner Tausende dieser Spiegel her, mit deren Hilfe die Pilger etwas vom Schein der verehrten Reliquien einzufangen hofften. Vermutlich traf Gutenberg in den Jahren in Straßburg schon Vorbereitungen zum Bau einer ersten Druckpresse. Aber erst nach seiner Rückkehr nach Mainz 1448 begann er mit dem Aufbau seiner Druckerwerkstatt.

Das Startkapital für die erste Werkstatt in Höhe von 150 Gulden, etwa der Jahresverdienst eines Universitätsprofessors zu dieser Zeit, besorgte sich Gutenberg von einem Verwandten. In den beiden Anfangsjahren widmete er sich vorwiegend der Entwicklung eines schnelleren und exakteren Druckverfahrens bzw. der hierfür notwendigen Gerätschaften. Um 1450 startete Gutenberg dann sein bekanntestes Projekt: den Druck der Gutenberg-Bibeln. Als Geldgeber konnte der Mainzer Kaufmann Johannes Fust gewonnen werden, der zunächst 800 Gulden und später noch einmal dieselbe Summe als zinsfreies Darlehen zur Verfügung stellte. Die Geschäftsbeziehung der beiden trug mit dem Druck von rund 180 Bibeln zwar durchaus Früchte, die erhoffte Rendite warf Gutenbergs Druckwerkstatt dem Investor aber zunächst nicht ab. Zudem warf Fust seinem Geschäftspartner vor, die vertraglich ausschließlich dem Druck der Bibeln zugedachten Gelder für anderweitige Druckerzeugnisse zweckentfremdet zu haben. Im Jahr 1455 musste sich Gutenberg deshalb vor Gericht verantworten – und unterlag. Die Werkstatt im Hof zum Humbrecht in der heutigen Schusterstraße mitsamt allen Gerätschaften sowie den gedruckten Bibeln wurde daraufhin Johannes Fust zugesprochen. Zusammen mit dem ehemaligen Gutenberg-Gehilfen Peter Schöffer führte dieser von nun an den Betrieb erfolgreich alleine weiter.

Gutenbergportrait von 1584

Obwohl finanziell angeschlagen, konnte Gutenberg bald darauf dank der Hilfe eines neuen Partners eine weitere Druckerei aufbauen. Geldnöte dürften den Erfinder im Alter nicht mehr geplagt haben. Große Buchkunstwerke wie die Bibeln stellte Gutenberg zwar nicht mehr her, aber einfache Kleindrucke wie Kalenderblätter, Lateinlehrbücher oder Ablassbriefe, die kostengünstig produziert werden konnten und bei einem breiten Leserkreis schnellen Absatz garantierten, dürften ihm ein sicheres Einkommen gewährt haben. Zudem nahm Kurfürst Adolf von Nassau ihn 1465 in sein Hofgesinde auf. Als Mitglied des Hofes genoss er Steuerfreiheit und erhielt jährlich Getreidespenden und mehrere Tausend Liter Wein. Bis zu seinem Tod 1468 lebte Johannes Gutenberg im Algesheimer Hof nahe der heutigen Ruine St. Christoph – so steht es zumindest auf der dort angebrachten Gedenktafel.

Im Südwesten der Altstadt

Tour 3

Ein Streifzug durch die südwestliche Altstadt und den Rand der Oberstadt gleicht einer Zeitreise von der modernen Landeshauptstadt des 21. Jh. in das antike Mogontiacum des Römischen Reiches.

- **St. Stephan und die Chagallfenster**, S. 56
- **Schillerplatz**, Fastnachtsbrunnen und Stadtpalais, S. 52
- **Mainzer Zitadelle**, mächtige Anlage mit toller Aussicht, S. 58

Zeitreise ins römische Mainz

Vom Gutenbergplatz zum Römischen Theater

Bauliche Zeugnisse der unterschiedlichsten Epochen und ihre Geschichten veranschaulichen rund 2000 Jahre Stadthistorie in der Mainzer Altstadt. Belebte Plätze, prächtige Adelspalais, mächtige Festungsanlagen und antike Kultstätten konkurrieren mit den berühmten blauen Chagallfenstern der Stephanskirche um die Aufmerksamkeit des Betrachters.

Spaziergang

Vom zentralen **Gutenbergplatz** mit dem modernen **Staatstheater** folgt man auf napoleonischen Spuren der **Ludwigsstraße** zum Schillerplatz. Wer will, kann von der „Lu" auch kurz abzweigen und in einem kleinen Bogen über den **Bischofsplatz** und den **Ballplatz** zum närrischen Zentrum von Mainz vordringen: Auf dem von barocken Adelspalais umrahmten **Schillerplatz** steht mit dem Fastnachtsbrunnen das bekannteste und attraktivste Wasserspiel der Stadt. Auf der anderen Seite des Platzes thront dessen Namenspatron, den man kurz grüßen oder gleich die Schillerstraße in Richtung **Proviant-Magazin** weitergehen kann. Kurz vor dem ehemaligen Getreidespeicher aus der Ära des Deutschen Bundes, in dem heute u. a. das **Fastnachtsmuseum** untergebracht ist, zweigt links der „Walk of Fame des Kabaretts" ab. Die **Sterne der Satire** weisen den Weg über den Romano-Guardini-Platz zum Mainzer Theater unterhaus, einer der bedeutendsten deutschen Kleinkunstbühnen.

Über die Münsterstraße geht es wieder zurück zum Schillerplatz. Vor dem

Innenministerium zweigt die Emmerich-Josef-Straße hinauf zur Kupferbergterrasse ab. Hier findet sich das Stammhaus der traditionsreichen **Sektkellerei Kupferberg** mit dem Kupferberg-Museum. Verlässt man das Anwesen durch den Innenhof, thront zur Rechten auf der ehemaligen **Bastion Alexander** die Villa Musica, in der regelmäßig klassische Konzerte stattfinden. Links führt die Straße durch einen großen Hotelkomplex hindurch auf die brunnengeschmückte Kästrich-Wohnanlage. Hier oben begann einst die Siedlungsgeschichte von Mainz – Reste eines **römischen Stadttors** erinnern an diese Zeit der Blüte.

Hat man die Wohnanlage durchquert, geht es auf der Kästrich-Straße weiter zum **Gautor**, einstmals einer der wichtigsten Zugänge in die Festungsstadt des 17. Jh. Hinter dem „Tor zur Altstadt" ragt schon die Kirche **St. Stephan** empor, die wegen ihrer **Chagallfenster** zu den Mainzer Top-Sehenswürdigkeiten zählt. Die Stefansstraße führt um die Kirche herum und mündet in den Eisgrubweg. Von hier geht es auf den **Windmühlenberg** und über die Fuß- und Autobrücke auf die **Mainzer Zitadelle**. Auf dem Gelände der im 17. Jh. errichteten Festung steht mit dem **Drususstein** noch das Ehrenmal für den Stadtgründer. Außerdem ist hier auch das **Stadthistorische Museum** untergebracht.

Verlässt man die Zitadelle durch den rheinseitigen Kommandantenbau, so geht es rechts weiter zu den Ausgrabungen des **Römischen Theaters**, einer weiteren antiken Kultstätte der Stadtbegründer. Eine Treppe führt neben der Ausgrabungsstätte hinunter zum Südbahnhof. Durch eine Gleisunterführung gelangt man an einem Parkhaus vorbei auf die Neutorstraße, an der im **Museum für Antike Schiffahrt** kostenlos Einblicke in die Geschichte des Schiffsbaus und des römischen Flottenwesens gewährt werden.

Sehenswertes

Denkmal für den Erfinder des Buchdrucks

Gutenbergplatz

Die Anlage des Platzes geht auf die Zeit der vierten französischen Besatzung (1798–1814) zurück. Napoleon und seine Stadtplaner wollten die kleinteiligen Strukturen der Altstadt durchbrechen und Mainz zu einer modernen Stadt ausbauen, die große Straßen und Plätze für opulente Militärparaden bieten sollte. Namensgebend für den heutigen Platz ist die **Gutenbergstatue** gegenüber dem Staatstheater. Schon die Franzosen wollten Gutenberg, dessen Erfindung des Buchdrucks sie als wegbereitend für die spätere Revolution ansahen, ein Denkmal setzen. Aber erst nach dem Abzug der Besatzer sollte das

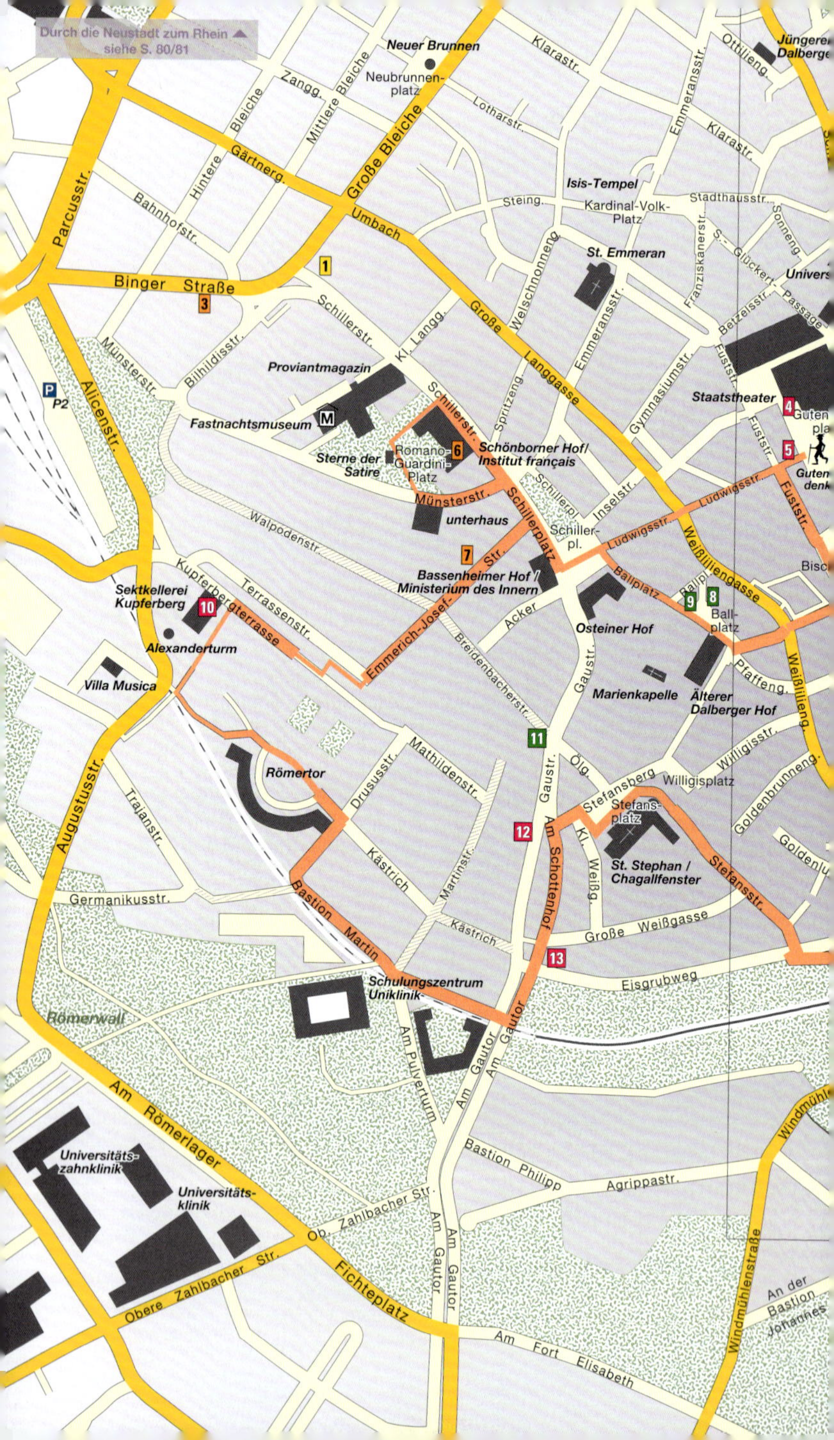
Durch die Neustadt zum Rhein
siehe S. 80/81
Neuer Brunnen
Neubrunnenplatz
Klarastr.
Ottilieng.
Jüngerer Dalberger
Zangg.
Mittlere Bleiche
Bleiche
Lotharstr.
Emmeranstr.
Gärtnerg.
Hintere
Große Bleiche
Parcusstr.
Bahnhofstr.
Isis-Tempel
Steing.
Kardinal-Volk-Platz
Stadthausstr.
Sonneng.
Umbach
St. Emmeran
Binger Straße
Schillerstr.
Welschnonneng.
Franziskanerstr.
S.-Glückert-Passage
Univers
Kl. Langg.
Große Langgasse
Emmeransstr.
Betzelsstr.
Münsterstr.
Bilhildisstr.
Proviantmagazin
Spritzeng.
Gymnasiumstr.
Fuststr.
Staatstheater
P2
Alicenstr.
Fastnachtsmuseum
Romano-Guardini-Platz
Schönborner Hof/
Institut français
Sterne der Satire
Münsterstr.
Schillerpl.
Inselstr.
Ludwigsstr.
unterhaus
Schillerplatz
Schiller-pl.
Walpodenstr.
Emmerich-Josef-Str.
Bassenheimer Hof /
Ministerium des Innern
Weißliliengasse
Ballplatz
Ballpl.
Ball-platz
Sektkellerei Kupferberg
Kupferbergterrasse
Terrassenstr.
Acker
Osteiner Hof
Alexanderturm
Breidenbacherstr.
Gaustr.
Marienkapelle
Älterer Dalberger Hof
Pfaffeng.
Weißlilieng.
Villa Musica
Willigisstr.
Mathildenstr.
Ölg.
Stefansberg
Willigisplatz
Römertor
Drususstr.
Stefans-platz
Goldenbrunneng.
Augustusstr.
Trajanstr.
Kästrich
Kl. Weißg.
St. Stephan /
Chagallfenster
Stefansstr.
Am Schottenhof
Martinstr.
Germanikusstr.
Bastion Martin
Kästrich
Große Weißgasse
Schulungszentrum Uniklinik
Eisgrubweg
Römerwall
Am Pulverturm
Am Gautor
Am Römerlager
Windmühle
Bastion Philipp
Agrippastr.
Universitätszahnklinik
Universitätsklinik
Ob. Zahlbacher Str.
Obere Zahlbacher Str.
Fichteplatz
Windmühlenstraße
An der Bastion Johannes
Am Fort Elisabeth

Nördliche Altstadt siehe S. 65
Essen & Trinken
2 Bratwurst Glöckle (S. 147)
4 Pur (S. 148)
5 HDW (S. 147)
10 Kupferberg Terrassen (S. 146)
12 La Gallerie (S. 146)
13 Gautor (S. 148)
Cafés
8 Lomo (S. 152)
9 Novum (S. 151)
11 dicke lilli, gutes kind (S. 152)
Nachtleben
3 Onkel Willy's Pub (S. 157)
6 Caveau (S. 159)
7 Red Cat Club (S. 158)
Einkaufen (S. 168)
1 Der Kinderladen
Rhein
Rheingoldhalle
Rheinstr.
Christofsg.
Altenauerg.
Löhrstr.
Jockel-Fuchs-Platz
Rathaus
St. Quintin
Quintinsstr.
Eisenturm
Am Rathaus
Uferstr.
Schusterstr.
Korbg.
Gutenbergmuseum
Fischtorplatz
Fischtor-brunnen
Mahnmal der Deutschen Einheit
Heunensäule
Höfchen
Marktplatz
Haus zum Römischen Kaiser
Liebfrauen-platz
Bonifatius
Gotthard-kapelle
Nagelsäule
Rheinstraße
Heug.
Dom
Domstr.
Leichhof
Mauritzenpl.
Gallusg.
Weintorstr.
Lauterenstr.
Grebenstr.
Erbacher Hof
Martinus-Bibliothek
Kirschgarten
Holzstr.
Holzturm
Fachhochschule Mainz
Frankfurter Hof
Augustiner-kirche
Augustinerstr.
Kappelhofg.
Hollagässchen
Kirschgarten
Templerstr.
Kammerspiele
Kartäuserstr.
Schönbornstr.
Haus zum Stein
Ignazgäßchen
Templerg.
St. Ignaz
Malakoff Passage
Malakoff-Terrasse
Rochusstr.
Hopfengarten
Graben
Kapuzinerstr.
Hänleing.
Kulturzentrum KUZ
Weißliliengasse
Dagobertstr.
Am Winterhafen
Windmühlenstr.
Holzhofstr.
Neutorstr.
87er Denkmal
Windmühlenberg
Parkhaus Römisches Theater
Museum für Antike Schiffahrt
Zitadelle
Römisches Theater
CineStar
Lutherkirche
Kartenausschnitt Südliche Altstadt siehe S. 80/81
Stadthistorisches Museum
Drususstein
Salvatorstr.
Wilhelmiterstr.
Auf der Steig
75 m
Tour 3: Vom Gutenbergplatz zum Römischen Theater

Vorhaben realisiert werden. Im Jahre 1837 wurde das vom dänischen Künstler Bertel Thorvaldsen gefertigte Bronzestandbild Gutenbergs feierlich enthüllt. Es zeigt den Erfinder in würdevoller Pose mit langem Mantel und Bart, in den Händen hält er Drucktypen und seine berühmte Bibel. Wie alle Darstellungen Gutenbergs ist auch dieses Monument ein idealisiertes Abbild des bekanntesten Mainzers. Wie er wirklich ausgesehen hat, darüber kann nur spekuliert werden. Als Mitglied des Patriziats dürfte er keinen langen Bart getragen haben. Aber bereits das erste Gutenberg-Portrait von 1584 – über 100 Jahre nach seinem Tod entstanden – zeigt Johannes Gutenberg in ähnlicher Gestalt (→ Kasten S. 45). Die Reliefs im Sockel zeigen Gutenberg in Verhandlungen mit seinem Geschäftspartner Johann Fust sowie einen lässig an der Druckerpresse lehnenden Meister, der seinen Gehilfen Peter Schöffer für sich schuften lässt.

Dass Mainz auf dem 50. Grad nördlicher Breite liegt, wird auf dem Gutenbergplatz schnell ersichtlich. Der **50. Breitengrad** ist hier als Markierung ins Pflaster eingelassen. Wie die Wissenschaft dank moderner Satellitenortung mittlerweile herausgefunden hat, müsste die Linie zwar genau genommen ein paar Meter weiter in Richtung Theater verlaufen – aber wen kümmert's.

Handkäs-Architektur

Staatstheater Mainz

Nach Plänen des großherzoglich-hessischen Oberbaurats Georg Moller entstand ab 1829 am Nordrand des Gutenbergplatzes ein repräsentatives Schauspielhaus. Charakteristisch für den Urbau war insbesondere das vorgesetzte Halbrund des Auditoriums, das in Anlehnung an das Kolosseum in Rom entstand und einen deutlichen Bruch mit der damals vorherrschenden rechteckigen, klassizistischen Theaterarchitektur markierte. Infolge mehrerer Um- und Anbauten ist die Rundung der Frontfassade heute nur noch abgeschwächt vorhanden. Anfang des 20. Jh. wurde das Theater um das von zwei Türmen flankierte Zuschauerfoyer erweitert. Zwischen 1998 und 2001 wurde das Große Haus komplett entkernt und zum modernsten Theater in Rheinland-Pfalz aufgerüstet. Abschlie-

Staatstheater am Gutenbergplatz

ßend setzte man dem Zuschauerraum, der Platz für rund 1000 Besucher bietet, seinen markanten Glaszylinder auf. Dieser neue bauliche Akzent war von Anfang an nicht unumstritten – manch einer spricht ob der Form gar spöttisch von „Meenzer Handkäs". Von der Terrasse vor der Glaskuppel bietet sich aber ein schöner Blick auf den Dom und über den Gutenbergplatz. Bereits 1997 wurde hinter der Hauptbühne das Kleine Haus mit seinem gläsernen Foyer eingeweiht, das heute durch zwei Brücken und auch unterirdisch mit dem Haupthaus verbunden ist (→ S. 154).

Gutenbergplatz 7, ✆ 06131/28510, www.staatstheater-mainz.com.

Rosenmontagszug-Trasse

Ludwigsstraße

Die „Lu" ist vor allem durch die TV-Übertragung des Rosenmontagszugs über die Stadtgrenzen hinaus bekannt. Wo heute nur noch Busse fahren und im Februar die Karnevalsgarden marschieren, paradierten Anfang des 19. Jh. französische Truppen. Von der einstigen Pracht der als Grand Rue Napoleón angelegten Achse ist aber nicht mehr viel übrig geblieben – schmucklose Nachkriegsbauten und tote Plätze säumen den Straßenrand. Obwohl die Stadt seit mehr als zwei Jahrzehnten die Lu baulich sowie als Einkaufsstraße aufwerten will, ist bis dato wenig passiert. Das in die Jahre gekommene Karstadt-Kaufhaus wurde schon vor Jahren an einen Projektentwickler verkauft, der hier ein modernes Einkaufszentrum errichten wollte. Mitte 2016 hatten sich Stadt und Investor aber noch immer nicht auf eine konkrete Planung geeinigt.

Im Sommer spielt hier die Musik

Bischofsplatz

Eigentlich wird das kleine Plätzchen nur im Spätsommer mit etwas Leben erfüllt, wenn an sechs Wochen im August und September eine Bühne zu Musik und Tanz einlädt. Sonst sitzt hier nur, bescheiden und stumm, ein Bischof herum: Das Denkmal für Willhelm Emmanuel Freiherr von Ketteler (1811–1877) erinnert zusammen mit einer Steinstele an das Leben und Wirken des als Sozialbischof in die Annalen eingegangenen Geistlichen. Im Westen des Platzes steht vor efeuumrankter Fassade noch das Portal des einstigen bischöflichen Palais. Das im Zweiten Weltkrieg zerstörte Wohnhaus der Bischöfe wurde in den 1960er-Jahren durch ein Parkhaus ersetzt. Heute residiert der Bischof aber auch nicht weit entfernt in der ehemaligen Johanniterkommende (Bischöfliches Ordinariat) in der Heiliggrabgasse.

Mädchen und Mystik

Ballplatz

Der Meenzer-Mädcher-Brunnen im Zentrum signalisiert es schon: Dieser Platz ist vorrangig für das weibliche Geschlecht. Im Westen des Platzes findet sich mit der Maria-Ward-Schule das einzige Mädchen-Gymnasium von Mainz. Untergebracht ist die 1846 vom Orden der Englischen Fräulein gegründete Schule im ehemaligen Adelspalais Älterer Dalberger Hof (Ballplatz 1) aus dem frühen 17. Jh. Im barocken Hauptportal ist noch gut das Wappen der Freiherren von Dalberg zu erkennen. Wer an der Pforte um Erlaubnis fragt, darf sicher einen Blick in den idyllischen Schulgarten mit seiner kleinen Kapelle werfen.

In einem Durchgang vom Ballplatz zur Weißliliengasse stehen vor einem Café zwei **römische Weihealtäre**, die im 1. Jh. in einem Tempel zu Ehren des Lichtgottes Mithras untergebracht waren. Weitere Überreste des Mithrasheiligtums wurden leider in den 1970er-Jahren im Zuge von Bauarbeiten zerstört. Daraus hat die Stadt aber gelernt: Als 1999 bei Aushubarbeiten zum Bau eines Parkhauses in der Fußgängerzone die Reste einer weiteren antiken Kultstätte zutage kamen, wurden die Bauarbeiten umgehend gestoppt und die Tempelanlage der Isis und Mater Magna fachkundigen Archäologen anvertraut (→ S. 68).

In einem kleinen Grünstreifen im Norden des Ballplatzes erinnert heute ein Stein an die verheerende **Pulverturmexplosion** von 1857 auf dem Kästrich. Der Pulverturm war Teil der Bastion Martin und eines der wichtigsten Munitionslager der Festung Mainz. Die Explosion zerstörte Dutzende Gebäude auf dem Kästrich und die gewaltige Druckwelle brachte selbst Fenster im einen Kilometer entfernten Dom zum zerbersten. Rund 150 Menschen wurden von umhergeschleuderten Gesteinsbrocken getötet. Die Ursache für die Explosion konnte nie aufgeklärt werden, es wird aber vermutet, dass es sich dabei um den Sabotageakt eines österreichischen Offiziers handelte.

Rastplatz Fastnachtsbrunnen

Fastnachtsbrunnen und Stadtpalais

Schillerplatz

Wie fast jede deutsche Stadt hat auch Mainz einen Platz, der nach dem genialen Dramatiker der Weimarer Klassik benannt ist. Na ja, eigentlich erinnern nur der Name und ein Denkmal im Norden des begrünten Schillerplatzes an den Dichter. Tatsächlich ist der Platz aber in erster Linie einer der großen Leidenschaften der Stadt gewidmet: der Fastnacht.

Fast 9 m hoch, geschmückt mit über 200 Figuren und ganzjährig ein Ehrenmal für die fünfte Jahreszeit: Der **Fastnachtsbrunnen** ist das Highlight unter den Mainzer Wasserspielen. Egal, wie lange oder oft man den Bronzeturm betrachtet, es lassen sich immer wieder neue Figuren und Allegorien von Mainz und seiner Fastnacht entdecken. Neben dem ehrwürdigen Vater Rhein, der Stadtgöttin Moguntia, dem Lausbub Till Eulenspiegel oder den berühmten Schwellköppen finden sich auch die Karnevalssymbole Weck, Worscht un' Woi im illustren Ensemble des 1967 enthüllten Kunstwerks von Blasius Spreng. Der verstorbene Münchner Maler und Bildhauer war wahrscheinlich auch der einzige Mensch, der jemals umfassend über alle Motive etwas hätte sagen können – das hat er aber wohl bewusst nicht getan, und so wird bis heute über die Bedeutung so mancher Figur noch wild spekuliert.

Umrahmt wird der Schillerplatz von mehreren großzügigen Stadtpalais aus dem 17. und 18. Jh. Unter den barocken Prachtbauten mit Rokoko-Elementen sticht besonders der **Osteiner Hof** im Süden hervor, von dessen Balkon alljährlich am 11. November der Beginn der Karnevalskampagne ausgerufen wird. Errichtet wurde die dreiflügelige Stadtvilla um 1750 für den Bruder des damaligen Kurfürsten Johann Friedrich Karl von Ostein (1689–1763). Bereits 1789 ging das Gebäude aber in öffentlichen Besitz über und ist seitdem eng mit dem Militär verbunden. Hier residierten einst französische, preußische, österreichische, nationalsozialistische und US-amerikanische Militärbefehlshaber. Von 1958 bis zum Verkauf Anfang 2014 nutzte die Bundeswehr den Osteiner Hof als Stadtkommandantur. Im Zuge der seit 2015 laufenden Renovierung wird hier ein Mix aus repräsentativen Büroräumen und Wohnungen entstehen.

In unmittelbarer Nähe zum Osteiner Hof steht mit dem **Bassenheimer Hof** eine weitere Stadtvilla der Familie Ostein – hier hauste die verwitwete Schwester des Kurfürsten. Obwohl zur gleichen Zeit erbaut, unterscheiden sich die beiden Palais deutlich. Während der Osteiner Hof durch seine Rundungen und die verschnörkelte Fassadenzier besticht, bediente sich der Architekt des Bassenheimer Hofs der zurückhaltenden, strengen Formensprache der französischen Barockarchitektur. Seit 1960 hat hier das Innenministerium seinen Sitz.

In der Schillerstraße steht mit dem **Schönborner Hof** (Nr. 11) von 1670 das erste im Stil des Barock erbaute Gebäude von Mainz. Das Adelspalais der bedeutenden Kurfürstenfamilie von Schönborn gab den Anstoß für den Bau vieler weiterer prächtiger Stadtresidenzen in der Barockzeit. Heute beherbergt der Schönborner Hof die Kultureinrichtung des Institut français (auch Maison de France) mit dem Kinosaal des Ciné-Mayence.

Einst Getreidespeicher, heute multifunktional

Proviant-Magazin

Wo sich einst der ausladende Garten des Schönborner Hofs erstreckte, wurde ab 1863 das monumentale Proviant-Magazin angelegt (Schillerstr. 11a). Der siebenstöckige Sandsteinbau mit einer Fläche von 5000 m² entstand zusammen mit weiteren Festungsbauten in der Endphase des Deutschen Bundes (1815–1866), als Mainz als „deutsches Bollwerk" gegen die traditionell expansionslüsternen Franzosen diente. Zu jener Zeit waren dauerhaft rund 7000 österreichische und preußische Soldaten in Mainz stationiert, die die Stadt mit Lebensmitteln zu versorgen hatte. Nach dem Deutsch-Französischen Krieg (1870/71) wurde die Festung Mainz nach und nach zurückgebaut; damit verlor auch das Proviant-Magazin seine ursprüngliche Funktion als Getreidespeicher und wehrhafter Militärbau. Über Jahrzehnte blieb das Gebäude ungenutzt und sah in den 1960er-Jahren schon seinem Abriss entgegen. Letztlich konnte man sich aber doch zu einer Renovierung durchringen. Heute sind im Proviant-Magazin in den oberen Stockwerken Eigentumswohnungen und auf den unteren beiden Etagen neben Gastronomie auch das Fastnachtsmuseum und das Deutsche Kabarettarchiv untergebracht (s. u.).

Ein Narr vor dem Proviant-Magazin

Bauarbeiten an einer Tiefgarage brachten 1979 die Reste eines römischen Wohnhauses aus dem 3. oder 4. Jh. zutage, unter denen sich auch Teile eines

Vom Gutenbergplatz zum Römischen Theater → Karte S. 48/49

römischen Hypocaustums erhalten haben. Die Rekonstruktion einer solchen frühen Fußbodenheizung steht heute auf der Rasenfläche zwischen Schönborner Hof und Proviant-Magazin.

Narrentreiben damals und heute

Fastnachtsmuseum

Seit 2004 bietet das Museum einen anschaulichen geschichtlichen Abriss der Mainzer Fastnacht vom ersten Rosenmontagszug 1837 bis zum bunten Narrentreiben der heutigen Zeit. Ausgestellt werden verschiedene Narrenkappen, Fastnachtsorden, Gardeuniformen, Schwellköpp und was sonst noch alles zur Fastnacht dazugehört. Winzige Röhrenfernseher zeigen Highlights der Saal- und Straßenfastnacht und rufen in Vergessenheit geratene Stars der politisch-literarischen Bütt in Erinnerung. Die kreuzworträtselnden Museumswärterinnen im Ehrenamt lassen sich gerne in einen kleinen Plausch verwickeln und geben Mainzer Anekdoten zum Besten. Bis Anfang 2017 soll die Dauerausstellung aufwendig umgebaut werden, das Museum bleibt in der Zeit geschlossen.

Di–So 11–17 Uhr. Eintritt 1,50 €, erm. 1 €, bis 14 J. 0,50 €. Eingang auf der Westseite des Proviant-Magazins, Neue Universitätsstr. 2, ✆ 06131/1444071, www.mainzer-fastnachtsmuseum.de.

Das Who's who deutscher Kleinkunst

Sterne der Satire/ Deutsches Kabarettarchiv

Auf dem Romano-Guardini-Platz würdigt seit 2004 der Mainzer „Walk of Fame" Größen des deutschsprachigen Kabaretts. Angelegt wurden die **Sterne der Satire** als Verbindung zwischen dem im Proviant-Magazin untergebrachten Deutschen Kabarettarchiv und dem Theater unterhaus, einer der bekanntesten Bühnen für Kabarett und Satire in Deutschland. Bis Anfang 2013 wurden 74 Künstler mit einer Bronzetafel für ihr Lebenswerk ausgezeichnet. In die Tafeln sind Edelstahlsterne mit den persönlichen Signaturen der Geehrten eingelassen. Am Tafelrand war noch Platz für die Stifter der Ehrenplatten, die nicht selten weitaus prominenter sind als die Ausgezeichneten. Weitere Informationen zum Walk of Fame bietet die Galerie der Geehrten im Kabarettarchiv.

Das **Deutsche Kabarettarchiv** will als Stiftung das kulturelle Erbe satirischer Kleinkunst bewahren und dokumentieren. Auf rund 900 m² finden sich u. a. eine Bibliothek sowie eine Disko- und Videothek, in der Interessierte stöbern können. Die Dauerausstellung gibt einen Überblick über bekannte und unbekannte Vertreter des Genres.

Kabarettarchiv: Mo–Do 9–16 Uhr, Fr bis 14 Uhr. Eintritt frei. Wer die Archivarien durchforsten will, muss sich vorher einen Termin geben lassen. Eingang Neue Universitätsstr. 2, ✆ 06131/144730, www.kabarettarchiv.de.

Museumskeller mit viel Schaumwein

Sektkellerei Kupferberg

Hoch oben auf dem Kästrich thront das Stammhaus der Schaumweinproduzenten Kupferberg. Wer über die Treppen von der Emmerich-Josef-Straße den Weg hinauf zur **Kupferbergterrasse** sucht, dem reitet schon von Weitem der Stadtpatron St. Martin entgegen, dessen rote Sandsteinfigur früher einmal den Westchor des Doms schmückte. Zwischenzeitlich wurde er aber durch einen neuen, wetterfesten Reiter ersetzt, und so blickt heute das Original auf sein Duplikat herab. Am Ende der Panoramaterrasse befindet sich die Sektkellerei Kupferberg.

Christian Adalbert Kupferberg verlegte seine in Hechtsheim gegründete „Fabrication moussierender Weine" 1850 hierher auf den Kästrich, der bis in die 1840er-Jahre als Weinberg diente und erst dann allmählich bebaut wurde. Schon die Römer kultivierten hier oben Wein und gruben unter ihrer Siedlung große Keller in den Berg. Diese spätantike Infrastruktur wusste Kupferberg für seine Unternehmungen

Stammhaus der Kupferbergs

zu nutzen. Die Temperaturen von ca. 10° C boten ideale Bedingungen für die Sektproduktion und mit der Zeit siedelten sich weitere Sektkellereien und Brauereien (beispielsweise die Mainzer Actien-Bierbrauerei) am Steilhang des Kästrich an. Als die Lagerkapazitäten knapp wurden, höhlten Kupferberg und seine Söhne den Kästrich nach und nach regelrecht aus. 60 Gewölbekeller entstanden – auf sieben Stockwerke verteilt die tiefsten Sektkeller der Welt!

Mittlerweile wurden zwar große Teile der Kelleranlagen in ein Parkhaus verwandelt und auch die Sektproduktion der Kupferbergs hat sich längst in ein Gewerbegebiet nach Wiesbaden verzogen. Im Rahmen einer Führung durch das im Stammhaus untergebrachte **Kupferberg-Museum** kann man aber heute wieder in die Tiefen des Kästrich hinabsteigen. Hier lagern immer noch Hunderttausende Liter Wein auf der Hefe, wenn auch nur zu Schauzwecken. Die Grundweinmischung fand früher in teils reich verzierten Eichenholzfässern statt, darunter hat sich in den Kellern ein über zwei Stockwerke hoch aufragendes Fass aus dem Jahre 1888 mit einem Volumen von 100.000 Litern erhalten. Ein weiteres Highlight des Museums ist der im Jugendstil gehaltene Traubensaal mit dem für das Deutsche Haus der Weltausstellung von 1900 in Paris geschaffenen Weinpavillon.

Besuch des Museums nur nach telefonischer Anmeldung und im Rahmen einer Führung mit anschließender Sektprobe möglich. Die gut einstündige Führung durch die historischen Keller (mit einem Glas Sekt) kostet 9,50 €. Kupferbergterrasse 17–19, ✆ 06131/9230, www.kupferbergterrasse.com.

Festungsanlage und Nachwuchsmusiker

Bastion Alexander

Im Garten des Kupferberganwesens steht mit dem **Alexanderturm** aus dem 15. Jh. noch ein Eckpfeiler des spätmittelalterlichen Stadtmauerrings. Der rundgemauerte Turm mit Spitzdach und Schießscharten, der auf Fundamenten der römischen Stadtbefestigung erbaut wurde, unterscheidet sich in seinem Aussehen deutlich von den zwei anderen heute noch erhaltenen

Vom Gutenbergplatz zum Römischen Theater → Karte S. 48/49

rechteckigen Stadttürmen – dem Holz- und dem Eisenturm in der Rheinstraße.

Seinen Namen verdankt der Wehrturm der im 17. Jh. errichteten Bastion Alexander auf der anderen Straßenseite. Die Bastion war eines der ersten Bauwerke, die im Zuge des Ausbaus von Mainz zur Festungsstadt ab den 1650er-Jahren errichtet wurden. Nachdem das Bollwerk seine militärische Bedeutung verloren hatte, errichtete man kurz vor Ausbruch des Ersten Weltkriegs auf dem Gelände drei ansehnliche Villen. In einem der Herrenhäuser ist heute die **Villa Musica** untergebracht, die talentierten Nachwuchsmusikern ein Dach über dem Kopf bietet und regelmäßig Veranstaltungsort für klassische Konzerte ist. Daneben nutzt auch die Landesregierung ein Gebäude mit prächtigem Garten als Gästehaus für prominenten Besuch.

Begehbare Ausgrabung

Römisches Stadttor

Im Zuge von Bauarbeiten für die große Wohnanlage auf dem Kästrich (abgeleitet vom lat. „castrum") kamen Mitte der 1980er-Jahre die Reste eines spätantiken Stadttores aus dem 4. Jh. zum Vorschein. In exponierter Lage über dem Rhein hatten die Römer 13/12v. Chr. hier oben und im Bereich der heutigen Uni-Kliniken ein Lager für 12.000 Soldaten errichtet, das in der Folgezeit als Basis für die Eroberung des nördlichen Germaniens fungierte. Zum Rhein hin erstreckte sich vor dem Castrum die römische Zivilstadt, die gegen Ende des 1. Jh. bereits auf etwa 50.000 Menschen angewachsen war. Als das rechtsrheinische Limesgebiet Mitte des 3. Jh. aufgegeben werden musste, brach man bald darauf auch das Legionärslager ab und errichtete eine mächtige Stadtmauer zum Schutz des zivilen Mogontiacum vor plündernden Germanenstämmen.

Heute ist die Ausgrabung des einstigen Tores der spätantiken Stadtmauer als begehbare Ausstellung in die Wohnanlage integriert. Zwischen den Mauerresten findet sich noch ein kurzes Stück der bereits im 1. Jh. angelegten Via Praetoria, die die Zivilstadt mit dem Militärlager verband. In dem Schwellenstein der Torbefestigung haben Wagenräder zwei noch gut erkennbare Furchen hinterlassen.

Verlässt man die Wohnanlage in südlicher Richtung, ist hinter einem Eckhaus an der Drususstraße ein Teil der hohen, mittelalterlichen Stadtmauer, die auf den Fundamenten ihrer römischen Vorgängerin errichtet wurde, noch gut zu erkennen.

Verzierte Sandsteinfassade

Gautor

Ab 1655 ließ Kurfürst Johann Philipp von Schönborn Mainz zu einer Festung aufrüsten. Um die Stadt entstand ein geschlossener Ring aus 15 Bastionen. An der westlichen Front wurde in Nachbarschaft zur Bastion Martin – Reste der Wehrmauern sind heute noch in der gleichnamigen Straße auf dem Kästrich erhalten – die mächtige Stadtmauer durch das Gautor unterbrochen. Zur Stadt- und auch zur Landseite (Gau = althochdeutsch für Land) schmückten die Tordurchfahrt Sandsteinfassaden, die die Niederlegung der Festungswälle überlebt haben und heute im Landesmuseum untergebracht sind. Seit 2002 steht eine Replik des äußeren Gautors wieder in der Nähe der ursprünglichen Toreinfahrt. Der Giebel des Gautors zeigt den Stadtheiligen St. Martin mit zwei Bettlern.

Gotik trifft Glaskunst

St. Stephan und die Chagallfenster

Die Stephanskirche ist nach dem Dom das bekannteste und meistbesuchte Gotteshaus von Mainz. Ihre Bekanntheit verdankt die gotische Hallenkirche aus dem 14. Jh. in erster Linie den von Marc Chagall (1887–1985) gefertigten Buntglasfenstern. Bis kurz vor seinem

Stephanskirche – bekannt durch die Chagall-Fenster

Tod schuf der französisch-jüdische Künstler insgesamt neun Fenster für die katholische Pfarrkirche, die zwischen 1978 und 1989 in den Ostchor und das Querhaus eingesetzt wurden. Chagall verstand sein mit rund 177 m^2 größtes Glaskunstwerk als Zeichen der deutsch-französischen Freundschaft und zugleich als Symbol der Aussöhnung von jüdischem und christlichem Glauben. Die tiefblauen Fenster werden von farbigen Bildern durchbrochen und zeigen biblische Szenen. Das einfallende Licht wirft bunte Musterungen auf den Kirchenboden und lässt zuweilen Engelsgestalten durch den Chor schweben. Die Fenster der Seitenschiffe sind schlicht und in hellerem Blau gehalten und sollen so den Blick des Betrachters zu den Meisterwerken hinführen. Sie wurden erst nach dem Tod Chagalls von dessen langjährigem Freund und Mitarbeiter Charles Mary geschaffen.

Bereits unter Bischof Willigis wurde um 990 eine Pfarrei St. Stephan auf der höchsten Erhebung der Stadt gegründet. Zwischen 1275 und 1340 entstand dann auf den Fundamenten der ersten Stephanskirche der gotische Nachfolgebau in seiner heutigen Gestalt. Im Zweiten Weltkrieg schwer beschädigt, ragt heute über dem Westchor wieder der achteckige Glockenturm empor, der sich mit seinen 66 m Höhe einen komfortablen Ausblick über die Altstadt verschafft. Bis Anfang des 20. Jh. befand sich im Kirchturm noch die Wohnung eines Türmers, der als Brandwächter die Bürger bei Gefahr zu warnen hatte. An der Südseite der Kirche wurde bis 1499 der Kreuzgang mit seinem charakteristischen Netzgewölbe und der kleinen Kapelle angelegt, in dem viele der 600 Stiftsherren ihre letzte Ruhe fanden.

März–Okt. Mo–Sa 10–17 Uhr, So ab 12 Uhr; Nov.–Febr. Mo–Sa 10–16.30 Uhr, So ab 12 Uhr. Eintritt frei. Führungen durch die Stephanskirche bieten die Touristeninformation und das Pfarramt St. Stephan an. Jeden Sonntag nach der 11-Uhr-Messe gibt es eine kurze Erläuterung zu den Chagall-Fenstern und ihren biblischen Motiven. Kleine Weißgasse 12, ✆ 06131/231640 (Pfarrbüro), www.st-stephan-mainz.de.

Spiel- und Bouleplatz

Windmühlenberg

Wie der Name schon vermuten lässt, standen auf dem Hügel im 19. Jh. tatsächlich mehrere Windmühlen. Heute erinnert daran eine Kinderrutsche in Windmühlen-Optik. Über dem Spielplatz erinnert das 87er-Kriegerdenkmal an die Geschichte von Mainz als Garnisonsstandort, dahinter erhebt sich der

Vom Gutenbergplatz zum Römischen Theater → Karte S. 48/49

markante Holzturm. Im Sommer trifft man sich vor dem Denkmal zum Boule-Spiel. Kurz vor der 1920 erstmals angelegten Brückenverbindung auf die Zitadelle stehen die Reste einer römischen Badewanne aus dem 1. Jh., die bei Tunnelarbeiten ganz in der Nähe in 23 m Tiefe geborgen wurden.

Mächtige Anlage mit Fernblick

Mainzer Zitadelle

Die Zitadelle ist eines der bedeutendsten Baudenkmäler von Mainz und die größte Anlage der einstigen Festung. Als Sitz des Militärkommandos war sie rund 250 Jahre die wichtigste strategische Schaltstelle der Stadt. Das Militär hat seinen Stützpunkt zwar schon Anfang des 20. Jh. verlassen, ein bisschen wird hier oben aber immer noch geschaltet und verwaltet. In den ehemaligen Kasernengebäuden sind heute vorwiegend städtische Behörden untergebracht. Ab und an verleiht das ausladende Gelände auch kulturellen Veranstaltungen einen historischen Rahmen. Ganzjährig bietet sich von der Zitadellenterrasse ein schöner Blick über die Altstadt und bis in den Taunus.

Um 1660 auf dem Jakobsberg erbaut, sollte die Zitadelle mit ihren mächtigen Außenmauern und den vier keilförmigen, hervorstehenden Eckbastionen den nahenden Feind schon von Weitem einschüchtern und im Ernstfall dem Artilleriefeuer möglichst lange trotzen. Beim Bau integrierten die Architekten neben dem römischen Ehrenmal für den Stadtgründer Drusus auch das hier schon seit dem 11. Jh. ansässige Benediktinerkloster St. Jakob in die Wehranlage. Der Kommandant der kurfürstlichen Truppen zog zunächst in die Pforte des Klosters ein, was die Mönche wohl oder übel hinnehmen mussten. Ab 1696 durfte der oberste Soldat dann standesgemäß im zur Stadt hin errichteten Kommandantenbau residieren. Die Klostergebäude wurden bei der französischen Belagerung 1793 fast völlig zerstört und mussten später Platz für Soldatenunterkünfte machen. Um 1863 wurde in der Endphase des Deutschen Bundes für die österreichischen und preußischen Soldaten die große Citadellkaserne (C) errichtet, im Gebäude (D) daneben befanden sich Küche und Kasino. Noch 1914 wurde die in der Mitte gelegene Doppelkompaniekaserne (E) gebaut; dabei wurden Teile der abgebrochenen Klosterbauten eingebunden, wie etwa die beiden Portale an den Längsseiten.

Früher vermeintlich bombenfest und uneinnehmbar, darf das seit 1907 denkmalgeschützte Gelände heute von jedermann und zu jeder Zeit betreten werden. Der Haupteingang führt durch die barocke Toranlage des Kommandantenbaus, den man nach dem Zweiten Weltkrieg restauriert und in seiner ursprünglichen Gestalt wiederhergestellt hat. Über dem Torbogen versucht eine grimmige Steinfratze die Besucher abzuschrecken, im Giebelfeld prangt das kurfürstliche Wappen und darüber thront eine Jakobsstatue in Erinnerung an das ehemalige Benediktinerkloster. Ein weiterer historischer Zugang zur Festung befindet sich am südwestlichen Zitadellengraben (heute Fußballplatz). Er wird von einer Jakobsfigur bewacht, die im Gegensatz zu ihrem Pendant am Haupthaus stets glatt rasiert und deutlich jünger in die Gegend schaut; geöffnet ist das Portal allerdings nicht immer. Vom Windmühlenberg gelangt man über die Brücke auch mit dem Auto auf die Festung.

Von den vier Bastionen sind vor allem die zwei auf der Südseite einen Besuch wert. Vom Wall der **Bastion Germanicus** über der Zitadellenterrasse bietet sich eine erhabene Aussicht über die Stadt und im Winter erlauben die kahlen Gewächse auch einen Blick auf die Ausgrabungen des Römischen Theaters aus der Vogelperspektive. Über den Erdwall gelangt man an den Außenmauern entlang zur **Bastion Drusus** und noch ein Stück weiter zur südwestlichen Toranlage. Oberflächlich betrachtet ist die Bastion Drusus vor allem durch den auffallend emporragenden Drususstein interessant. Im Rahmen einer Führung kann man außerdem etwas tiefer in die Mainzer Festungsgeschichte eintauchen – und zwar wortwörtlich: Die Bastion Drusus ist von einem Netz aus unterirdischen Gängen durchzogen, die es den Soldaten einst ermöglichten, geschützt zu ihren Gefechtspositionen zu gelangen. Daneben wurden unter der Zitadelle auch mehrere Kasematten sowie Minengänge angelegt, um die Festung im Falle der unausweichlichen feindlichen Übernahme sprengen zu können.

Verlässt man die Zitadelle über den Kommandantenbau und wendet sich rechts Richtung Römisches Theater, kann man kurz vor den Ausgrabungen noch einen Blick in den südöstlichen **Zitadellengraben** werfen. Bäume und Büsche haben sich hier inzwischen ihren Platz erobert und den einstigen Wehrgraben in einen Urwald verwandelt. Früher bildeten die Gräben um die Festung das letzte Hindernis und wurden von Bewuchs penibel freigehalten, um Angreifern keine Deckung zu gewähren und sie von den Bastionen ins Kreuzfeuer nehmen zu können.

Die **Initiative Zitadelle Mainz** bietet von April bis Oktober einmal monatlich Führungen (Erw. 7,50 €, Kinder bis 14 J. 4 €) auf der Zitadelle an, in deren Rahmen auch die Unterwelt der Festung erkundet wird (genaue Termine auf der Website). Anmelden muss man sich nicht, Treffpunkt ist um 17.30 Uhr vor dem Café am Südwest-Tor. An einem Sonntag im September findet jährlich das Zitadellenfest statt mit Musik, Speis und Trank, Soldaten in historischer Uniform, Unterhaltungsprogramm für Kinder. Am 87er Denkmal, ✆ 06131/124012, www.zitadelle-mainz.de.

Kenotaph für den Stadtgründer

Drususstein

Fleißig, zielstrebig, scharfsinnig, tugendhaft und wohl nicht der beste Reiter Roms – so in etwa könnte man den bei seinen Soldaten überaus beliebten Feldherrn **Nero Claudius Drusus** (38–9 v. Chr.) charakterisieren. Mit dem

Ehrenmal für den Stadtgründer Drusus

Auftrag ausgestattet, das Römische Reich weiter zu vergrößern, gründete der Stiefsohn von Kaiser Augustus in Mainz eine Militärbasis zur Eroberung des nördlichen Germaniens. Mut und taktisches Geschick stellte der Militärstratege in mehreren Feldzügen gegen die Germanen unter Beweis, ein für Soldaten ehrenhafter Tod in der Schlacht blieb ihm aber verwehrt. Im Jahre 9 v. Chr. stürzte Drusus an der Elbe vom Pferd, brach sich ein Bein und starb Tage später an seiner Verletzung.

Eine Kultfigur sollte der Feldherr dennoch werden. Während Drusus in Rom beigesetzt wurde, errichteten ihm seine Anhänger in Mogontiacum ein monumentales Ehrengrab, dessen Reste bis heute auf der Zitadelle erhalten sind. Ursprünglich stand der Drususstein direkt an der stark frequentierten Via Sepulcrum, die das römische Lager auf dem Kästrich mit einem weiteren Lager im südlichen Weisenau verband. Noch Jahrhunderte nach dem Tod des Feldherrn pilgerten jährlich Tausende Anhänger zum Drususstein, der mit einer Höhe von ursprünglich 30 m bis weit über den Rhein hinweg zu sehen war.

Vom Gutenbergplatz zum Römischen Theater → Karte S. 48/49

Heute reckt sich der Kenotaph nur noch knapp 20 m empor. Bereits im Mittelalter hatte der Drususstein seine spirituelle Bedeutung verloren und diente der Bevölkerung als willkommene Quelle für Baumaterial. Zudem brach man in der Mitte eine Treppe heraus und nutzte den exponierten Stein als Wachturm. Beim Bau der Zitadelle wurde der Drususstein wohl ebenfalls als zusätzlicher Wachturm in die Festung integriert.

Wenige Exponate, viel Text

Stadthistorisches Museum

Seit 2003 zeigt das Museum im ehemaligen Militärkasino Ausschnitte aus der Stadtgeschichte, vom römischen Mogontiacum bis zur heutigen Zeit. Zwei weitere Dauerausstellungen widmen sich ausführlich der Geschichte der Mainzer Juden sowie dem Wirtschafts- und Arbeitsleben im Mainz des 19. und 20. Jh. Regelmäßige Sonderausstellungen bringen etwas Schwung in das sonst sehr textlastige und mit Exponaten geizende kleine Museum.

Fr 14–17 Uhr und Sa/So 11–17 Uhr. Eintritt 2 € (erm. 1 €). Im Bau D der Zitadelle (Eingang am Drususstein), ✆ 06131/629637, www.stadtmuseum-mainz.de.

Ausgrabung in Bahnhofsnähe

Römisches Theater

Der Wissenschaft und dem Engagement vieler freiwilliger Ausgrabungshelfer ist es zu verdanken, dass mit den Resten des Römischen Theaters um das Jahr 2000 am Zitadellenweg eine weitere antike Kultstätte an die Oberfläche gelangte. Über Jahrhunderte schlummerte das größte Bühnentheater nördlich der Alpen im Erdboden. Zwar stieß man bereits 1914 im Zuge von Kanalarbeiten auf Mauerreste, die man dem im 2. Jh. erbauten Theater zuordnen konnte. Die Turbulenzen zweier Weltkriege verhinderten aber zunächst weitere Ausgrabungen. Erst 1998 widmete man sich wieder der Fundstätte und beförderte nach und nach das zutage, was die Jahrhunderte überdauert hatte. Viel ist allerdings nicht heil geblieben: Im Mittelalter diente auch das Theater als Lieferant für Baumaterial. Bei Bauarbeiten am Südbahnhof (seit 2006 Bahnhof Römisches Theater) wurden die Ruinen des einstigen Bühnenhauses dann gänzlich abgerissen. Erhalten haben sich Teile des Zuschauerhalbrunds, das mit einem Durchmesser von 116 m Platz für rund 10.000 Menschen bot. Es wird vermutet, dass auch das Theater als Versammlungsstätte für Anhänger des Drususkultes genutzt wurde. In den kommenden Jahren soll das Theater weiter touristisch aufgewertet und wieder regelmäßig für kulturelle Veranstaltungen genutzt werden. Von Gleis 4 des angrenzenden Bahnhofs bietet sich durch die breite Glasfront schon heute ein guter Blick auf die Ausgrabungen.

Römische Kriegsschiffe hautah

Museum für Antike Schiffahrt

Bereits seit der Antike ist der Rhein einer der wichtigsten Transportwege Europas. Im Bereich des heutigen Zoll- und Binnenhafens lag wohl auch der Hafen Mogontiacums. Bei Bauarbeiten für einen Hotelkomplex am Rhein stieß man Anfang der 1980er-Jahre auf die Reste von fünf römischen Kriegsschiffen aus dem 3./4. Jh., die heute im Museum zusammen mit zwei originalgetreuen Nachbauten ausgestellt sind. Daneben gibt es einen generellen Überblick über die Geschichte des Schiffsbaus; Schaufenster ermöglichen Einblicke in die Restaurationswerkstätten. Auf dem Areal neben dem Museum entsteht seit Ende 2015 das Archäologische Zentrum Mainz. In dem Komplex wird auch das momentan im Kurfürstlichen Schloss untergebrachte Römisch-Germanische Zentralmuseum eine neue Bleibe finden.

Di–So 10–18 Uhr. Sonntags um 14.30 Uhr finden regelmäßig Führungen durch das Museum statt (Teilnahme 3 €, erm. 2 €). Sonst Eintritt frei. Neutorstr. 2b, ✆ 06131/2866316, www.rgzm.de.

Mainz im Kasten

Die Festung Mainz – das mächtige „Bollwerk Deutschlands"

Bis heute zeugen im Stadtgebiet eine Reihe von Festungsbauwerken von der militärischen Bedeutung der Stadt. Rund 300 Jahre lang – vom Beginn des Dreißigjährigen Krieges 1618 bis zum Ende des Ersten Weltkrieges 1918 – war Mainz Standort verschiedener Garnisonen: Kurfürstliche, schwedische, französische, österreichische und preußische Truppen übernahmen das Kommando über die Stadt und prägten mit ihren jeweiligen Bauten deren Charakter als Festung.

Dass die mittelalterliche Stadtbefestigung zu Beginn des 17. Jh. bei Weitem nicht mehr den militärischen Standards entsprach, musste Mainz 1631 schmerzlich erfahren, als schwedische Truppen unter ihrem König Gustav II. Adolf die Stadt einnehmen konnten, ohne auf nennenswerte Hindernisse zu stoßen. Die schwedischen Besatzer errichteten sogleich an strategisch bedeutenden Orten erste Wehranlagen. So entstand etwa an der Mainmündung die Gustavsburg, von der heute allerdings nur noch kümmerliche Fundamentreste zeugen.

Nach Abzug der Schweden 1636 widmete sich fortan auch der Kurfürst dem militärischen Ausbau seiner Stadt. Unter Johann Philipp von Schönborn wurde ab 1655 ein geschlossener Ring aus 15 Bastionen mit der Zitadelle als wichtigstem Verteidigungsbau und Sitz des Militärkommandos errichtet. In dieser Zeit entstanden auch die heute noch in Teilen erhaltenen Bastionen Alexander und Martin sowie das befestigte Gautor auf dem Kästrich. Ab 1700 wurde ein zweiter Festungsgürtel um die Stadt geschnürt. Dem ersten bastionären Ring weit vorgelagert, errichtete man fünf große Forts, darunter das Fort Josef nahe den Uni-Kliniken, die ebenfalls durch einen Wall miteinander verbunden waren und im Kriegsfall durch unterirdische Gänge mit Soldaten aus der inneren Festung besetzt werden konnten.

Doch alle Befestigungsmaßnahmen konnten nicht verhindern, dass das notorisch unterbesetzte Mainz im Zuge der französischen Revolutionskriege wieder einmal kampflos dem Feind überlassen werden musste. Während der vierten französischen Besatzung (1798–1814) baute Napoleon Mainz zum Hauptquartier für seine rechtsrheinischen Feldzüge aus. Zeitweise musste die Stadt mit ihren rund 24.000 Einwohnern zusätzlich bis zu 16.000 französische Soldaten versorgen.

Nach der Rückeroberung durch deutsche Truppen 1814 wurde Mainz dem neu gebildeten Deutschen Bund unterstellt und zum wichtigsten Bollwerk gegen den westlichen Rivalen Frankreich ausgebaut. Nun waren es nicht mehr die Franzosen, sondern rund 7000 preußische und österreichische Soldaten, die für die nächsten 50 Jahre in Mainz stationiert sein sollten. Zu den großen Militärbauten dieser Zeit zählen etwa das Fort Weisenau im Volkspark und das Proviant-Magazin am Schillerplatz. Daneben wurde auch das Rheinufer mit modernen Festungsbauten abgesichert: In Mainz-Kastel wurde die Reduit angelegt und am stadtseitigen Ufer errichtete man u. a. das Fort Malakoff.

Nach dem Deutsch-Französischen Krieg 1870/71 wurde allmählich mit dem Rückbau der Befestigungsanlagen begonnen. Die nördliche Front wurde weitgehend abgebrochen und auf dem Gartenfeld entstand die Mainzer Neustadt. Das endgültige Ende der Festungsstadt kam aber erst nach dem Ersten Weltkrieg mit dem Versailler Vertrag von 1919, der die Zerstörung aller Festungsanlagen vorschrieb. Die hierbei gewonnenen Freiflächen wurden vielerorts in Sport- und Parkanlagen umgewandelt, sodass heute die südwestliche Innenstadt ein fast geschlossener Grüngürtel umgibt, der vom Römer- und Drususwall bis zum Volkspark reicht.

Im Norden der Altstadt

Tour 4

Auf diesem Spaziergang streift man stadt- und landespolitische Schaltzentralen sowie bauliche Zeugnisse der Römerzeit. Unterwegs lässt sich in der Fußgängerzone ausgiebig shoppen.

Heiligtum der Isis und Mater Magna, Ausgrabungen im Einkaufszentrum, S. 68

Kurfürstliches Schloss, heute ein schmucker Veranstaltungsort, S. 72

Landtag (Deutschhaus), Wiege der Mainzer Republik, S. 74

Regierungs- und Shoppingviertel

Vom Rathaus durch die nördliche Altstadt

In Sichtweite des Rheins schalten und walten traditionell die politischen Entscheidungsträger von Stadt und Land. Rathaus, Landtag und Kurfürstliches Schloss dominieren hier mit ihren mächtigen Bauten die Uferfront. Im Rücken des Schlosses erstreckt sich das Regierungsviertel, in dem kreative Köpfe immer neue Pläne erarbeiten, wie sich Land und Stadt aus dem Schuldensumpf ziehen lassen. Einen bescheidenen Beitrag hierzu könnte dieser Rundgang leisten, der fast durch die ganze Fußgängerzone führt und so vielleicht den ein oder anderen Besucher zum Konsum verleitet.

Spaziergang

Auf dem Jockel-Fuchs-Platz steht mit dem **Rathaus** einer der umstrittensten Neubauten im Mainz der Nachkriegszeit, der schon seit geraumer Zeit seiner Sanierung entgegenfiebert. Vom Plateau des Platzes fällt der Blick auf den historischen **Eisenturm**, der heute als Kulturzentrum dient. Über die Rathausbrücke geht es am ehemaligen **Heilig-Geist-Spital** und der Touristeninformation vorbei zum Einkaufszentrum **Am Brand**, wo sich schon im Mittelalter ein erstes Kaufhaus befand. Bevor man sich in das Getümmel der Fußgängerzone stürzt, passiert man die Kirche **St. Quintin** und die **Alte Universität** von Mainz. An der Kreuzung von Seppel-Glückert-Passage und Emmeransstraße lohnt ein kurzer Abstecher nach rechts zum **Jüngeren Dalberger Hof** in der Klarastraße, dem größten noch erhaltenen Adelspalais von Mainz. Linker Hand vor der Römerpassage begrenzt die gotische

Pfarrkirche **St. Emmeran** die gleichnamige Straße. Im Untergeschoss der Kaufhauspassage wartet mit dem **Heiligtum der Isis und Mater Magna** eine Kultstätte aus der Römerzeit. An das Ende der Fußgängerzone schließt das sog. **Bleichenviertel** an, das ab dem 18. Jh. schachbrettartig angelegt wurde und so einen deutlichen Kontrast zur verwinkelten südlichen Altstadt schafft. Am Neubrunnenplatz versperrt der **Neue Brunnen** mit seinem mächtigen Obelisken den Weg, deshalb folgt man der Großen Bleiche in Richtung Rhein.

Schon von Weitem springt einem das goldene Pferd auf dem Dach des **Landesmuseums** entgegen. Nur wenige Schritte weiter ragen die zwei Türme der Kirche **St. Peter** empor. Vom Ernst-Ludwig-Platz aus dreht man eine Runde um das prächtige **Kurfürstliche Schloss**, das heute u. a. das **Römisch-Germanische Zentralmuseum** beheimatet und alljährlich der Mainzer TV-Fastnacht als Studio dient. Auf der gegenüberliegenden Straßenseite erstreckt sich der Platz der Mainzer Republik. Im Deutschhaus, dem heutigen **Landtag**, trat 1793 das erste Parlament Deutschlands zusammen.

Von hier geht es wieder zurück Richtung Rathaus. An der Mitternacht ist im ehemaligen Reichklarakloster das **Naturhistorische Museum** untergebracht.

Ein kleines Stück weiter wartet auf dem Karmeliterplatz schweigsam die **Ruine St. Christoph**. Die Taufkirche Gutenbergs wurde im Zweiten Weltkrieg zerstört, die Ruine als Kriegsmahnmal erhalten. Orientiert man sich vom Karmeliterplatz in Richtung Rhein, steht an der gleichnamigen Straße die kleine **Karmeliterkirche** aus dem 14. Jh., in der sich zwei fleißige Mainzelmännchen verstecken. Die Löhrstraße führt vorbei an der Fundstelle der antiken Römerschiffe, die Anfang der 1980er-Jahre beim Bau des Hilton geborgen wurden und nun im Museum für Antike Schifffahrt ausgestellt sind, zum Ausgangspunkt des Rundgangs zurück. Unter der Rathausbrücke hindurch geht man noch einmal ebenerdig an Rathaus, Eisenturm und Heilig-Geist-Spital vorbei. Die schmale Rotekopfgasse mündet in den Liebfrauenplatz.

Sehenswertes

Architektur ist Geschmacksache

Rathaus

Der Rathausplatz wurde nach dem Tod des langjährigen und bis dato wohl beliebtesten Bürgermeisters Jockel Fuchs (SPD, 1965–1987) in Jockel-Fuchs-Platz umbenannt. Das Mainzer Rathaus, das deshalb auch gerne als „Fuchsbau" bezeichnet wird, wurde von dem dänischen Stararchitekten

Rathausplatz

Arne Jacobsen (1902–1971) entworfen und ist vor allem eines: Geschmacksache! Von den einen unermüdlich als Meisterwerk moderner Architektur gefeiert, gilt der markante Marmor-Bau den anderen mitunter gar als das hässlichste Rathaus der Welt. Schon zur Einweihung Ende 1973 machte sich in der Bürgerschaft Unmut breit ob des unverschämten Selbstbewusstseins, mit dem das „Mahnmal der Hässlichkeit" der Stadt die Sicht auf den Rhein versperrte. Schließlich hatte Mainz seit 500 Jahren gar kein festes Rathaus mehr gehabt, warum musste also gleich so ein Monstrum her, das wegen seiner Fassadengitter auch noch eher wie ein Hochsicherheitstrakt anmutet und weniger wie der würdevolle Amtssitz des Bürgermeisters.

Mittlerweile vegetiert das denkmalgeschützte Gebäude schon einige Zeit einer ungewissen Zukunft entgegen. Die Natursteinfassade bröckelt, das Dach ist undicht, die Fundamente korrodieren vor sich hin, die Fenster lassen sich nicht öffnen, die Gitter sind vom Rost angegriffen, die Klimaanlage ist hinüber. Da wundert es nicht, dass viele Beamte längst in angenehmere Räumlichkeiten geflüchtet sind. „Wir haben ein kaputtes Rathaus: technisch am Ende und energetisch eine Katastrophe!", brachte es der amtierende OB Michael Ebling (SPD) Ende 2012 auf den Punkt. Nachdem vorübergehend, dem Denkmalschutz zum Trotz, gar ein Abriss in Erwägung gezogen wurde, will die Stadt das Rathaus in den kommenden Jahren für 50 Mio. € aufwendig sanieren bzw. umbauen. Im Rahmen eines EU-weiten Ideenwettbewerbs gingen 2014 insgesamt 31 Erneuerungsvorschläge ein. Auch die Bürger konnten sich in Planungswerkstätten mit Ideen für ihr neues Rathaus einbringen. Bis Sommer 2017 ermittelt nun ein Planungsbüro, welche Maßnahmen mit dem vorgegebenen Budget realisierbar sind. Wie auch immer der konkrete Entwurf letztlich aussehen wird, in jedem Fall wird am Rhein für einige Zeit eine weitere Großbaustelle zu bewundern sein.

Die andere Seite des Jockel-Fuchs-Platzes wird von der **Rheingoldhalle** begrenzt. Das inzwischen mehrfach modernisierte Kongresszentrum ersetzte ab den 1960er-Jahren die im Krieg zerstörte Stadthalle, die nach ihrer Erbauung 1884 den damals größten Festsaal Deutschlands beheimatete. Heute ist die Rheingoldhalle Schauplatz für Parteitage, Karnevalssitzungen, Ausstellungen und wegen ihrer unmittelbaren Nachbarschaft zum Hilton-Hotelkomplex immer wieder Veranstaltungsort für Kongresse und Firmenevents.

Heute ein Kulturzentrum

Eisenturm

Vom Jockel-Fuchs-Platz fällt stadtseitig der Blick auf den heute als Kulturzentrum genutzten Eisenturm an der Rheinstraße. Seinen Namen verdankt der im 15. Jh. errichtete Stadtturm dem damals hier stattfindenden Eisenmarkt im Mittelalter. Wie auch der etwas südlich gelegene Holzturm zählte der Eisenturm zu den einst 34 Tor- und Wachtürmen der Stadtmauer. Ebenso diente er später als Gefängnis. Nach dem Zweiten Weltkrieg wurde der ausgebrannte Turm wieder in seiner ursprünglichen Gestalt aufgebaut. Die rheinseitige Tordurchfahrt bewachen

Essen & Trinken
5 Cubo Negro (S. 147)
9 Heiliggeist (S. 149)
Cafés (S. 151)
4 Pomp Café
Nachtleben
1 50grad (S. 158)
2 schon schön (S. 159)
6 Zeitungsente (S. 157)
Einkaufen
3 Villa Vinum (S. 169)
7 Wolsdorff Cigarren (S. 169)
8 Mainz-05-Fanshop (S. 170)
Rhein
Kaiserstr.
Greiffenklaustr.
Rheinallee
Albinistr.
Christuskirche
E.-Ludwig-Str.
Kurfürstliches Schloss
von-Isenburg-Straße
Peter-Altmeier-Allee
Römisch-Germanisches Zentralmuseum
Diether-
Kaiser-Friedrich-Straße
Stiftsstr.
Bleiche
Landtag
Jupitersäule
Große Bleiche
St. Peter
Platz der Mainzer Republik
Rheinstraße
Ministerien-viertel
Bauhofstraße
Petersstr.
Staatskanzlei
Altes Zeughaus
Zeughausg.
Deutschhausplatz
Hintere Bleiche
Petersplatz
Mitternachtsgasse
Landes-museum
Naturhistorisches Museum
Haus der Jugend
Mittlere Bleiche
Flachsmarktstraße
Bauerng.
Löwenhofstr.
Karmeliterkirche
Rheingoldhalle
Karmeliterstr.
Margaretengasse
Ottilieng.
Jüngerer Dalberger Hof
Löhrstraße
Neuer Brunnen
St. Christoph
Altenauerg.
Christofsgasse
Hintere Christofsgasse
Klarastr.
Emmeransstr.
Lotharstr.
Schusterstraße
Jockel-Fuchs-Platz
Isis-Tempel
Stadthausstr.
Eisenturm
Steingasse
St. Quintin
Quintinsstraße
Sonneng.
St. Emmeran
Franziskanerstr.
Betzelsstr.
Welschnonneng.
Alte Universität
Korbgasse
Gutenbergmuseum
Schöfferstr.
Emmeransstr.
Gymnasiumstr.
Fuststr.
Große Langgasse
Haus zum Römischen Kaiser
Staatstheater
Höfchen
Marktplatz
Liebfrauenplatz
Spritzeng.
Gotthard-kapelle
Gutenberg-platz
Schillerstr.
Schönborner Hof/ Institut français
Dom
Domstr.
St. Johannis
Schillerpl.
Inselstr.
Ludwigsstr.
Leichhof
Mauritzenplatz
Johannisstr.
Erbacher Hof
Schillerplatz
Bischofs-platz
Heiliggrabg.
Grebenstr.
Martinus-Bibliothek
Ballplatz
Ballpl.
Bischöfliches Ordinariat
Weißliliengasse
Bassenheimer Hof / Ministerium des Innern
Ball-platz
Älterer Dalberger Hof
Acker
Osteiner Hof
Gaustr.
Marien-kapelle
Südliche Altstadt siehe S. 30/31
75 m
Tour 4: Nördliche Altstadt

zwei zähnefletschende Löwen, in deren Pranken bereits ein Widder und ein Fabeltier ihr Ende fanden.

In den Räumlichkeiten des Turms präsentiert heute u. a. der **Kunstverein Eisenturm Mainz** wechselnde Ausstellungen. Infos hierzu gibt's auf der Vereinswebsite www.kunstverein-eisenturm-mainz.de. Fritz-Arens-Platz 1.

Heute ein Restaurant

Heilig-Geist-Spital

Von der Rathausbrücke fällt der Blick auf das ehemalige Heilig-Geist-Spital (Mailandsgasse 1). Im Jahre 1236 von der Kirche errichtet, kam das Gebäude bereits 1244 unter städtische Verwaltung und ist damit vermutlich das älteste Bürgerhospital Deutschlands. Der Pflege Kranker widmete sich die Einrichtung eher zweitrangig. Hier fanden vor allem auch Arme, Alte und Pilger eine Unterkunft. Im Mittelalter war das Spital in die Stadtmauer integriert und von allen vier Seiten zugänglich. Durch das rheinseitige Portal konnten auch zu später Stunde noch Fremde Einlass in die Stadt finden. Ab dem 15. Jh. diente das Gebäude ausschließlich als Altersstift für Frauen und im 19. Jh. kurze Zeit auch als Besserungsanstalt für Mädchen. In den 1970er-Jahren wurde das im Krieg zerstörte Spital in Ahnlehnung an seine ursprüngliche, spätromanische Gestalt restauriert. Heute beherbergt der einstige Krankensaal mit seinen Pfeilern und dem Kreuzgewölbe das Restaurant Heiliggeist (→ S. 149).

Kulturzentrum Eisenturm

Schon im Mittelalter ein Einkaufstempel

Am Brand

Zwischen Markt, Rathaus und Rheingoldhalle, wo heute das offene Brand-Einkaufszentrum zum Konsum animiert, gingen die Mainzer schon im Mittelalter gerne mal auf Shopping-Tour. Im Anfang des 14. Jh. errichteten Kaufhaus am Brand konnten sich die Bürger mit allem versorgen, was die Kaufleute so auf dem Rhein herbeischifften. Gemäß dem damals geltenden Stapelrecht waren die Rheinkaufleute verpflichtet, ihre Waren für mehrere Tage im Kaufhaus anzubieten, bevor es in die nächste Stadt weiterging. Eine willkommene Einnahmequelle für Mainz, das im Mittelalter erfolgreich zu einem prosperierenden Wirtschaftszentrum aufsteigen konnte – trotz der Konkurrenz durch die große Messestadt Frankfurt.

Insbesondere die Südseite des mittelalterlichen Kaufhauses war einst repräsentativ geschmückt. Das Dach zierten hier die Reliefzinnen der sieben Kurfürsten und ihres Königs. Die Originalzinnen konnten beim Abriss des Kaufhauses 1812 erhalten werden und sind heute im Landesmuseum ausgestellt. Eine Replik vom Kurfürstenzyklus steht auch an der Rheinpromenade nahe des Hilton Hotels (→ Tour 5, S. 90).

Das Äußere gotisch, innen ein Stilmix

St. Quintin

Die ziegelrote Kirche mit ihren aufgemalten Fugen wurde um 1300 in gotischem Stil errichtet. Der Ursprung der Kirchengemeinde reicht aber bis ins 8. Jh. zurück, wodurch St. Quintin als die älteste Pfarrei der Stadt gilt. Heute bilden St. Martin und St. Quintin gemeinsam die Dompfarrei. Auffallend ist der dreigeschossige Glockenturm, der unter seinem Turmhelm einst eine Brandwache beherbergte. Aus seiner Wohnung mit den grünen Fensterläden bot sich dem Türmer ein guter Blick über den mittelalterlichen Siedlungskern. Im Norden schloss sich an den Bau der Kirchhof an, der mittlerweile aber zum Garten eines Altenheims umfunktioniert wurde. Bei Luftangriffen im Zweiten Weltkrieg wurde das Gotteshaus schwer beschädigt und die Innenausstattung ging zu großen Teilen in Flammen auf. Bereits 1948 hatte man die Kirche aber wieder einigermaßen in Schuss gebracht. Die heutige Ausstattung wurde dabei überwiegend aus anderen Mainzer Kirchen zusammengetragen. Die geschnitzte Barockkanzel von 1761 etwa stammt aus der Kirche St. Emmeran.

Tägl. 10–13 Uhr. Ecke Schusterstraße/Quintinsstraße, www.dompfarrei-mainz.de.

Außenposten mit wechselvoller Geschichte

Alte Universität

Die Gründung der Universität fällt in die Zeit nach den turbulenten Jahren der Mainzer Stiftsfehde (1459–1463). Schon der im Kampf um das Amt des Kurfürsten siegreiche Adolf von Nassau hatte beim Papst die Erlaubnis zur Ansiedlung einer Universität in Mainz vergeblich erbeten. Adolfs Nachfolger, der in der Stiftsfehde unterlegene Diether von Isenburg, hatte hier mehr Erfolg. Der Papst genehmigte die Einrichtung von zunächst vier Fakultäten für Theologie, Jura, Philosophie und Medizin.

Domus Universitatis und Quintinsturm

Kurfürst Diether stellte in der Stiftsfehde beschlagnahmte Patrizierhäuser für die 1477 feierlich eingeweihte Universität bereit. Rund um die heutige Ruine St. Christoph entstand daraufhin ein kleines Akademiker-Viertel.

In der zweiten Hälfte des 16. Jh. fiel die universitäre Lehre zum Großteil in die Hände des katholischen Jesuitenordens. Als Zugpferde der Gegenreformation an den kurfürstlichen Hof nach Mainz gerufen, sollten sie bis zur Auflösung ihres Ordens 1773 die Sympathien für Luther und seine Reformen unter Professoren und Studenten klein halten. Nicht nur wissenschaftlich-ideologisch, sondern auch baulich setzten die Jesuiten in Mainz klare Zeichen. Zwischen 1614 und 1618 entstand gegenüber der Kirche St. Quintin ein großzügiges, neues Jesuitenkolleg. Lange Zeit war das Gebäude mit seinen zwei Dachreitern der höchste Profanbau der Stadt und diente neben Gymnasiasten auch Studenten als Bildungsstätte – hiervon zeugt noch die Inschrift „Domus Universitatis" an den beiden Renaissanceportalen. Mit der erneuten Besatzung von Mainz durch die Franzosen 1798 wurde die Universität aufgehoben und das Gebäude zur Kaserne umfunktioniert. Heute dient die Alte Universität wieder der Forschung und Lehre; hier ist neben dem Institut für Europäische Geschichte

Vom Rathaus durch die nördliche Altstadt → Karte S. 65

auch das Journalistische Seminar der 1946 neu gegründeten Johannes-Gutenberg-Universität untergebracht (Alte Universitätsstr. 17).

Größter Mainzer Adelshof

Jüngerer Dalberger Hof

An der Ecke Emmeransstraße/Klarastraße steht einer der prächtigsten und der größte noch erhaltene Adelshof von Mainz. Anfang des 18. Jh. verlangte es das gestiegene Selbstbewusstsein der wohlhabenden und einflussreichen Familie zu Dalberg, die sich selbst als edelstes Geschlecht der deutschen Reichsritterschaft verstand, ihren ursprünglichen Stadtwohnsitz, den Älteren Dalberger Hof am Ballplatz (→ S. 51), aufzugeben und in dieses weitaus repräsentativere Domizil umzuziehen. Das Familienwappen prangt heute noch am Mittelrisalit der mächtigen Barockfassade an der Klarastraße. Schon 1793 ging die Stadtresidenz während der Belagerung durch französische Truppen in Flammen auf. Nach dem Wiederaufbau wurde das „zweite Mainzer Schloss" bis 1910 als Justizpalast genutzt. Im Zweiten Weltkrieg dienten die Kellerräume als Verlies für politische Gefangene, ausländische Zwangsarbeiter und Juden. In den letzten Tagen des Krieges brannte der Hof erneut aus, diente später noch einige Jahre als Sitz des Polizeipräsidiums und mehrerer städtischer Behörden. Nach umfassenden Umbau- und Restaurationsarbeiten erstrahlt der Dalberger Hof seit 2010 wieder in vollem Glanz und beherbergt mehrere schicke Privatwohnungen.

Treffpunkt der italienischen Kirchengemeinde

St. Emmeran

Vermutlich schon im 8. Jh. entstand an der einstigen römischen Hauptstraße, die das Lager auf dem Kästrich mit der Rheinbrücke verband, eine dem Regensburger Bischof Emmeran geweihte Pfarrkirche (Emmeransstr. 15). Von der vorromanischen Bausubstanz ist zwar nichts mehr erhalten, beim Neubau im Stile der Gotik um 1300 integrierten die Bauherren aber den bereits bestehenden fünfgeschossigen Turm (Ende 12. Jh.) romanischer Prägung in den Chor der neuen, dreischiffigen Basilika. Trotz schwerer Beschädigung im Zweiten Weltkrieg blieb das Kirchenäußere weitgehend in seiner ursprünglichen Form erhalten. An der Südseite des Chores findet sich etwa noch eine Totenlaterne von 1400, die einst zu besonderen Gedenktagen entzündet wurde. Das Kircheninnere präsentiert sich äußerst schlicht. Heute dient St. Emmeran der italienischen Kirchengemeinde Mainz als Begegnungsstätte.

Ausgrabungen im Einkaufszentrum

Heiligtum der Isis und Mater Magna

Bei Bauarbeiten für eine neue Einkaufspassage in der Fußgängerzone kamen 1999 die Überreste eines römischen Tempels aus dem 1. Jh. zutage. Dass man hier auf steinerne Relikte aus der Zeit Mogontiacums stoßen würde, war vor Beginn der Arbeiten eigentlich schon klar, da einst die Römerstraße vom Legionslager auf dem Kästrich in Richtung Rhein genau durch dieses Areal führte. Die von Anbeginn in das Bauprojekt einbezogenen Archäologen vermuteten deshalb, im Erdreich Überreste von antiken Wohnhäusern und Werkstätten ausgraben zu können. Dass man in 5 m Tiefe auf eine spektakuläre Kultstätte treffen würde, damit hatte niemand gerechnet.

Anhand von Inschriften konnten die Fundamentreste eindeutig einem Heiligtum zu Ehren der altägyptischen Gottheit Isis und der orientalischen Göttin Mater Magna zugeordnet werden. Isis wurde als Muttergöttin im alten Ägypten, später von den Griechen und ab dem 1. Jh. auch von den Römern hoch verehrt. In Italien zeugen heute mehrere Tempelanlagen von der gro-

Römische Kultstätte der Isis und Mater Magna

ßen kultischen Bedeutung der Gattin des Osiris. In Deutschland konnte der Kult außer in Mainz auch in Köln und Augsburg nachgewiesen werden. Der Mainzer Tempel wurde vermutlich auf Anweisung des Kaisers in Rom errichtet und sollte ein bauliches Zeichen für Frieden und Wohlstand setzen, die die Römer in die germanischen Provinzen gebracht hatten. Ebenso wie Isis wurde auch Mater Magna (griech. Kybele) von den Römern als Schutz- und Muttergöttin hoch verehrt.

Gegen Ende des 1. Jh. errichtet, wurde die Tempelanlage mehrfach umgebaut und erweitert, bis das Heiligtum im 4. Jh. dann seine spirituelle Bedeutung verlor und allmählich verfiel. Bei den Ausgrabungen stieß man auch auf eine hallstattzeitliche Grabstätte aus dem 7. Jh. v. Chr. Vermutlich galt den Römern das Areal deshalb als geeigneter Standort für ihren Tempel. Die Grundmauern des Heiligtums wurden inzwischen sorgfältig in der Nähe ihrer Fundstelle wiederaufgebaut und werden seit 2003 im Untergeschoss der Galerie Römerpassage in einem Schauraum präsentiert. Neben der Anlage mit ihren Brandopferstellen sind vor allem die kleinen Einzelfunde aus dem Tempel von großer Bedeutung, die Details aus dem spirituellen Alltag der Bewohner Mogontiacums preisgeben. Unter den Exponaten finden sich u. a. Opferfiguren, Verwünschungstafeln und eine Art „Voodoo-Puppe" aus Ton, deren Körper von mehreren Einstichen gezeichnet ist und einst wohl einen Menschen mit einem Liebeszauber belegen sollte.

Mo–Sa 10–18 Uhr. Eintritt frei. Das Heiligtum befindet sich im Schauraum der Taberna archaeologica in der Galerie Römerpassage in der Fußgängerzone. Führungen nach Absprache möglich. Römerpassage 1, ✆ 06131/6007493, www.roemisches-mainz.de, www.isis-mainz.de.

Multikulti-, Banken- und Regierungsviertel

Bleichenviertel

Früher durchkreuzten zwei kleine Bäche die nördliche Altstadt. Hier kamen die Bürger seit dem Mittelalter zusammen, um Wäsche zu waschen und sie auf den angrenzenden Wiesen

Vom Rathaus durch die nördliche Altstadt → Karte S. 65

zu bleichen. Mitte des 17. Jh. wurden die Bleichwiesen im Zuge des Ausbaus von Mainz zur Festung trocken gelegt. Die Anlage dreier senkrecht zum Rhein verlaufender Verkehrsachsen (Große/Mittlere/Hintere Bleiche) und mehrerer Querstraßen ließ das geordnete Schachbrettmuster entstehen – ein krasser Gegensatz zum verzweigten Gassennetz der südlichen Altstadt. Mit dem heutigen Neubrunnenplatz bekam das neue Viertel 1726 sein eigenes wirtschaftliches Zentrum.

Das westliche Bleichenviertel um die Zanggasse hat sich mittlerweile zum Multikultiviertel von Mainz entwickelt. Hier leben und arbeiten Menschen aus allen Regionen der Welt. Afrikanische, asiatische und südosteuropäische Geschäfte bieten in teils kreativer Unordnung ihre exotischen Produkte an. Orientalische Aphrodisiaka und Tabakwaren bekommt man hier ebenso wie Mailänder Salami oder indische Süßigkeiten. Zum Rhein hin erstrecken sich um die Bauhofstraße mehrere Landesministerien, was dem Bleichenviertel auch den Beinamen Regierungsviertel eingebracht hat. Und weil sich um die Große Bleiche auch mehrere Kreditinstitute angesiedelt haben, darf man wohl auch von einem kleinen Bankenviertel sprechen.

Spätbarocke Wasserstelle mit Obelisk

Neuer Brunnen

Seit 1726 schmückt der Laufbrunnen mit seinem auffallenden Obelisken den nach ihm benannten Neubrunnenplatz. Er lieferte einst Trinkwasser für die Bewohner des neu errichteten Bleichenviertels. Hierfür wurde das erste Mal seit den Römern wieder eine Wasserleitung in der Stadt errichtet. Bleirohre leiteten das frische Quellwasser aus dem Vorort Bretzenheim zum Neuen Brunnen. Den 12 m hohen und mit Flachreliefs verzierten Obelisken bewachen zwei sphinxartige Löwen aus Kalkstein. Dazu gesellen sich die beiden Flussgötter Rhein und Main, die ob ihres Sitzplatzes in einer der beliebtesten Taubentoiletten der Stadt verständlicherweise etwas finster dreinblicken.

Kunst- und Kulturgeschichte

Landesmuseum

Goldglänzend bäumt sich vom Dach des Hauptportals ein majestätisches Ross in den Himmel. Was heute als Eyecatcher dient, weist auch auf die ursprüngliche Funktion des Gebäudes hin. Wo sich über drei Etagen die größte kunst- und kulturgeschichtliche Sammlung des Landes Rheinland-Pfalz erstreckt, befand sich früher die Golden-Ross-Kaserne des kurfürstlichen Marstalls. Um 1770 im neuen Bleichenviertel errichtet, beherbergte das Gebäudeensemble aber nur noch wenige Jahre die kurfürstlichen Pferde. Mit dem Ende des kurfürstlichen Mainz' nach dem Einzug französischer Truppen 1792 wurde der Komplex zweckentfremdet. Bis zur Fertigstellung des Stadttheaters 1833 diente das Gebäude zeitweise als Theaterspielstätte. Erst ab den 1930er-Jahren wurden die Räumlichkeiten als Museum genutzt. Nach umfassenden Renovierungs- und Umbaumaßnahmen erstrahlt das Landesmuseum seit 2010 in modernem Glanz und nimmt den Besucher mit auf eine Zeitreise vom Frühmittelalter bis in die Gegenwart. In einem separaten Museumsflügel finden sich zudem Ausstellungsstücke aus der Römerzeit. Diese Abteilung ist jedoch derzeit geschlossen, da hier seit Mai 2016 der rheinland-pfälzische Landtag in einem provisorischen Plenarsaal tagt, bis die Renovierung des Deutschhauses am Rhein abgeschlossen ist.

Die Dauerausstellung erstreckt sich über 13 Räume in den oberen beiden Stockwerken. Im Erdgeschoss ist Platz für wechselnde Sonderausstellungen. Wer das Museum chronologisch abarbeiten will, startet im Erdgeschoss und schraubt sich dann langsam höher; Orientierung bietet ein an der Kasse erhältlicher Übersichtsplan. Die ersten drei Räume im ersten Stock widmen

Landesmuseum und die Zwillingstürme von St. Peter

sich dem Mittelalter und beherbergen mit dem **Kurfürstenzyklus** eines der Highlights der umfangreichen Sammlung: Die acht Reliefzinnen schmückten einst das um 1320 errichtete Kaufhaus am Brand und zeigen den römischen König Ludwig den Bayern sowie die sieben Kurfürsten – Repliken der ausgestellten Originale finden sich heute auch an der Rheinpromenade.

In der Abteilung „Niederländische Malerei" ist vor allem der **„Turmbau zu Babel"** des Malers Lucas van Valckenborch von 1595 interessant. Das Ölgemälde zeigt die Bauarbeiten am mächtig aufragenden Turm, der für die Vermessenheit des Menschen steht.

Das zweite Stockwerk konzentriert sich auf die Kunst der Zeit von 1900 bis zur zeitgenössischen Malerei. Einer der Schätze des Jugendstils ist dabei der „Liegende Akt mit Gitarrenspieler" (1907) von Albert Weisgerber. Das Ölgemälde zeigt dem fantasievollen Betrachter in hellen Farben eine zu Saitenklängen masturbierende Frau. Im letzten Raum des Rundgangs finden sich Vertreter der modernen Kunst, darunter Picassos kubistisches Frühwerk **„Frauenkopf"** von 1908. Wer sich nicht verlaufen hat, sollte am Ende seiner Museumstour wieder im Erdgeschoss landen. Hier findet sich neben einem kleinen Bistro auch ein „Aktionsraum für Jung und Alt" (zeitRAUM), wo dann aber doch eher nur die Kleinen an verschiedenen Stationen und in Kreativspielen sowie Bastelstunden Beschäftigung finden können.

Di 10–20 Uhr, Mi–So 10–17 Uhr. Eintritt 6 €, ermäßigt 5 €. Große Bleiche 49–51, ✆ 06131/28570, www.landesmuseum-mainz.de.

Bedeutender Barockbau

St. Peter

Die katholische Peterskirche zählt zu den bedeutendsten sakralen Barockbauten von Mainz. Bei Luftangriffen im Zweiten Weltkrieg wurde das 1756 geweihte Gotteshaus mit seinen zwei charakteristischen Zwiebeltürmen fast vollständig zerstört. Äußerlich war die Kirche bis Anfang der 1960er-Jahre wieder in ursprünglicher Gestalt aufgebaut, die Restaurationsarbeiten im Innenraum

Vom Rathaus durch die nördliche Altstadt → Karte S. 65

dauerten jedoch bis 1989 an. Erhalten geblieben waren neben den Stukkaturen lediglich die großen Barockaltäre und die prachtvolle Vier-Erdteile-Kanzel. Die Deckenfresken des Mainzer Hofmalers Guiseppe Appiani sowie das Chorgestühl wurden anhand von Fotografien wieder originalgetreu rekonstruiert. Daneben fanden auch neue Ausstattungstücke ihren Weg in die Kirche, etwa der von Gernot Rumpf geschaffene Zelebrationsaltar. In Anlehnung an das Bild vom Menschenfischer Petrus tummeln sich hier in einem Bronzenetz mehrere fabelhafte Fische, die bei genauem Hinsehen zu Menschen mutieren – eine Hybridfigur trägt sogar eine Narrenkappe.

Tägl. 9–18 Uhr, im Winter bis 17 Uhr. Petersstr. 3, www.sankt-peter-mainz.de.

Heute residiert hier ein Museum

Kurfürstliches Schloss

Rheinseitig grenzt an den Ernst-Ludwig-Platz die ehemalige Stadtresidenz der Kurfürsten und Erzbischöfe. Über 120 Jahre hatte es gedauert, bis das Schloss mit seinen zwei Flügeln 1752 schließlich fertiggestellt werden konnte. Bis zum Ende des 15. Jh. hatte der Erzbischof/Kurfürst noch in der Nähe des Doms residiert, dann verlegte er seinen Wohnsitz aus Sicherheitsgründen an den damaligen Stadtrand. Um 1480 wurde am Rheinufer zunächst die wehrhafte Martinsburg als bischöfliche Wohnstätte errichtet; von der Anfang des 18. Jh. abgetragenen Zwingburg zeugen heute nur noch Fundamentreste im Graben vor dem Ostflügel des Schlosses. Ab 1627 wurde im Rücken der Burg dann mit dem Bau einer prestigeträchtigeren Residenz begonnen.

Die lange Bauzeit des Kurfürstlichen Schlosses hatte zwei Gründe: Zum einen mussten die Bauarbeiten aufgrund von Kriegen mehrfach unterbrochen werden, zum anderen galt das Interesse der Kurfürsten in jener Zeit vorrangig der Errichtung schicker Stadtvillen, wie sie sich heute um den Schillerplatz gruppieren. Als Prunkstück des Schlosses ließ Kurfürst von Erthal 1775 im Eckbau des Rheinflügels den sog. Akademiesaal mit prachtvollen Freskogemälden einrichten, in dem bald darauf die Mainzer Republik geboren werden sollte: Schon zwei Tage nach der Übergabe der Stadt an die Franzosen trat am 23. Oktober 1792 die „Gesellschaft der Freunde der Freiheit und Gleichheit" im Akademiesaal zusammen. Der erste Jakobinerklub auf deutschem Boden setzte sich in Mainz vehement für die Ideale der französischen Revolution ein und war federführend an den Wahlvorbereitungen zum Rheinisch-Deutschen Nationalkonvent beteiligt.

Nach dem Ende der kurfürstlichen Residenzstadt nutzten die französischen Besatzer das Schloss als Kaserne, Lazarett und Zollmagazin. Die alte Martinsburg trugen sie komplett ab und ergänzten die Westseite des Schlosses um die eingeschossige Steinhalle. Im Zweiten Weltkrieg brannte das Innere des Baus komplett aus. Während man die Fassaden nach Ende des Krieges originalgetreu rekonstruierte, wurden die Räumlichkeiten in der Peter-Altmeier-Allee Nummer 1 modern und zweckmäßig gestaltet. In Rheinflügel und Steinhalle fand ein Museum Platz, der ehemalige Akademiesaal wurde wieder als Veranstaltungsraum hergerichtet – hier findet u. a. einmal im Jahr die TV-Fastnachtssitzung „Mainz bleibt Mainz, wie es singt und lacht" statt.

Vor der Steinhalle steht die Nachbildung eines römischen Ehrenbogens, dessen Original im Landesmuseum untergebracht ist. Ein wohlhabender Ratsherr aus Nida (heute Frankfurt-Heddernheim), ein Römer, der vor den rechtsrheinisch plündernden Germanen geflüchtet war, stiftete der Stadt Mainz im 3. Jh. den nach ihm benannten **Dativius-Victor-Bogen** vermutlich aus Dankbarkeit, weil man ihn aufgenommen hatte. Durchschreitet man den Bogen, fällt der Blick auf die große Christuskirche (→ Tour 5, S. 82).

Archäologische Sammlung und Restauration

Römisch-Germanisches Zentralmuseum

Das Kurfürstliche Schloss beherbergt mit dem Römisch-Germanischen Zentralmuseum (RGZM) nicht nur eine beeindruckende Sammlung archäologischer Funde aus römischer Zeit und dem Beginn des Mittelalters. Das RGZM ist darüber hinaus Forschungsinstitut und Ausbildungsstätte für archäologische Restauratoren. Bereits seit 1852 werden hier bedeutende Funde aus aller Welt restauriert, darunter etwa die Ausrüstung des Gletschermannes „Ötzi". Das RGZM verteilt sich auf mehrere Standorte in Rheinland-Pfalz. Neben dem Stammhaus im Schloss findet sich mit dem Museum für Antike Schiffahrt ein weiterer Ableger des Forschungsinstitutes für Archäologie in der Landeshauptstadt.

Im Ostflügel des Schlosses führen zwei Dauerausstellungen durch die europäische Geschichte von der Zeit Caesars bis zu Karl dem Großen. Die Abteilung zur Römerzeit widmet sich in neun Räumen thematischen Schwerpunkten wie dem römischen Totenkult, dem Militär, dem Handwerk und dem Niedergang des Imperium Romanum. Gezeigt werden u. a. Grabbeigaben, Waffen, Rüstungen und Münzen. Ein Highlight des Museums ist sicherlich der ca. 1800 Jahre alte römische Himmelsglobus, der einst den Zeiger einer Sonnenuhr krönte.

Besucher der frühmittelalterlichen Ausstellung erhalten anhand von über 3000 Exponaten detaillierte Einblicke in die Geschichte und Kultur der spätrömischen und fränkischen Epoche. Neben vielen originalen Fundstücken aus Europa und dem Vorderen Orient werden ganz im Sinne einer wissenschaftlichen Schausammlung auch einige Nachbildungen längst zerstörter oder verschollener archäologischer Schätze gezeigt.

Im September 2015 war Spatenstich zum Bau eines Archäologischen Zentrums

Blick auf die Christuskirche ▲

Eingang in den Schlosshof ▼

direkt neben dem Museum für Antike Schiffahrt. In den Komplex wird nach Fertigstellung auch das RGZM umziehen. Die rund 14.500 m² des Neubaus sollen genügend Platz bieten, um auch die römische Sammlung aus dem Landesmuseum hierhin zu verlagern.

Di–So 10–18 Uhr. Eintritt frei. Regelmäßige Themenführungen sonntags um 14.30 Uhr (3 €, erm. 2 €, Familien 6 €). Für die Ausstellung zum Frühmittelalter kann man sich für 2 € im Museumsshop im Erdgeschoss einen Audioguide leihen. Ernst-Ludwig-Platz 2 (im Kurfürstlichen Schloss, Eingang über Schlosshof), ✆ 06131/91240, www.rgzm.de.

Wiege der Mainzer Republik

Landtag (Deutschhaus)

Der barocke Prachtbau des Deutschhauses auf dem Platz der Mainzer Republik blickt auf eine ereignisreiche Geschichte zurück. Seinen Namen verdankt das Palais mit den beiden frei stehenden Pavillons seiner ursprünglichen Bestimmung als Kommende des Deutschritterordens: Der Mainzer Kurfürst Franz Ludwig, seit 1729 auch der Hochmeister des Deutschen Ordens, ließ das Gebäude unweit seines kurfürstlichen Schlosses als eine zweite Residenz errichten. Da der Bauherr aber bereits vor der Fertigstellung 1740 verstarb, sollte hier nie ein Deutschordensmeister sein Amt ausüben. An der Fassade des nördlichen Pavillons haben sich aber noch die Figuren des Hl. Georg und der Hl. Elisabeth erhalten, die Schutzpatrone des Ordens. Während der kurzlebigen Mainzer Republik 1792/93 trat im Deutschhaus mit dem Rheinisch-Deutschen Nationalkonvent das erste Parlament Deutschlands zusammen (→ Kasten S. 75). Später sollte Napoleon bei seinen Aufenthalten in Mainz hier eine luxuriöse Unterkunft finden. Nach dem Ende der französischen Besatzung fungierte der Profanbau ab 1814 lange Zeit als Gouverneurssitz der Bundesfestung Mainz, bevor 1918 abermals die Trikolore auf dem Dach gehisst wurde. Seit 1951, nachdem das im Zweiten Weltkrieg zerstörte Gebäude wiederaufgebaut war, ist das Deutschhaus Sitz des rheinland-pfälzischen Landtags. Seit Mai 2016 tagt die Politik allerdings vorübergehend in einem Flügel des Landesmuseums. Das Deutschhaus wird in den kommenden drei Jahren umfassend saniert. Damit die Debatte während der Baumaßnahmen nicht zum Erliegen kommt, verfrachtete man die Sitzungsbänke und alle Technik in die Steinhalle des Museums, wo sich sonst Ausstellungsstücke aus der Römerzeit finden. Nach 17-monatiger Vorbereitungszeit war der Interims-Plenarsaal bezugsfertig.

An den Landtag schließt sich mit dem **Neuen Zeughaus** ein weiteres Regierungsgebäude an, das ebenfalls um 1740 errichtet wurde und ursprünglich als Waffenarsenal der kurfürstlichen Armee diente. Die einstige militärische Bedeutung des Baus wird an der Rheinfassade gut sichtbar: Hier schmückt der Kriegsgott Mars den Zeughausgiebel. Unter dem Dach befinden sich heute die Staatskanzlei und der Amtssitz des Ministerpräsidenten. Im rechten Winkel grenzt mit dem **Alten Zeughaus** (um 1600 erbaut) der Vorgängerbau des Neuen Zeughauses an die Staatskanzlei. Es diente zwischenzeitlich auch als Münze und wird heute ebenfalls von der Landesregierung genutzt.

Vor dem Landtag-Komplex steht eine Nachbildung der Großen Mainzer **Jupitersäule**. Anfang des 20. Jh. konnten unweit des Zollhafens die Trümmerreste dieses Denkmals aus dem 1. Jh. geborgen werden – das zusammengesetzte Original ist heute im Landesmuseum untergebracht. Im Bereich der Mainzer Neustadt entwickelte sich einst das wirtschaftliche Zentrum Mogontiacums. Wohl aus Freude über gut gehende Geschäfte stifteten die Bewohner des römischen Kaufmannsviertels ihrem Kaiser Nero diese Ehrensäule. Die gut 9 m hohe Säule zeigt insgesamt 28 Gottheiten der galloromanischen Mythologie; ursprünglich bildete eine vergoldete Jupiterstatue den krönenden Abschluss des Monuments.

Die Mainzer Republik – ein kurzer Ausflug in die Demokratie

Seit März 2013 erinnert der Platz der Mainzer Republik vor dem Landtag (vorher Deutschhausplatz) an Mainz als die Geburtsstätte der Demokratie in Deutschland. Am 17. März 1793 trat im Deutschhaus der Rheinisch-Deutsche Nationalkonvent zusammen, das erste (halbwegs) demokratisch gewählte Parlament auf deutschem Boden. Dass dieses Ereignis heute kaum noch im Bewusstsein der Menschen verankert ist, hängt wohl vornehmlich damit zusammen, dass die Mainzer Republik gerade einmal neun Monate Bestand hatte.

Wenige Jahre nach Ausbruch der Revolution in Frankreich standen im Oktober 1792 französische Truppen vor den Toren von Mainz. Da sich der Kurfürst mit seinem Gefolge längst aus dem Staub gemacht hatte, konnte die Stadt von den „Befreiern" kampflos eingenommen werden. Diese begannen sogleich das linksrheinische Deutschland nach ihren Idealen umzubauen. Eine wichtige Rolle in der Demokratisierung der besetzten pfälzischen und rheinhessischen Gebiete nahmen dabei die Jakobiner ein. In einer aufwendigen Propagandaschlacht versuchten sie, die Mainzer Bürger für ihre demokratischen Ideale und eine Angliederung an Frankreich zu gewinnen. Die bestehenden Verwaltungsstrukturen wurden aufgelöst und eine „Volkswahl" sollte neue, demokratisch legitimierte „Munizipalitäten" und einen übergeordneten Konvent hervorbringen. Fanden die revolutionären Ideen anfangs noch beachtlichen Zuspruch in Mainz, so nahmen die Bürger jedoch im Vorfeld der Wahl eine immer skeptischere Haltung gegenüber der geplanten Neuordnung ein. Als Bedingung für die Stimmabgabe hatten die Bürger einen Eid auf die französische Verfassung zu leisten. Dieser Eidzwang ließ viele Mainzer dann doch an der von den Franzosen propagierten Freiheit zweifeln. Um Eidverweigerer einzuschüchtern, ließen die Franzosen ihre auf der Zitadelle positionierten Kanonen auf die aufsässige Stadt richten, was die Bevölkerung nicht gerade als Zustand der Freiheit interpretieren konnte.

So verwundert es nicht, dass die Wahlbeteiligung in Mainz relativ bescheiden ausfiel – nur 8 % der 4226 Stimmberechtigten gingen Ende Februar 1793 an die Urne. Neben dem Eidzwang und den militärischen Drohgebärden der Franzosen ist der Grund für die geringe Beteiligung insbesondere darin zu suchen, dass die Mainzer angesichts der alliierten deutschen Truppen, die bereits im Dezember Frankfurt wieder zurückerobert hatten, keine allzu rosige Zukunft für das demokratische Experiment in Mainz sahen. Dennoch trat am 17. März 1793 der Rheinisch-Deutsche Nationalkonvent im Rittersaal des Deutschhauses erstmals zusammen. Sogleich bemühten sich die 130 Abgeordneten aus Mainz und den umliegenden Städten und Dörfern – überwiegend Jakobineranhänger – um die Reunion mit Frankreich. Die Vereinigung kam aber nur noch auf dem Papier zustande, da die deutschen Truppen Mainz bereits im April eingekesselt haben sollten. Nur 23.000 französischen standen rund doppelt so viele österreichische und preußische Soldaten gegenüber, was die Franzosen Ende Juli 1793 zur Kapitulation zwang. Dies war das Ende der Mainzer Republik, die – Eidzwang und andere wenig freiheitliche anmutende Maßnahmen hin oder her – als die erste demokratische Staatsform auf deutschem Gebiet gilt.

Urpferdchen, Quaggas und anderes Getier

Naturhistorisches Museum

Verlässt man den Platz der Mainzer Republik in Richtung Stadtmitte, sticht an der Ecke Mitternachtsgasse/Reichklarastraße der imposante Glasturm des Naturhistorischen Museums ins Auge. Bis 2011 wurde das größte naturkundliche Museum von Rheinland-Pfalz umfassend saniert und um seinen Vorbau mit Glasfassade erweitert. Der größte Teil des Museums befindet sich in der ehemaligen Kirche des Klarissenklosters St. Klara aus dem 13. Jh., dessen Besitz nach der Auflösung des Klosters Ende des 18. Jh. der Universität übertragen wurde. Trotz schwerer Zerstörung im Zweiten Weltkrieg sind bis heute Teile der Bettelordenskirche erhalten – darunter beispielsweise die kreuzförmige Gewölbehalle im Ausstellungsbereich.

Vor dem Museum begrüßt die Besucher auf dem Mitternachtsplatz der **Garten der Zeit**. In schneckenförmiger Chronologie geben hier verschiedene Gesteinsbrocken einen ersten Überblick über die geologische Entwicklungsgeschichte des Landes. Den abstrakten Begriff Zeit versucht dabei die größte und genaueste „Sanduhr" der Welt greifbar zu machen. Zu jeder vollen Stunde dreht sich der Glaszylinder um die eigene Achse und für Tausende Kunststoffkügelchen beginnt das Rieselspiel von vorne. Gesteuert wird die Uhr durch die amtlichen Zeitimpulse der Physikalisch-Technischen Bundesanstalt in Braunschweig. Wiederum etwas abstrakter behandelt das Thema Zeit das Gemälde des Wiesbadener Künstlers Hieronymus U. Perret im Entree des Museums. Das riesige Wandbild nimmt frei die Thematik des Museums auf und veranschaulicht anhand einer Art Weltuhr den Zusammenhang zwischen der Zeit und unserer Entwicklungsgeschichte.

Die Dauerausstellung widmet sich überwiegend der Geologie sowie der Tier- und Pflanzenwelt von Rheinland-Pfalz, vom Tertiär bis zur heutigen Zeit. Zu den Besonderheiten der wissenschaftlichen Sammlung zählt mit den **Quaggas** aber eine regionsfremde Exponatsgruppe. Weltweit existieren nur 23 Präparate dieser südafrikanischen Steppenzebras, die bereits gegen Ende des 19. Jh. ausgerottet wurden – drei Exemplare finden sich heute hier in Mainz. Das Quagga wurde von Farmern zum einen als Nahrungsmittelkonkurrent für ihre Rinderherden gesehen und daher der Bestand klein gehalten. Daneben war die Zebraart aber auch ihres Fleisches und vor allem Fells wegen ein beliebtes Ziel von Großwildjägern. Wer sich für Zebras und Pferde interessiert, findet in der Ausstellung auch die Versteinerung des rund 45 Mio. Jahre alten **Eckfelder Urpferdchens**, das den Ursprung der Entwicklungsgeschichte der Pferdegattung markiert.

Insbesondere für jüngere Generationen gibt es im Naturhistorischen Museum viel Spannendes zu entdecken. Ältere finden aber dann doch eher den gewohnten „Bitte-nicht-streicheln-Zoo" ausgestopfter Tiere vor. Für den anspruchsvolleren Museumsbesucher empfiehlt es sich daher, Informationen über aktuelle Sonderausstellungen einzuholen. Im Rahmen von thematischen Präsentationen können dann auch mal lebendige Tiere vorübergehend in die Räumlichkeiten im Erdgeschoss einziehen – so gastierten hier u. a. schon mal Giftspinnen und -schlangen.

Di 10–20 Uhr, Mi 10–14 Uhr, Do–So 10–17 Uhr. Eintritt 4,50 €, erm. 3,50 €. Reichklarastr. 1, ✆ 06131/122646, www.mainz.de/nhm/.

Mahnmal gegen das Vergessen

Ruine St. Christoph

Bei den Luftangriffen im Zweiten Weltkrieg zeigten die Fliegerbomben keine Gnade und zerstörten das kleine Kirchlein St. Christoph am Karmeliterplatz bis auf die Grundmauern. Rund 3000 Mainzer kamen bei den schweren alliierten Attacken im August 1942 und

Februar 1945 ums Leben, die Innenstadt fiel fast vollständig unter dem Bombenhagel in sich zusammen. Im Gedenken an die Opfer und die Zerstörungen zu Zeiten der NS-Diktatur wurde die Christophskirche in den 1960er-Jahren wieder notdürftig zusammengeflickt und kämpft heute als Mahnmal gegen das Vergessen an. An der Nordseite verhindern Betonstützen, dass die Ruine in sich zusammenfällt. Ein Betonfries zwischen den Stützen erinnert an das Kriegschaos: Flehende Hände recken sich hier Gnade erbittend einem Faustschlag entgegen. Pünktlich zum 70. Jahrestag der Zerstörung konnten die Sanierungsmaßnahmen an der Ruine und ihrem Turm beendet werden. Seitdem informieren leuchtend bunte Glastafeln über die Geschichte von St. Christoph und über die Nazizeit in Mainz.

Erbaut wurde die Kirche gegen Ende des 13. Jh. In der kleinsten Mainzer Pfarrkirche empfing einst Johannes Gutenberg das Sakrament der Taufe. Dass aber tatsächlich der heute noch erhaltene Taufstein aus dem 15. Jh. dazu diente, lässt sich nicht belegen. Hinter dem Kirchturm erinnert ein modernes Standbild an den europäischen Druckpionier. Die Eisenplastik des Mainzer Bildhauers Karlheinz Oswald wurde im Gutenberg-Jahr 2000 aufgestellt und zeigt den Meister an seiner Presse.

Nur ein paar Schritte von der Ruine St. Christoph entfernt steht mit dem **Algesheimer Hof** das vermutlich letzte Wohnhaus von Gutenberg, in dem er am 3. Februar 1468 auch verstarb. Ganz in der Nähe dürfte auch sein Leichnam beigesetzt worden sein; im Zuge der kriegerischen Auseinandersetzungen um Mainz in den Jahren 1792/93 gingen aber alle etwaigen Spuren seiner Grabstätte verloren. Ein Stück weiter erinnert an der Ecke Schusterstraße/Christofsstraße eine Gedenktafel an das hier einst stehende Geburtshaus von Gutenberg, wo er auch seine erste Druckwerkstatt einrichtete (heute eine Apotheke).

Hier verstecken sich Mainzelmännchen

Karmeliterkirche

Um 1270 siedelten sich erstmals Karmelitermönche in Mainz an. Im frühen 14. Jh. errichteten sie ihre turmlose Bettelordenskirche unweit der Ruine St. Christoph an der heutigen Karmeliterstraße. An der Nordseite der Karmeliterkirche entstanden um 1700 die Wohngebäude der Mönche. Im Zuge der Säkularisation unter französischer Besatzung mussten die Ordensbrüder im Jahr 1802 ihr Kloster vorübergehend verlassen. Seit 1924 sind Klostergebäude und Kirche wieder in den Händen der Karmeliter.

Anders als die Christophskirche blieb das Kloster vom Bombenhagel 1942/45 weitgehend verschont, sodass sich das Kirchlein trotz mehrerer Umbauten im Laufe der Jahrhunderte größtenteils im Originalzustand erhalten hat. Das Kircheninnere besticht durch seine (1924 restaurierten) Gewölbemalereien und die modernen Kirchenfenster im Chor. Im mittleren Fenster sind neben dem Mainzer Stadtwappen auch zwei kleine Mainzelmännchen verewigt.

Tägl. 7–19.30 Uhr, Sa/So ab 8 Uhr. Karmeliterstr. 7, ✆ 06131/288570, www.karmeliten.de/mainz.

Stadt am Fluss

Tour 5

Diese Tour führt durch das Schachbrettmuster der Neustadt direkt an den großen Fluss. Die Rheinpromenade lädt zum Flanieren ein und bietet Ausblicke auf geschichtsträchtige Prachtbauten.

Christuskirche, das Wahrzeichen der Neustadt, S. 82

Neue Synagoge, das spektakulärste Bauwerk von Mainz, S. 84

Theodor-Heuss-Brücke, 475 Meter bis Wiesbaden, S. 88

Innenstadtflair und Rheinufer

Durch die Neustadt zum Rhein

Mit rund 27.000 Einwohnern ist die Neustadt heute der zahlenmäßig größte und am dichtesten besiedelte Stadtteil von Mainz. Hier leben viele Studenten Tür an Tür mit Mainzer Urgesteinen und Menschen ohne deutschen Pass. Glaubensgemeinschaften abseits des Katholizismus haben sich hier mit ihren Sakralbauten niedergelassen. Auf den Plätzen und in den alternativen Kneipen und kleinen Cafés trifft sich die Nachbarschaft zum regen Geschnatter.

Spaziergang

Der **Hauptbahnhof** liegt genau im Grenzbereich der vier Stadtteile Altstadt, Neustadt, Oberstadt und Hartenberg-Münchfeld. Vom Bahnhofplatz führt die Schottstraße direkt auf die breite **Kaiserstraße** zu, deren rheinseitiges Ende mit der evangelischen **Christuskirche** einen glanzvollen Abschluss findet. Schmucke Gründerzeitbauten, alternative Kneipen und Cafés sowie eine sehr kleine, aber auch sehr feine Eisdiele lohnen den Abstecher nach links zum **Gartenfeldplatz**. Die Kurfürstenstraße führt auf die Hindenburgstraße, wo sich linker Hand mit der **Neuen Synagoge** das auffälligste Bauwerk der Neustadt befindet. Wer schnellstmöglich zum Rheinufer möchte, biegt hier gleich rechts in die Josefsstraße ab und sucht sich über die Grüne Brücke (ab dem Frühjahr ist sie das tatsächlich) und den Feldbergplatz den Weg zum Fluss. Ansonsten liegt ein Stück weiter geradeaus der grüne **Goetheplatz**, der im Sommer die Nachbarschaft zu Wasserspiel und Sonnenbaden einlädt.

Auf der Goethestraße geht es rheinwärts und dann auf der Rheinallee

rechts zum mittlerweile stillgelegten Mainzer **Zollhafen**, auf dessen Gelände in den nächsten Jahren ein ansprechendes, neues Stadtquartier entstehen soll. Zudem werden bereits heute Highlights der zeitgenössischen Kunstszene in der hier beheimateten **Kunsthalle Mainz** präsentiert. Über die Taunusstraße gelangt man zum Feldbergplatz, an dessen rheinseitigem Ende mit der Caponniere noch ein Festungsbauwerk aus dem 19. Jh. erhalten geblieben ist.

Hier beginnt schließlich die gut 2 km lange Mainzer **Rheinpromenade**. Auf Höhe des Landtags verbindet die **Theodor-Heuss-Brücke** die rheinland-pfälzische Hauptstadt mit ihrem hessischen Pendant Wiesbaden. (Wer will, kann dem rechtsrheinischen Ufer einen kurzen Besuch abstatten, → Ausflug 1, S. 104). Hier zeigt das Museum Castellum in der ehemaligen **Reduit-Kaserne** – nur sonntags! – archäologische Funde aus der römischen Vergangenheit von Mainz-Kastel. Wer will, macht von hier aus noch einen Abstecher zum ebenfalls nur sonntags zu besichtigenden **Museum Römischer Ehrenbogen**: Dazu geht's hinter der Kaserne über die Bahngleise am Bahnhof von Mainz-Kastel vorbei und geradeaus über den Philippsring. Auf der anderen Straßenseite führen gleich links die Kronen- bzw. Rathausstraße auf die Georgskirche zu. Vor dem Gotteshaus zweigt rechts die Große Kirchenstraße zum Museum ab.

Wieder am linken Ufer, orientiert man sich stromabwärts und passiert vor dem Hilton-Hotel den **Kurfürstenzyklus**. An den Anlegern für die Personenschiffe und dem Rathaus vorbei geht es weiter zum **Fischtorplatz**, an dessen Ende zur Rheinstraße sich zwei Wasser speiende Heringe auf ihren Quellkartoffeln winden.

Am Stresemannufer führt eine Freiluftgalerie mit teils gewöhnungsbedürftigen Kunstwerken zur **Malakoff-Terrasse**, dem Ende der Rheinpromenade. Zwischen Mai und Oktober versammeln sich hier immer sonntags Weinliebhaber um den Probierstand der Mainzer Winzer. Eine Drehbrücke führt über den **Winterhafen** mit seinen privaten Yachten ans Victor Hugo-Ufer. Ein Ende setzt dem innerstädtischen Rheinufer die Südbrücke, über die ein Fuß- und Radweg zur Mainspitze führt (→ Ausflug 1, S. 104)

Sehenswertes

Verkehrsknotenpunkt der Stadt

Hauptbahnhof

Der zentrale Verkehrsknotenpunkt von Mainz wurde im Zuge des großen Stadterweiterungsprojekts 1882–1884 am Rande der entstehenden Neustadt angelegt. Bereits seit Anfang der 1850er-Jahre verfügte Mainz über einen Bahnhof, der vor den Stadtmauern zwischen Holzturm und Fort Malakoff

Cafés (S. 152)
5 Nelly's Frühstückslust
6 Annabatterie
12 Möhren Milieu
Nachtleben
8 Haddocks (S. 158)
10 Bagatelle (S. 158)
13 Schick & Schön (S. 158)
14 Dorett Bar (S. 156)
15 Bar jeder Sicht (S. 157)
16 Good Time (S. 157)
17 Alexander the Great (S. 159)
Essen & Trinken
1 Geberts Weinstuben (S. 146)
2 Trattoria am Kaisertor (S. 148)
3 Weinhaus Hahnenhof (S. 150)
4 Weinhaus Kurfürst (S. 150)
7 Bastion von Schönborn (S. 149)
9 Patagonia (S. 148)
11 Mainz-Strand (S. 153)
18 Besitos (S. 148)
19 Bullys Burger (S. 147)
20 L'Arcade Mole (S. 153)
Kartenausschnitt Nördliche Altstadt siehe S. 65
Rhein
Rheinallee
Kunsthalle Mainz
Grüne Brücke
St. Joseph
Neue Synagoge
Frauenlobplatz
Christuskirche
Kurfürstliches Schloss
Römisch-Germanisches Zentralmuseum
Landtag
Jupitersäule
Platz der Mainzer Republik
St. Peter
Staatskanzlei
Theodor-Heuss-Brücke
Peter-Altmeier-Allee
Rampenstr.
Rheinufer
Mainz-Kastel
Reduit-Kaserne
Kaiserstr.
Hindenburgstr.
Kurfürstenstr.
Josefsstr.
Gartenfeldplatz
Gartenfeldstr.
Boppstr.
Große Bleiche
Bauhofstr.
Taunusstr.
Hafenstr.
Frauenlobstr.
Raimundistr.
Wallaustr.
Feldbergstr.
Feldbergplatz
Am Zollhafen
Am Getreidespeicher
Mainstr.
Neckarstr.
Illstr.
Forsterstr.
Greiffenklaustr.
Albinistr.
E.-L.-Str.
von-Isenburg-Str.
Diether-von-Isenburg-Str.
Kaiser-Friedrich-Str.
Adam-Karrillon-Str.
A.-Karrillon-Str.
Leibnizstr.
Stiftsstr.
Hintere Bleiche
Bleiche
Schießgarten
Peterspl.

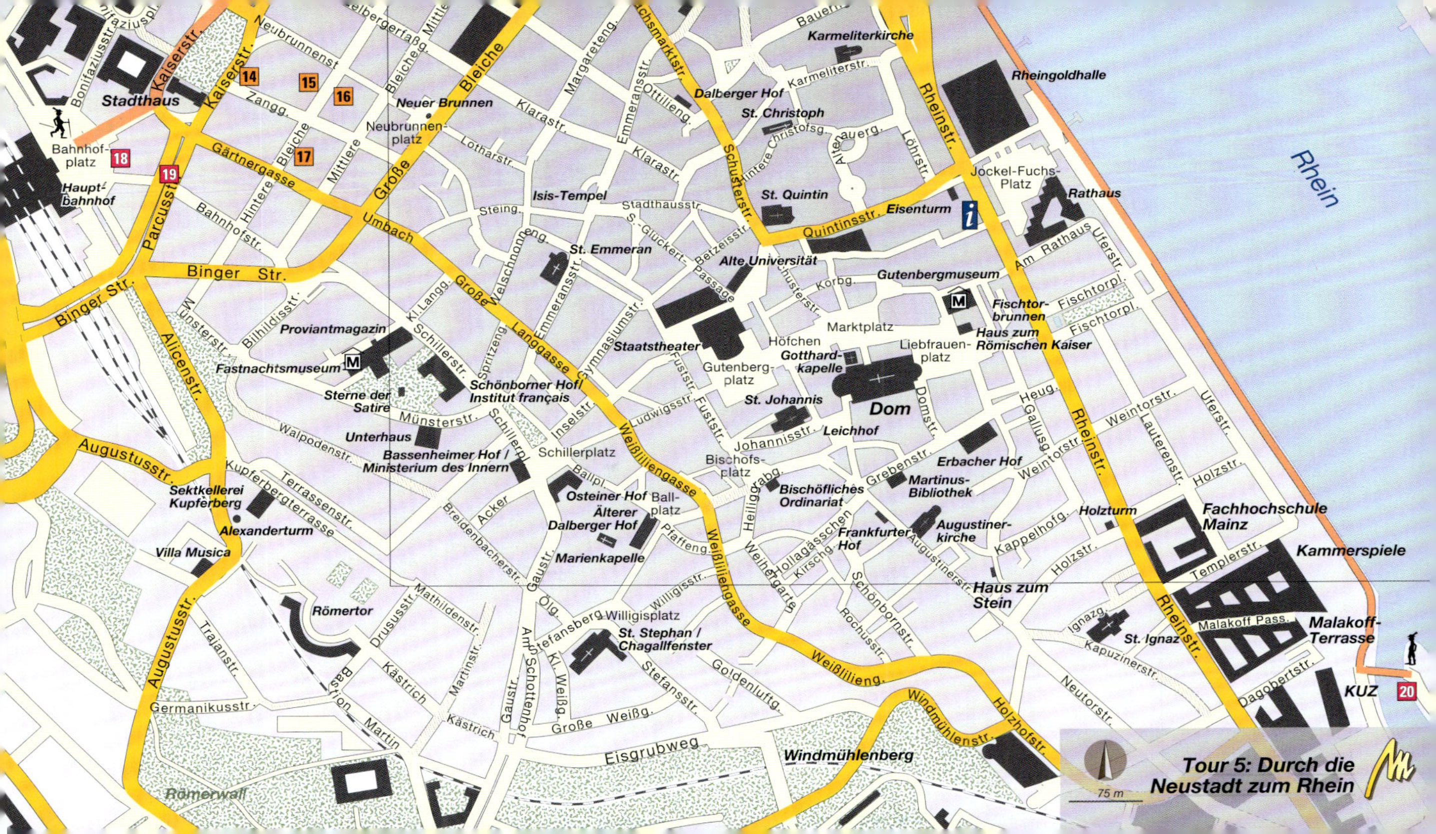

Tour 5: Durch die
Neustadt zum Rhein
75 m
Rhein
Rheingoldhalle
Rathaus
Jockel-Fuchs-
Platz
Rheinstr.
Eisenturm
Quintinsstr.
St. Quintin
Gutenbergmuseum
Fischtor-
brunnen
Haus zum
Römischen Kaiser
Marktplatz
Liebfrauen-
platz
Dom
Gotthard-
kapelle
Höfchen
Alte Universität
Staatstheater
Gutenberg-
platz
St. Johannis
Leichhof
Erbacher Hof
Martinus-
Bibliothek
Bischöfliches
Ordinariat
Augustiner-
kirche
Frankfurter
Hof
Haus zum
Stein
Holzturm
Fachhochschule
Mainz
Kammerspiele
Malakoff-
Terrasse
St. Ignaz
KUZ
20
Karmeliterkirche
Dalberger Hof
St. Christoph
Schusterstr.
Isis-Tempel
St. Emmeran
Neuer Brunnen
Neubrunnen-
platz
Große Bleiche
Stadthaus
Bahnhof-
platz
Haupt-
bahnhof
14
15
16
17
18
19
Kaiserstr.
Gärtnergasse
Parcusstr.
Binger Str.
Umbach
Große Langgasse
Proviantmagazin
Fastnachtsmuseum
Sterne der
Satire
Schönborner Hof /
Institut français
Unterhaus
Bassenheimer Hof /
Ministerium des Innern
Schillerplatz
Osteiner Hof
Älterer
Dalberger Hof
Ball-
platz
Marienkapelle
Weißliliengasse
Alicenstr.
Augustusstr.
Sektkellerei
Kupferberg
Alexanderturm
Villa Musica
Römertor
St. Stephan /
Chagallfenster
Willigisplatz
Windmühlenberg
Windmühlenstr.
Holzhofstr.
Eisgrubweg
Römerwall
Germanikusstr.
Trajanstr.
Kästrich
Am Schottenhof

direkt am Rheinufer gelegen war. 1853 nahm hier die Hessische Ludwigsbahn ihre erste Bahnverbindung von Mainz nach Worms auf; 1862 wurde die Eisenbahnbrücke nach Gustavsburg eröffnet. Bald schon war der kleine Bahnhof dem steigenden Fahrgastaufkommen nicht mehr gewachsen und die Stadt begann mit der Planung eines Neubaus. Der Ausbau des bestehenden Bahnhofs am Rhein kam aufgrund des begrenzten Raumes nicht infrage, und so fiel die Entscheidung auf den heutigen Standort am Rand der Neustadt. Die Gleisanlagen mussten in einem großen Bogen westlich um die Innenstadt geführt werden. Den Kästrich und den Jakobsberg mit der Zitadelle durchzog man dabei mit einem gut 1 km langen Tunnel, der seitdem den Hauptbahnhof und den im gleichen Jahr eröffneten Südbahnhof (heute Bahnhof Römisches Theater) verbindet. Vom ersten Mainzer Bahnhof ist nichts mehr erhalten, mit dem roten Sandsteinbau an der Ecke Rheinstraße/Holzhofstraße existiert aber noch das ehemalige Gebäude der Lokomotiv-Reparaturwerkstatt der Hessischen Ludwigsbahn; seit 1994 ist darin das Museum für Antike Schiffahrt.

Bis 2003 wurde der Bahnhof in fünfjähriger Bauzeit umfassend erweitert und modernisiert. Von der Haupthalle mit ihren beiden Seitenflügeln gelangt man nun über einen breiten Hochsteg mit Ladenpassage hinunter zu den Gleisen. Neben dem stadtseitigen Haupteingang besitzt der Bahnhof seitdem im Westen einen weiteren Zugang. Die Fassade des Empfangsgebäudes, 1884 nach Plänen des Mainzer Architekten Philipp Berdellé im Stil der Neorenaissance errichtet, hat durch die Restaurierung annähernd wieder ihre ursprüngliche Gestalt erhalten. Figurendarstellungen verweisen auf die Funktion des Gebäudes: Die beiden flankierenden Reliefs mit den Kindergestalten im antiken Gewand an der Empfangshalle etwa symbolisieren Ankunft bzw. Abreise. Rund 60.000 Pendler und Besucher am Tag zählt man heute.

Dem Bahnhofsplatz vorgelagert sind die großen Haltestellen der Busse und Straßenbahnen. Darum gruppieren sich Hotels, Gastronomie und ein bisschen horizontales Dienstleistungsgewerbe.

Am Bahnhofsplatz 6a befindet sich das **Verkehrs Center Mainz**, in dem man sich mit Tickets für Stadtbusse und -bahnen sowie mit allen wichtigen Informationen rund um die Mobilität in Mainz versorgen kann.

Prachtboulevard zwischen Alt- und Neustadt

Kaiserstraße

Der Verlauf des Mainzer Prachtboulevards markiert als breite Schneise die Grenze zwischen Alt- und Neustadt. Die Grünanlage mit ihrem Brunnenensemble in der Mitte der rund 60 m breiten Straße findet zum Rhein hin mit der Christuskirche ihren architektonisch attraktiven Abschluss. Auf der anderen Seite wird der Grünstreifen vom Mainzer Stadthaus begrenzt, in dem seit 1999 mehrere städtische Ämter untergebracht sind und das deshalb auch oft einfach als „Rathaus II" bezeichnet wird. Von den repräsentativen Wohnhäusern aus der Gründerzeit haben sich an den Straßenrändern noch einige erhalten bzw. wurden restauriert. In das Ensemble haben sich aber auch relativ schmucklose Nachkriegsbauten geschmuggelt, was wohl nicht gerade im Sinne des geistigen Vaters der Kaiserstraße, Eduard Kreyßig, sein dürfte. Dessen Bronzebüste auf dem Parkstreifen in Höhe der Boppstraße hat aber sowieso nur Augen für die prächtige Christuskirche – ebenfalls eine bauliche Hinterlassenschaft des bedeutenden Mainzer Stadtplaners.

Das Wahrzeichen der Neustadt

Christuskirche

Die mächtige Kathedrale ist das Wahrzeichen der Neustadt und das evangelische Gegenstück zum Mainzer Dom. Zwischen 1897 und 1903 nach Plänen

Christuskirche – der evangelische Dom

Durch die Neustadt zum Rhein → Karte S. 80/81

des Stadtbaumeisters Eduard Kreyßig im Stile der italienischen Hochrenaissance erbaut, setzte die Kirche mit ihrem rund 80 m hohen Turm ein weithin sichtbares Zeichen für den Protestantismus im traditionell (erz)katholischen Mainz. Bis zum Ende des Kurfürstentums 1802 zählte die Stadt nur wenige Hundert Protestanten, die zwar toleriert wurden, in Mainz selbst aber keine Gottesdienste abhalten durften; hierzu mussten sie ins protestantische Hessen ausweichen. Erst unter napoleonischer Besatzung erhielten die Protestanten volle Bürgerrechte und damit auch das Recht zur freien Ausübung ihrer Religion. Damit wuchs die evangelische Gemeinde schnell an und um 1900 stellten die Protestanten bereits rund ein Drittel der Stadtbevölkerung. Vor diesem Hintergrund sollten sie dann auch an populärer Stelle ein religiöses Zentrum bekommen, das die Bedeutung der Gemeinde angemessen repräsentierte.

Am rheinseitigen Ende der Kaiserstraße erbaut, ist die Christuskirche neben dem Dom und dem Turm der Stephanskirche heute prägend für die Stadtsilhouette. Unübersehbar reckt sich der Glockenturm mit seinem Kupferdach über die umliegenden Gebäude hinweg, die Kuppel erinnert an den Petersdom in Rom. Dreimal am Tag kämpft hier das Glockenspiel gegen den Verkehrslärm der sechsspurigen Kaiserstraße an, meist mit Erfolg. Neben Gottesdiensten finden in der Kirche heute auch Ausstellungen und Konzerte statt; regelmäßig gastiert hier etwa der bekannte Bachchor Mainz. Ein Besuch des Kircheninnern ist außerhalb solcher Veranstaltungen eher unspektakulär, die Innenausstattung schlicht. Erwähnenswert ist aber die im Kirchenvorraum feilgebotene Religionspropaganda in Form von kitschigen Bibel-Comic-Heftchen.

Mo–Do/Sa 9–18 Uhr, Fr 12–18 Uhr, So 11–18 Uhr. Die Gemeinde bietet für Gruppen ab 4 Pers. Turmführungen an, Eintritt 3 € (nicht März–Juli, weil dann die Turmfalken brüten). Kaiserstr. 56, ✆ 06131/234677, www.christuskirche-mainz.de.

Von Kneipen und Cafés gesäumt

Gartenfeldplatz

Nur noch der Name des Platzes erinnert an die einst vor den nördlichen Stadtmauern kultivierten Nutzgärten, die die Garnisonsstadt Mainz mit Nahrungsmitteln versorgten. Im Zuge der Stadterweiterung wurde das Areal von Bebauung verschont und um 1900 begrünt. Anfang des 21. Jh. wurde der Gartenfeldplatz modern umgestaltet, mit neuen Sitzmöglichkeiten und einem Spielplatz ausgestattet. Um ihn herum gruppieren sich einige ansehnliche Gründerzeitbauten sowie mehrere studentisch-alternative Kneipen und Cafés, die Neustadt-Flair verbreiten.

Seit Frühjahr 2013 ist der Gartenfeldplatz zudem Anlaufstation für Liebhaber hausgemachter Eisspezialitäten. Bei gutem Wetter stehen die Menschen am „N'Eis" Schlange, um sich mit dem vielleicht besten Eis der Stadt zu versorgen. Als Geheimtipp der Saison gilt bei so manchem Schleckermaul Basilikum, andere trauen sich auch ans Kürbiskernöleis.

N'Eis – Das Neustadteis: Mo–Sa 11–20 Uhr, So 13–18 Uhr. Gartenfeldplatz 12, www.n-eis.de.

Das spektakulärste Bauwerk von Mainz

Neue Synagoge

Das jüdische Gotteshaus in der Hindenburgstraße ist mit Sicherheit eines der spektakulärsten Bauwerke von Mainz. Im September 2010 wurde die Synagoge eingeweiht und ist seither aufgrund ihrer ungewöhnlichen Architektur ähnlich umstritten wie das Mainzer Rathaus am Rheinufer. Von den einen als willkommener futuristischer Bauakzent in der Neustadt gelobt, erscheint den anderen der Bau mit seiner grünen Reliefkeramikfassade, den gezackten Konturen, den unförmigen Fenstern und dem markanten Dreiecksturm dann doch eher wie ein Fremdkörper im Quartiersbild.

Bis zur Zerstörung in der Pogromnacht 1938 befand sich an gleicher Stelle bereits die Mainzer Hauptsynagoge, an die heute noch die Reste des einstigen Säulenvorhofs auf dem Synagogenplatz erinnern. Der Entwurf für die neue Synagoge stammt aus der Feder

Auffälligster Bau der Neustadt – die Neue Synagoge

des Kölner Architekten Manuel Herz, der mit seinem Bauwerk den Juden ihren Platz in Mainz sichtbar wieder zurückgeben wollte. Herz legte dabei großen Wert darauf, den jüdischen Glauben architektonisch zum Ausdruck zu bringen. So wurde der auffällige Synagogenturm in Anlehnung an das älteste jüdische Symbol, den Schofar (ein Widderhorn), konzipiert. Der Schofar wird auch heute noch zu jüdischen Feiertagen geblasen, um die Gemeinde zusammenzurufen. Richtung Osten ausgerichtet, soll das trichterförmige Dach des Turms laut Herz symbolisch „das Licht Jerusalems einfangen und in die Mitte des Raums transportieren". Form und Struktur des Gebäudes leiten sich vom Schriftbild des hebräischen Wortes Kedushah (קדושה) ab, das für Segensspruch steht. Für Laien ist dies allerdings nur schwer zu erkennen.

Neben dem liturgischen Festsaal sind im Synagogenkomplex auch eine Mikwe (das traditionelle jüdische Tauchbad), eine koschere Küche, ein Kindergarten sowie Gemeindebüros und -wohnungen untergebracht.

Eine Führung durch die Synagoge ist nur für Gruppen und nach zeitiger Anmeldung möglich. Gottesdienste Fr 18 Uhr und Sa 10 Uhr. Die Teilnahme ist nach Anmeldung auch nichtjüdischen Besuchern möglich, bei dieser Gelegenheit lässt sich dann auch ein Blick ins Innere des Gotteshauses werfen. Jüdische Gemeinde Mainz, Synagogenplatz, ✆ 06131/2108800, www.jgmainz.de.

Viel Platz zum Spielen und Austoben

Goetheplatz

Nach den Plänen von Stadtbaumeister Kreyßig entstand am Ende der als Allee angelegten Hindenburgstraße mit dem Goetheplatz das repräsentative Zentrum der Mainzer Neustadt. Hier konnten die Damen ihre neue Mode auftragen und mit den dazugehörenden, spendablen Herren protzen – zu viel mehr war der Platz dann aber auch nicht nütze. Nach dem Zweiten Weltkrieg wandelte man den Goetheplatz deshalb durch Baumpflanzungen und die Anlage diverser Spielgeräte zu einem kleinen Volkspark um und verlieh ihm so einen höheren Nutzwert für die Neustädter.

Ebenso wie den Gartenfeldplatz hat die Stadt auch den Goetheplatz Anfang dieses Jahrtausends im Rahmen des Bund-Länder-Programms Soziale Stadt aufgewertet. Ein Wasserspielplatz und ein Abenteuerspielplatz machen ihn seitdem vor allem bei den Kleinen beliebt. So passt es dann auch, dass um den Goetheplatz herum gleich mehrere Kindergärten liegen, daneben aber auch ein Altenheim, das Polizeipräsidium und das Landeskriminalamt. An schönen Sommertagen beleben Hunderte sonnenhungrige Neustädter die große Liegewiese. Eine Bocciabahn, ein Basketballplatz, Tischtennisplatten und eine Rollschuhbahn bieten Gelegenheit zur sportlichen Ertüchtigung. Die Sitzbänke im südlichen und nördlichen Randbereich des Parks mutieren in den Abendstunden gerne mal zum multikulturellen Stammtisch der Nachbarschaft.

Bald ein schickes Neubauviertel

Zollhafen

Schon seit der Antike einer der wichtigsten Handelswege der Welt, verhalf der Rhein seinen Anrainerstädten im ausgehenden Mittelalter zu ansehnlichem Wohlstand. Städte wie Köln und Mainz profitierten dabei von ihrem Stapelrecht, das vorbeiziehende Händler verpflichtete, ihre Waren für mehrere Tage in der Stadt zum Kauf anzubieten. Dieses Privileg ging erst nach dem Wiener Kongress (1814/15) und der Neuordnung Europas verloren. Die neu geschaffene Zentralkommission für die Rheinschifffahrt verabschiedete 1831 die sog. Mainzer Akte, die nicht nur das Stapelrecht aufhob, sondern von nun an auch freie Schifffahrt auf dem Rhein garantierte.

Mit der Rheinbegradigung bis zum Ende des 19. Jh. nahm die Bedeutung

 → Karte S. 80/81

von Mainz als Hafenstadt weiter zu. Ab 1880 entstanden auch der Zoll- und Binnenhafen sowie etwas weiter nördlich der heutige Industriehafen.

Waren werden im Mainzer Zollhafen mittlerweile nicht mehr umgeschlagen. Seit 2011 landen die Container im modernen Güterverkehrszentrum an der Ingelheimer Aue nördlich der Kaiserbrücke; von hier geht es weiter auf Schiene oder Straße. In den kommenden Jahren wird der Zollhafen Plänen zufolge zu einem attraktiven, neuen Stadtquartier ausgebaut. Rund um das Hafenbecken soll ein Mix aus modernen Büro- und Wohngebäuden, Gastronomie, Kunst und Kultur entstehen. Das Zentrum des neuen Stadtviertels ist zukünftig ein Yachthafen. Etwas historischen Glanz spenden werden das bereits sanierte Weinlagergebäude auf der Südmole sowie das ehemalige Maschinen- und Kesselhaus, das seit 2008 die Kunsthalle Mainz beherbergt.

Turm der Kunsthalle am Zollhafen

Zeitgenössische Kunst auf über 840 m²

Kunsthalle Mainz

Hinter den historischen Gemäuern des ehemaligen Energieversorgungszentrums des Zollhafens wird heute auf über 840 m² zeitgenössische Kunst präsentiert. Bei der Sanierung des alten Kesselhauses verpasste der Architekt dem lang gestreckten Backsteinbau einen willkommenen baulichen Akzent in Form eines hoch aufragenden, grünen Turms. Exakt 7 Grad nach vorne geneigt, ist Letzterer auch namensgebend für das rechts daneben im früheren Lokschuppen untergebrachte Café.Mainz – die geteilte Stadt

Der Turm selbst beherbergt drei der insgesamt sechs Ausstellungsräume des gemeinnützigen Kunstzentrums.

Di/Do/Fr 10–18 Uhr, Mi 10–21 Uhr, Sa/So und feiertags 11–18 Uhr. Eintritt 6 €, erm. 3 €, Kinder bis 6 J. frei. Zu den wechselnden Ausstellungen werden gegen 4 € Aufpreis Führungen angeboten. Am Zollhafen 3–5, ✆ 06131/126936, www.kunsthalle-mainz.de.

Flanieren und Schiffe gucken

Rheinpromenade

Zwischen dem Zollhafen im Norden und dem Winterhafen im Süden erstreckt sich rund 2 km lang die Mainzer Uferpromenade. Eine Allee schattenspendender Platanen führt vorbei am Kurfürstlichen Schloss und dem Landtag, hinter dem Rathaus ziehen sich im Lauterenviertel ansehnliche Häuser die Uferstraße bis zur großen Malakoff-Terrasse entlang, dahinter schaukeln im Winterhafen die Yachten der Mainzer Hobby-Kapitäne. Die Rheinwiesen nördlich der Theodor-Heuss-Brücke und entlang des Winterhafens locken bei schönem Wetter Tausende Menschen aus Mainz und Umgebung zum Sonnenbaden an. Am Victor-Hugo-Ufer

Mainz im Kasten

Mainz – die geteilte Stadt

Sie tragen den Namen Mainz in ihrer Ortsbezeichnung, gehören politisch aber zu Wiesbaden. Ihre Bewohner sind formell Hessen, fühlen sich mehrheitlich aber eher Rheinland-Pfalz verbunden. Die Vorwahlen und Postleitzahlen lassen vermuten, dass es sich um Mainzer Stadtteile handelt – das sind sie aber nicht. Mit Strom, Gas und Wasser versorgen sie die Leitungen der Stadtwerke Mainz, ihre Steuern zahlen die Gemeinden brav an Wiesbaden. Mainz-**A**möneburg, Mainz-**K**astel und Mainz-**K**ostheim: Die sog. **AKK-Gemeinden** sind ein kleines Kuriosum in Deutschland.

Nach der Gesamtkapitulation Deutschlands im Zweiten Weltkrieg gingen die alliierten Truppen schnell daran, die eroberten Gebiete unter sich aufzuteilen. Franzosen und Amerikaner erkoren den Rhein zur Grenze zwischen ihren beiden Besatzungszonen. Frankreich verwaltete von nun an das Gebiet links des Rheins und die US-Truppen schlugen ihr Lager rechts des Stroms auf. Um die Verwaltung übersichtlich zu gestalten, wurden die seit Anfang des 20. Jh. zu Mainz gehörenden rechtsrheinischen Gemeinden Amöneburg, Kastel und Kostheim sowie Gustavsburg, Bischofsheim und Ginsheim südlich des Mains kurzerhand von der Mutterstadt abgetrennt. Mainz verlor damit quasi über Nacht mehr als die Hälfte seines Stadtgebiets und rund 40.000 Einwohner. Mit der Schaffung der neuen Bundesländer Hessen und Rheinland-Pfalz wurde dieser Status quo endgültig zementiert und die drei AKK-Gemeinden administrativ der Landeshauptstadt Wiesbaden zugesprochen.

Juristisch wäre eine Rückgliederung der AKK-Gemeinden an Mainz heute noch möglich, was die Mehrheit der rund 30.000 Bewohner nach Umfragen auch begrüßen würde. Dass es jemals hierzu kommen wird, ist aber mehr als unwahrscheinlich. Vor allem die Steuereinnahmen aus dem industriellen Amöneburg, aber auch aus Kastel und Kostheim machen die Gemeinden für Wiesbaden attraktiv. Darüber hinaus gehören die AKK-Gemeinden mittlerweile schon länger politisch zu Wiesbaden, als sie jemals zu Mainz gehörten. Trotz alledem steht für viele Mainzer fest: „Rechts des Rheins ist auch noch Mainz" – hieran erinnert auch ein Denkmal im Stadtpark vor dem Favorite Parkhotel.

spannen Mutige ihre Seile zwischen den Bäumen und wagen dicht am Wasser den Tanz auf der Slackline. Ab dem Vormittag bis in die Abendstunden lädt der Strand-Bar-Bereich „Mainzer Strand" zu Cocktail und Co. in seine Liegestühle oder Hängematten ein und versorgt die Umgebung mit etwas Musik. (Länger Sonne und einen schönen Blick auf die Silhouette der Mainzer Altstadt bietet aber übrigens der Sandstrand vor der Reduit gleich gegenüber in Mainz-Kastel.) Vor dem Hilton-Hotel und dem Rathaus legen die weißen Rheinschiffe an und spucken täglich Hunderte Besucher zum Stadtrundgang an Land. Jetski, private Motor- und Segelboote und hin und wieder Ruderer liefern sich ungleiche Wettrennen mit den behäbigen Container-Frachtern. Am Rhein gibt es eigentlich immer etwas zu erleben, wenn nicht gerade dichter Nebel die Ufer verschluckt oder Hochwasser versucht sich die einstmals aufgeschütteten Uferbereiche zurückzuerkämpfen – und selbst diese Naturschauspiele haben durchaus ihren Reiz.

Der Befestigung des linksrheinischen Ufers widmete sich die Stadt Mainz erst zwischen 1873 und 1879. Die „Rheinkehl-Befestigung" zwischen Fort Malakoff und Zollhafen sicherte von da an das Ufer mit einer durchgängigen Sockelmauer sowie einem 2 m hohen Gitterzaun. In Verlängerung der zum Rhein führenden Straßen ermöglichten insgesamt zwölf Tore den Zugang zur Uferpromenade. Von diesen bereichern heute nach Restaurationsarbeiten das Templer-, Wein-, Holz-, Raimund- und Schlosstor die Rheinpromenade.

475 Meter bis Wiesbaden

Theodor-Heuss-Brücke

Nur der Rhein trennt bekanntlich die zwei Landeshauptstädte Mainz und Wiesbaden. Wer in Mainz auf die Theodor-Heuss-Brücke fährt, kommt nach exakt 475 m im Wiesbadener Stadtteil Mainz-Kastel an. Zu beiden Seiten der Brücke signalisieren jeweils die Fahnen der Länder und ihrer Hauptstädte, dass die Besucher sich nun in ein anderes politisches Territorium wagen. Nicht wenigen Mainzern ist dieser Umstand bis heute suspekt. Ist es doch der humorvollen Territorialpolitik der US-amerikanischen Besatzer zu verdanken, dass sich heute rechts des Rheins Ortschilder finden mit kuriosen Bezeichnungen wie „Landeshauptstadt Wiesbaden – Stadtteil Mainz-Kastel" (→ Kasten S. 87).

Blick vom Kasteler Ufer auf Mainzer Schloss und Christuskirche

Zwischen 1882 und 1885 erbaut, ist die Brücke eine von insgesamt fünf Rheinverbindungen im Raum Mainz-Wiesbaden. Nördlich von ihr ermöglichen die Schiersteiner Brücke sowie die Kaiserbrücke die Rheinüberquerung, im Süden stellen die Eisenbahnbrücke (Südbrücke) und die Weisenauer Brücke die Verbindung zum anderen Ufer her. Schon im 1. Jh. erbauten die Römer eine Brücke über den Rhein, die sie mit dem rechtsrheinischen Brückenkopf Castellum Mattiacorum absicherten. Von dieser Bezeichnung leitet sich auch der heutige Name Mainz-Kastel ab. Im 9. Jh. wurde unter Karl dem Großen erneut eine Holzbrücke zwischen Mainz und Mainz-Kastel erbaut, die aber bereits kurz nach Fertigstellung in Flammen aufging. Ab Mitte des 17. Jh. war die Rheinüberquerung somit nur über eine Schiffsbrücke möglich, bis Ende des 19. Jh. im Zuge der großen Stadterweiterung wieder eine feste Brücke errichtet wurde.

Finanziert wurde der komplette Bau durch die bis 1912 erhobenen Brückenzölle: Fußgänger mussten für den Rheinübertritt damals vier Pfennig berappen, für Schweine und Ziegen wurde ein Pfennig fällig. Nur Kinder und Schüler durften sie umsonst überqueren. Kurz vor dem Einzug der US-Amerikaner sprengten die deutschen Truppen die Brücke, um den Feinden den Rheinübertritt etwas zu erschweren. Im Jahr 1950 wurde sie nach dem Wiederaufbau im Beisein des ersten Bundespräsidenten wieder eingeweiht, dessen Namen sie seitdem trägt.

Wehrbau am Wasser

Reduit-Kaserne

Die heute meist nur noch Reduit genannte wehrhafte Anlage am rechtsrheinischen Kasteler Strand wurde ursprünglich um 1830 zu Zeiten des Deutschen Bundes als Kaserne für die in Mainz stationierten österreichischen Truppen erbaut. Versehen mit mächtigen Mauern und zahlreichen Schieß-

Tor der Reduit-Kaserne

scharten, sollte die Reduit die bis 1885 bestehende Schiffsbrücke absichern. Nach dem Zweiten Weltkrieg wurde sie in Teilen wieder restauriert; heute sind hier mehrere Vereine sowie das Kasteler Heimatmuseum **Museum Castellum** untergebracht.

Das der Reduit vorgelagerte Blockhaus direkt am Rheinufer wurde ebenfalls zum Schutze der Schiffsbrücke errichtet und nach deren Erbauer Johann Philipp von Schönborn (1605–1673) benannt. Heute findet sich hier ein empfehlenswertes Restaurant mit schöner Terrasse direkt am Wasser, das mit dem winzigen **Flößerzimmer** Einblicke in das längst ausgestorbene Gewerbe der Flößerei ermöglicht.

Museum Castellum: So 10.30–12.30 Uhr, Eintritt frei. Rheinufer/Reduit, 55252 Mainz-Kastel. Das **Flößerzimmer** im ersten Stock des Restaurants Bastion von Schönborn kann tägl. ab 11 Uhr besichtigt werden (Eintritt frei). Rheinufer/Bastion Schönborn, 55252 Mainz-Kastel. Infos zu beiden Museen: ✆ 06134/3763, www.museum-castellum.de.

Durch die Neustadt zum Rhein → Karte S. 80/81

Unterirdische Fundamente

Römischer Ehrenbogen

Wenige Hundert Meter von der Reduit entfernt kann man – nur sonntags! – im unterirdischen **Museum Römischer Ehrenbogen** noch die gewaltigen Fundamente des Germanicus-Bogens bestaunen. Mit einer Höhe von vermutlich 13 m und einer Breite von 17 m handelt es sich dabei um den größten Ehrenbogen nördlich der Alpen, der im 1. Jh. zu Ehren von Germanicus (Sohn des Mainzer Stadtgründers Drusus) errichtet wurde.

So 10.30–12.30 Uhr, Eintritt frei. Große Kirchenstr. 5-13, 55252 Mainz-Kastel.

Nachbildungen der Sandsteinreliefs

Kurfürstenzyklus

Rund 500 Jahre schmückten die acht Sandsteinreliefs als Zinnen das Dach des mittelalterlichen Kaufhauses am Brand. Heute sind die Originale im Landesmuseum untergebracht, während an der Rheinpromenade vor dem Hilton-Hotel ihre Nachbildungen zu sehen sind. Die Zinnen zeigen den deutschen König und die sieben Kurfürsten. Dem Mainzer Erzbischof – leicht zu erkennen an seinem Schild mit dem weißen Rad auf rotem Grund – wird im Kurfürstenzyklus hierbei der Ehrenplatz direkt neben dem Reichsoberhaupt zuteil. Er leitete traditionell die Königswahl und durfte den König sogar ein paar Mal krönen. Dieses Privileg oblag eigentlich seinem Kölner Amtskollegen, der den zweiten Platz neben dem König beanspruchen darf (Wappen mit schwarzem Kreuz auf weißem Grund). Mit dieser Anordnung wollte die Stadt einst selbstbewusst auf ihre Bedeutung als religiöses und wirtschaftliches Zentrum im Mittelalter hinweisen.

An der Uferpromenade direkt vor dem Hilton-Hotel, Rheinstr. 68.

Freie Sicht auf die Dom-Ostseite

Fischtorplatz

Etwa auf halber Strecke zwischen Eisenturm und Holzturm stand bis Mitte des 19. Jh. mit dem Fischtor ein weiterer Turm der mittelalterlichen Stadtbefestigung. Der Name geht auf den hier einst abgehaltenen Fischmarkt zurück. Im Zuge der Altstadterweiterung östlich der Rheinstraße musste der Turm weichen, wodurch sich heute vom Fischtorplatz

Weinprobierstand am Rheinufer vor dem Fort Malakoff

freie Sicht auf den Ostchor des Doms bietet. Die Westseite des begrünten Platzes schmückt eine im Mainzer Volksmund auch als „Quellkartoffeln mit Hering“ bekannte Brunnenanlage. Zwei Wasser speiende Bronzefische tanzen hier auf ihren „Pellkartoffeln“ aus Muschelkalk. Gegenüber erinnert ein Denkmal an die Teilung Deutschlands.

Auf Höhe des Fischtors laden zwischen Mai und Oktober die Mainzer Winzer an ihren mobilen Weinprobierstand. Schon seit Längerem wünschen sich die 27 Winzerbetriebe einen festen Weinstand direkt am Rhein, doch das Provisorium mit Blick auf den Dom ist zumindest eine gute Übergangslösung.

Der Weinprobierstand der **Mainzer Winzer** hält hier von Mitte Mai bis Ende Oktober samstags und sonntags 11–20 Uhr alkoholische Flüssigprodukte bereit. Zwischen März und Okt. sind die Winzer zudem immer samstags bis 16 Uhr auf dem Liebfrauenplatz beim Marktfrühstück vertreten. www.diemainzerwinzer.de.

Im Hintergrund das namensgebende Fort

Malakoff-Terrasse

Seinen Namen verdankt der größere Platz vor dem Hyatt-Hotel dem 1843 erbauten **Fort Malakoff**. Die viertelkreisförmige Kaponniere aus Sandsteinquadern bildete einst den südöstlichen Außenposten der Rheinuferbefestigung. Stadtseitig flankieren zwei Treppentürme den doppelgeschossigen Militärbau, zum Fluss hin durchbrechen kleine Schießscharten die mächtigen Mauern. Seit Ende des 20. Jh. geht das restaurierte Fort eine bauliche Symbiose mit dem Hyatt-Hotel ein. Das Erdgeschoss beherbergt seitdem die für jedermann zugängliche Hotelbar und der Innenhof wird regelmäßig mit Live-Musik beschallt.

Im Sommer Biergarten und Grillplätze

Winterhafen

Von der Malakoff-Terrasse führt eine Drehbrücke über die Einfahrt in den Winterhafen zur grünen Mole am Victor-Hugo-Ufer. Im Sommer öffnet am nördlichen Ende ein Biergarten seine Pforten direkt am Fluss. Vor allem Grillfreunde suchen die Nähe zum Winterhafen, da am Mainzer Rheinufer mittlerweile nur noch hier gebrutzelt werden darf. Im Hafen liegen die Lieblinge der Mainzer Hobby-Kapitäne vor Anker. Stadtseitig sind in den vergangenen Jahren um das Hafenbecken neue Wohnhäuser mit Blick auf die weißen Yachten und den großen Fluss entstanden. Wer will, kann sich bei einem der Anbieter am Winterhafen ein Bötchen, einen Jetski oder gar Wasserski und Wakeboard chartern (Anbieter → S. 192). Am Südende der kleinen Marina führt der Fuß- und Radweg auf der Eisenbahnbrücke ans andere Ufer zur Mainspitze. Orientiert man sich am Brückenaufgang nach rechts, gelangt man in den Stadtpark (→ Tour 6, S. 92).

Einfahrt in den Winterhafen

Park-Hopping

Tour 6

Liegt das Mittagessen schwer im Magen, schafft der ausgedehnte Spaziergang durch die grüne Lunge der Stadt Abhilfe – und bietet zudem jederzeit die Möglichkeit, sich an einem gemütlichen Plätzchen niederzulassen.

Stadtpark, prächtigste Grünanlage der Stadt, S. 93

Römersteine, standhafte Reste des Aquädukts, S. 97

Botanischer Garten, 9000 Pflanzenarten aus aller Welt, S. 97

Vom Stadtpark zum Hartenbergpark

Durchs grüne Mainz

Über einen Mangel an zentrumsnahen Grünflächen und Naherholungsgebieten kann sich Mainz nicht beklagen. Im Südwesten grenzen der Volks- und Stadtpark sowie Drusus- und Römerwall an die Innenstadt als fast geschlossenes grünes Band. Diesem sind die ausladende Parkanlage des Hauptfriedhofs und der Botanische Garten der Universität vorgelagert. Und hinter den Uni-Kliniken reihen sich die sog. Römersteine auf, die mächtigen Stützen der antiken Wasserleitung Mogontiacums. Der ausgedehnte Spaziergang ins Grüne wird so zum Ausflug in die Mainzer Stadtgeschichte.

Spaziergang

Als Startpunkt für den knapp 11 km langen Spaziergang bietet sich der idyllische **Stadtpark** mit dem Rosengarten und den zoologisch-botanischen Anlagen an. Südlich schließt der große **Volkspark** mit gutbürgerlichem Restaurant-Biergarten, Minigolfplatz und allerlei anderen Freizeitangeboten an. Ein Abstecher zum **Gräberfeld Weisenau** nahe der Göttelmannstraße ermöglicht außerdem Einblicke in die römische Bestattungskultur. Durch den Volkspark geht es wieder zurück in den Stadtpark. Verlässt man diesen über den Rosengarten, führt die gleichnamige Straße an schicken Stadtvillen vorbei zu den Parkanlagen **Drusus- und Römerwall**, die einst Teil der Umwallung der Mainzer Festung waren.

Über den Augustusplatz geht es zum Haupteingang der Universitätsmedizin. Durch das Gelände der Uni-Kliniken mit einem brunnengeschmückten Park im Zentrum führt der Weg weiter zu den Römersteinen; hierzu verlässt man das Klinikumsgelände über den süd-

westlichen Ausgang am Kilianweg, geht den Zahlbacher Steig ein Stück nach rechts und nimmt den zweiten, rechter Hand steil abzweigenden Fußgängerweg hinunter zur Unteren Zahlbacher Straße. Die **Römersteine**, antike Aquäduktpfeiler, weisen den Weg zur Johannes-Gutenberg-Universität. Vom Dalheimer Weg mit den umliegenden Sportanlagen zweigt rechts ein schmaler Fußweg zum Eingang des **Botanischen Gartens** der Universität ab. Vor dem Gebäude der Anthropologie mit den anschließenden Gewächshäusern führt der Weg rechts wieder hinaus auf die Albert-Schweitzer-Straße. Unterhalb der Universität erstreckt sich hier der **Hauptfriedhof**, der unter Napoleon als prächtiger Park angelegt wurde und heute zu den schönsten Friedhöfen Deutschlands zählt.

Wer seinen Spaziergang noch fortsetzen will, kann nun durch den Stadtteil Hartenberg-Münchfeld („HAMÜ") in einem Bogen in die Neustadt laufen. Hierzu verlässt man den Hauptfriedhof am nördlichen Ausgang beim alten Krematorium. Eine Fußgängerbrücke führt hier über die Saarstraße in den Urnenhain. Vorbei am alten Bruchwegstadion, der langjährigen Spielstätte des Fußballvereins Mainz 05, geht es auf dem Dr.-Martin-Luther-King-Weg zum SWR-Funkhaus. Ganz in der Nähe erstreckt sich der **Alte Jüdische Friedhof**, dessen jahrhundertealte Grabdenkmäler von der Mombacher Straße unterhalb des Friedhofs gut zu sehen sind. Nördlich des jüdischen Friedhofs liegt der ausladende **Hartenbergpark**, der zu einer Partie Minigolf oder zum Sonnenbaden einlädt und von dessen Terrasse im Nordteil sich ein Blick über die Industrieanlagen bis in den Taunus bietet. Am besten ist der Park über die Straße Am Judensand zu erreichen. Unterhalb der Terrasse mit ihrem Wasserspielplatz kann man den Hartenbergpark wieder verlassen. Über den Rheingauwall und die Hattenbergstraße gelangt man schließlich in die Neustadt. Hier kann man entweder auf dem Barbarossaring und dem Kaiser-Wilhelm-Ring zum Mainzer Hauptbahnhof weiterlaufen oder man folgt der Moltkestraße zum Goetheplatz und sucht sich von hier den Weg durchs Bleichenviertel zurück ins historische Zentrum.

Sehenswertes

Prächtigste Grünanlage der Stadt

Stadtpark

Die Ursprünge des prächtigsten Mainzer Parks reichen bis ins 17. Jh. zurück. Ab 1700 ließ Kurfürst Lothar Franz von Schönborn das in den Kriegsjahren 1792/93 zerstörte Lustschloss Favorite errichten. Zur Stadt und zum Rhein hin erstreckten sich vor der fürstlichen Sommerresidenz terrassierte Parkanlagen nach französischem Vorbild mit reichem Blumenschmuck, Wasserspielen und lauschigen Grotten, die bei opulenten Ballabenden gerne auch mal freizügigen Adelsdamen und ihren Liebhabern als Rückzugsstätte dienten. Nach der vollkommenen Zerstörung unter französischer Besatzung wurde der Park 1820 im Stil eines englischen Landschaftsgartens neu gestaltet. Gut 100 Jahre später legte man den 9500 m^2 großen **Rosengarten** an, der mit seinen Sitzbänken inmitten von gut 7000 Rosenstöcken zu einer kleinen Rast einlädt. Anlässlich des 2000-jährigen Stadtjubiläums 1962 wurde der Stadtpark noch einmal aufgehübscht; die barocke Herkules-Statue und der Torso des Flussgottes Rhenus, die einst schon die historische Gartenanlage der Favorite schmückten, fanden hierbei ihren Weg zurück in den Park.

Heute lässt es sich auf den saftig grünen Rasenflächen unter großen Baumkronen gut dem Treiben im Park zuschauen. Auf den leicht abschüssigen Teersträßchen gehen Skater zuweilen waghalsig ihrem Hobby nach. Im Biergarten oder auf der Terrasse des Favorite Parkhotels gibt's Kaffee, Kuchen, Erfrischungen und Snacks. In einem Erweiterungsbau des Hotels ist seit 2005 das **Pflanzenhaus** mit einem Meerwasseraquarium und einem Leguanterrarium untergebracht. Ein **Vogelhaus** mit Papageien und ein Flamingo-Tümpel komplettieren den Stadtpark-Zoo. Rheinseitig gelangt man vor dem Hotel über eine Brücke ans Flussufer und hat einen guten Blick auf die Mainmündung. Rechts am Hotel vorbei führt eine weitere Brücke in den angrenzenden Volkspark.

Pflanzen- und Vogelhaus im Stadtpark bzw. Hotel sind tägl. 9–18 Uhr geöffnet. Eintritt frei. Jährlich findet am letzten Wochenende im August und am ersten Wochenende im September der Mainzer **Weinmarkt** im Stadtpark statt – eines der schönsten Feste der Stadt (→ S. 161).

Essen & Trinken
2 Bootshaus (S. 146)
3 Favorite Restaurant (S. 146) und Favorite Biergarten (S. 153)
4 Schwayer (S. 149)
Einkaufen (S. 170)
1 Anja Gockel Atelier & Shop
Übernachten
23 Favorite Parkhotel (S. 178)
24 Rhein-Main-Jugendherberge (S. 181)
Petersaue
Wiesbadener Straße
Otto-Suhr-Ring
B 455
Boelckestraße
Uhlmannstraße
Rheinallee
Neustadt
Mainz-Kastel
Theodor-Heuss-Brücke
Philippsring
Hochheimer B 40 Straße
Kaiserstraße
Peter-Altmeier-Allee
B 40
Boppstr.
Bleiche
Große Bleiche
Schusterstr.
Kostheimer B 43 Landstraße
August-Luck-Brücke
Rhein
Große Langgasse
Altstadt
L 431
Rheinstraße
Maaraue
Alicenstraße
Weißliliengasse
Holzhofstraße
Main
B 40
Römerwall
Am Römerlager
Windmühlenstraße
Zitadelle
Salvatorstr.
Mainspitze
Drususwall
Südbrücke
Langenbeckstraße
Steig
Rosengarten
Stadtpark
Weisenauer Straße
Oberstadt
Freiligrathstraße
An der Goldgrube
Am Stiftswingert
K 7
Volkspark
Göttelmannstraße
Hechtsheimer Straße
K 9
Geschwister-Scholl-Straße
B 40
Pariser Straße
Heiligkreuzweg
Gräberfeld Weisenau
250 m
Tour 6: Grünes Mainz

Naherholung am Innenstadtrand

Volkspark

Die größte Mainzer Grünanlage ist vor allem an den Sommerwochenenden beliebter Treffpunkt für Familien, Sonnenanbeter und Freizeitsportler. Die Kleinen planschen auf dem Wasserspielplatz, die Väter beobachten das Treiben vom nahe gelegenen Biergarten, die türkische Großfamilie baut das Grillbuffet auf, das Team „oben ohne" liefert sich ein Fußballmatch gegen das Team „Studenten", Opa ist sauer, weil die Enkeltochter sowohl beim Minigolf als auch beim Disc Golf das glücklichere Händchen hat, die kleine Bummelbahn zieht behäbig ihre Kreise um die Grünflächen und die beiden Bikini-Schönheiten wissen nicht, dass zwei mit Fernglas bewaffnete Jugendliche ihren Bräunungsfortschritt von einem Balkon des großen Hochhauses am Rande des Parks mitverfolgen. Der Volkspark weiß unterschiedlichste Bedürfnisse zu befriedigen.

Angelegt wurde der Naherholungsraum am Innenstadtrand in den 1930er-Jahren. Zuvor befand sich hier eine weitere Wehranlage der Festung Mainz. Das stadtseitige Tor sowie Mauerreste des ehemaligen Fort Weisenau sind heute im Süden des Parks noch als Kulturdenkmäler erhalten geblieben und markieren die Grenze der Stadtteile Weisenau und Oberstadt.

Antike Begräbniskultur

Gräberfeld Weisenau

Neben ihrem Lager auf dem Kästrich errichteten die Römer im heutigen Weisenau einen zweiten militärischen Stützpunkt in Mainz. Im Bereich des Steinbruchs (→ S. 119) entwickelte sich auch hier bald eine Zivilsiedlung, deren Bewohner sich insbesondere durch Töpferei ihren Unterhalt verdienten. Als Verbindung zwischen den beiden Lagern wurde mit der Via Sepulcrum eine wichtige Straße angelegt, die nach und nach auf rund 2,5 km Länge anwuchs. Wie zur damaligen Zeit üblich, errichtete man im Bereich stark frequentierter Straßen Grabstätten für die verstorbenen Soldaten und Zivilisten, damit Passanten quasi im Vorbeigehen der Toten gedenken konnten. Je nach sozialem Status und Vermögen des Verstorbenen wurden einfache Grabsteine oder größere Gräber mit Garten und kostbaren Grabbeigaben angelegt.

Von der Gräberstraße haben sich heute infolge der dichten Bebauung kaum noch Überreste erhalten. Ausgrabungen brachten bis 1992 aber interessante Funde zutage, die Einblick in die antike Begräbniskultur sowie das Wirtschaftsleben geben. Nahe der Göttelmannstraße befindet sich mit dem Gräberfeld Weisenau eine rekonstruierte Grabstätte der Via Sepulcrum einschließlich der geborgenen Grabbeigaben und weiterer originaler Funde. Neben diversen Keramikprodukten ist u. a. ein römischer Töpferofen zu sehen.

Das Gräberfeld Weisenau erreicht man von der Göttelmannstraße auf dem Bettelpfad (ein Schild weist den Weg zur Via Sepulcrum). Vom Volkspark ist man in wenigen Minuten am Freiluft-Schauraum. Eintritt frei. www.roemisches-mainz.de.

Früher wehrhaft, heute begrünt

Drusus- und Römerwall

An den Rosengarten schließen sich nordwestlich die lang gezogenen Grünanlagen um den Drusus- und den Römerwall an. Ursprünglich zur besseren Verteidigung der Stadt aufgeschüttet, wurden die Erdwälle nach Auflassung der Festung Mainz nicht zur Bebauung freigegeben, sondern in eine verkehrsberuhigte Grünzone umgewandelt. Mit ihrem verzweigten Wegenetz, Liegewiesen, großem Spielplatz und kleineren Parkanlagen mit akkurat geschnittenen Buchsbäumen erstreckt sie sich vom Stadtpark bis zum Hauptbahnhof. Zwischen Rosengarten und Fichteplatz suchen teure Wohnhäuser die grüne Nähe des Drususwalls – weshalb auch manchmal vom Mainzer Millionenhügel die Rede ist.

Standhafte Reste des Aquädukts

Römersteine

Zur Versorgung ihres Lagers mit frischem Trinkwasser errichteten die Römer schon im 1. Jh. eine rund 8 km lange Gefällewasserleitung. Aus den Quellgebieten im heutigen Finthen und Drais floss das Wasser teils ober-, teils unterirdisch zunächst in ein zentrales Sammelbecken auf dem Kästrich (im Bereich der Uni-Kliniken) und wurde dann über Tonrohre im Lager und auch in der Zivilsiedlung verteilt. Mit den Römersteinen südlich des Hauptfriedhofes haben sich beeindruckende Reste der einstigen Stützpfeiler des Aquädukts erhalten. Die Wasserleitung überquerte hier in bis zu 25 m Höhe das Zahlbachtal. Heute führt ein Fuß- und Radweg an den rund 60 Römersteinen vorbei in Richtung Universität. Die Blumenwiese unterhalb des Aquädukts wird im Sommer regelmäßig von weidenden Schafen begutachtet, die es sich auch schon mal erlauben, Nahrungsquellen jenseits des Elektrozauns zu erkunden und dann von ihrem Herrchen steckbrieflich gesucht werden müssen.

Botanischer Garten im Frühling

9000 Pflanzenarten aus aller Welt

Botanischer Garten

Im wissenschaftlichen Garten der Johannes-Gutenberg-Universität wird auf rund 10 ha ein breites Spektrum der Pflanzenwelt präsentiert. Knapp 9000 Pflanzenarten aus nahezu allen Regionen der Welt verteilen sich auf das große Außengelände und mehrere Gewächshäuser. Mit fast 30.000 m² bildet das Arboretum (lat. *arbor* = Baum) den größten Teilbereich der Anlage. Geografisch gegliedert, wachsen hier rund 1000 Bäume und Sträucher aus den gemäßigten Klimazonen der Nordhalbkugel. Ein Besuch ist insbesondere im April und Mai empfehlenswert, wenn die meisten Gewächse gerade Blüten tragen. Wissenschaftliches Herzstück des Botanischen Gartens ist die sog. Systematische Abteilung, die sich den verwandtschaftlichen Beziehungen der Blütenpflanzen widmet. Im Zentrum des Gartens zeigt und erläutert eine Schauanlage die Steppenflora des Mainzer Sandes (→ S. 120). In einem separaten Gartenbereich beherbergen mehrere Gewächshäuser tropische und subtropische Vegetation.

Der Botanische Garten ist ganzjährig tägl. 7.30–18 Uhr zugänglich, die Gewächshäuser schließen bereits um 15.30 Uhr bzw. freitags um 13 Uhr. Zwischen März und Oktober bietet die Universität thematische Führungen durch die Anlage an (jeweils rund 90 Min., 3 €). Anselm-Franz-von-Bentzel-Weg 9, ✆ 06131/3925686 (Grüne Schule im Botanischen Garten), www.botgarten.uni-mainz.de.

Die Universitätsstadt Mainz

Wie wichtig Mainz als Universitätsstandort ist, zeigt der Blick auf die nackten Zahlen: Mehr als 40.000 Studierende verteilen sich auf die insgesamt drei Hochschulen der Landeshauptstadt. Mit über 36.000 Studenten und rund 550 Professoren zählt die Johannes-Gutenberg-Universität (JGU) dabei zu den zehn größten Unis in Deutschland. Dazu kommen noch knapp 5000 Studenten der Fachhochschule Mainz, und rund 1000 Studierende sind an der Katholischen Fachhochschule Mainz eingeschrieben. Die Uni-Kliniken der JGU sind mit ihren etwa 7500 Beschäftigten der größte Arbeitgeber der Region.

Eine typische Studenten- oder Universitätsstadt ist Mainz trotzdem nicht. Und will sich das als „Medienmetropole" und Sitz der Landesregierung auch gar nicht auf die Fahnen schreiben. Universitäre Forschung und Lehre führen vorwiegend ein von der übrigen Stadt abgekapseltes Dasein am Rande der Innenstadt. Westlich des Hauptfriedhofs erstreckt sich entlang der Saarstraße der große Campus der Johannes-Gutenberg-Universität mit eigener Buslinie und seinem schönen Botanischen Garten. Hinter der Uni schließt sich an der Koblenzer Straße der neue FH-Campus an. Tagsüber mischen sich die Studis vorwiegend inkognito unters Volk und geben höchstens ab den Abendstunden ihre wahre Identität preis, wenn es sie auf der Suche nach günstigen Alkoholika in eine der Szenekneipen oder Diskotheken der Alt- oder Neustadt zieht. Wer die künftige Bildungselite also einmal aus nächster Nähe sehen möchte, muss sich also entweder dorthin oder auf einen Campus wagen.

Je nach Betrachtungsweise ist Mainz eine relativ alte oder eben junge Universitätsstadt. Bereits 1477 wurde in Mainz eine erste Universität gegründet, von deren Gebäuden sich bis heute das Domus Universitatis beim Staatstheater (→ S. 67) erhalten hat. Mit dem Einmarsch der Franzosen Ende des 18. Jh. und der darauffolgenden Mainzer Republik (1792/93) kam der Universitätsbetrieb für die nächsten 150 Jahre faktisch vollständig zum Erliegen. Aber so schnell sich die Türen der Hörsäle unter französischer Besatzung geschlossen hatten, so schnell wollten die Franzosen nach dem Zweiten Weltkrieg den Universitätsbetrieb dann auch wieder in Gang setzen.

Bereits im Mai 1946 öffnete die Johannes-Gutenberg-Universität am Rande der in Schutt und Asche liegenden Innenstadt ihre Pforten für zunächst rund 2000 Studenten. Da die Alte Universität von den revolutionären Franzosen offiziell nie geschlossen wurde, zugleich aber auch keine Lehre mehr stattfand, darf bis heute gestritten werden, ob die JGU denn nun als die wiedereröffnete alte Uni oder nicht doch eher als komplette Neugründung zu bezeichnen ist. Wie dem auch sei: 1977 hat die Uni jedenfalls ihr 500-jähriges Bestehen gefeiert …

Die ersten Vorlesungen nach dem Zweiten Weltkrieg fanden im Gebäudekomplex der ehemaligen Flakkaserne statt, deren Toranlage auch heute noch den Hauptzugang zum Campus markiert. Um die Kaserne möglichst schnell für die Ansprüche einer Hochschule flott zu machen, stellten die Franzosen mehrere Hundert Kriegsgefangene für die Umbauarbeiten ab, die sich dadurch schneller ihren Weg zurück in die Freiheit schaufeln konnten. Für den Ankauf von Laborgerätschaften, Lehrbüchern und den Bau von Studentenunterkünften stellten die Besatzungsbehörden der Universitätsverwaltung monatlich 10.000 Liter Wein und 1000 Liter Cognac als Tauschmittel zur Verfügung. Dass dem Aufbau der Uni kurz nach dem verheerenden Krieg ein so großer Stellenwert zuteil wurde, blieb in der von Leid geplagten Mainzer Bevölkerung nicht ohne Kritik. Es dauerte einige Jahre, bis die skeptischen Blicke auf Studenten und Professoren nachließen. Spätestens zur großen Party anlässlich des 2000-jährigen Stadtjubiläums 1962 hatte man die Studentenschaft dann aber endgültig als Teil der Gesellschaft akzeptiert.

Der Campus und die Zahl der Neueinschreibungen begannen in den 1960er-Jahren rege zu wachsen und tun dies seitdem quasi kontinuierlich. Mit der Universitätsbibliothek, dem Philosophicum, dem Hochhaus der Naturwissenschaftlichen Fakultät und der sog. Muschel, dem zentralen Hörsaalbau, entstanden die bis heute den Campus prägenden Gebäude. Und seit 2005 lassen umfassende Neubau- und Sanierungsarbeiten die erste und größte Campus-Uni Deutschlands noch weiter anwachsen.

Aufgeteilt in zehn Fachbereiche, bietet die JGU rund 200 Bachelor- und Masterstudiengänge in nahezu allen akademischen Disziplinen an. Etwa zwei Drittel der 36.000 Studenten absolvieren ein geistes- oder sozialwissenschaftliches Studium. Dabei sorgt die Uni Mainz insbesondere im naturwissenschaftlichen Bereich für größeres Aufsehen. Auf dem Campus haben sich gleich zwei Max-Planck-Institute (MPI für Chemie sowie für Polymerforschung) angesiedelt. Als erster und bisher einziger Mainzer Professor wurde 1995 der niederländische Meteorologe Paul Crutzen für seine Pionierarbeit in der Erforschung des arktischen und antarktischen Ozonlochs mit dem Nobelpreis für Chemie ausgezeichnet. Daneben verfügt die JGU als eine von nur zwei deutschen Hochschulen über einen eigenen Forschungsreaktor (TRIGA). Für experimentelle Kernphysik steht seit 1979 der Teilchenbeschleuniger MAMI (Mainzer Mikroton) zur Verfügung.

Und natürlich ist der Campus nicht nur ein Ort mühevoller Forschungsarbeit. Zum Semesterstart steigen auf dem Gelände und in den Hörsälen die obligatorischen Begrüßungsfeiern für die Erstsemester. Das Kulturcafé („Q-Kaff") im Gebäude der Alten Mensa lädt regelmäßig zu Kinoabenden oder Konzerten ein. Die Sportanlagen und der Botanische Garten bieten Raum zur Erholung und körperlichen Ertüchtigung. Und auch für Kunstinteressierte steht auf dem weiten Gelände hier und da ein ansprechendes Objekt herum.

Haupteingang der Unikliniken

Unweit der JGU hat 2009 der neue Campus der Fachhochschule Mainz (www.fh-mainz.de) seine Pforten geöffnet. Die FH mit ihren drei Fachbereichen Wirtschaft, Technik und Gestaltung verteilt sich bis dato noch über mehrere Standorte in der Stadt. In den kommenden Jahren sollen aber nach und nach alle Fachbereiche am FH-Campus an der Koblenzer Straße gebündelt werden.

Seit 1972 existiert mit der Katholischen Fachhochschule Mainz (www.kfh-mainz.de) noch eine dritte Universität, deren rund 1000 Studierende sich den Bereichen Soziale Arbeit, Gesundheits- und Pflegemanagement oder Praktische Theologie widmen.

Einen Campus-Plan mit allen wichtigen Einrichtungen der JGU sowie weitere Infos rund um Forschung und Studium gibt's auf den Uni-Webseiten (s. u.). Über Veranstaltungen auf dem Campus informiert die Studentenzeitung STUZ (→ S. 193) in ihrer Printausgabe oder im Internet unter www.stuz.de.

Johannes-Gutenberg-Universität, Saarstr. 21, ✆ 06131/390, www.uni-mainz.de.

Parkähnliche Oase der Ruhe

Hauptfriedhof

Die Anlage der größten Begräbnisstätte von Mainz geht auf die Zeit während der vierten französischen Besatzung (1798–1814) zurück. Im Zuge der Säkularisierung waren die meisten kirchlichen Einrichtungen zusammen mit ihren Grabstätten aufgehoben worden und in der Stadt wusste man nicht mehr wohin mit den Toten. Im Jahr 1803 erfolgte deshalb die per kaiserlichem Dekret angeordnete Anlage eines neuen Zentralfriedhofs vor den Toren der Stadt. Zur Verbesserung der hygienischen Bedingungen sollten fortan keine Bestattungen mehr innerhalb der Stadtmauern erlaubt sein. Weil auch der Judensand, der alte jüdische Friedhof von Mainz, nach der Stadterweiterung im Innenstadtbereich lag und somit aufgegeben werden musste, legte man 1881 südlich an den Hauptfriedhof angrenzend einen neuen jüdischen Bestattungsplatz mit eigener Trauerhalle an.

Gruftenstraße im Hauptfriedhof

Heute präsentiert sich der Friedhof als grüne Oase und Ort der Ruhe inmitten des hektischen Treibens der Stadt. Nicht nur Angehörige kommen hierher, um der Verstorbenen zu gedenken, die rund 2 km^2 große, parkähnliche Anlage zieht auch viele kultur- und geschichtsinteressierte Besucher an. Unter großen Bäumen schlummern hier einfache Grabsteine in direkter Nachbarschaft zu architektonisch anspruchsvollen Grabmonumenten mit teils faszinierend detailreichen Figurendarstellungen ihrer „Bewohner“. Vor allem in der Gruftenstraße fanden viele bekannte Mainzer Persönlichkeiten ihre letzte Ruhe.

Mehrere Ehrendenkmäler erinnern an weniger erfreuliche Kapitel der Vergangenheit. Den in Mainz verstorbenen französischen Soldaten ist etwa das „größere Franzosendenkmal“ gewidmet. An die Opfer der Pulverturmexplosion 1857 erinnert ein Denkmal aus Überresten des explodierten Munitionslagers. Eine Besonderheit stellt der französische Garnisonsfriedhof im Südwesten der Anlage dar. Hier stehen einfache Soldatengräber mit Kreuz dicht neben solchen mit dem muslimischen Halbmond, da während der französischen Besatzung auch immer wieder Kolonialtruppen aus dem Senegal, Algerien und Marokko in Mainz stationiert waren.

Der Zugang zum **Hauptfriedhof** (tägl. 7–20 Uhr) ist am Haupteingang an der Unteren Zahlbacher Straße, an der Albert-Schweitzer-Straße oder der Saarstraße möglich. Im Norden gelangt man auf einer Brücke über die Saarstraße in den separaten Urnenhain. Eingang zum **Neuen Jüdischen Friedhof** (So–Do 8–19 Uhr, Fr 8–14 Uhr) an der Unteren Zahlbacher Straße.

Einer der ältesten Europas

Alter Jüdischer Friedhof

Der sog. Judensand zählt zu den ältesten jüdischen Friedhöfen Europas. Bereits Mitte des 10. Jh. hatte sich unter kaiserlichem Schutz eine größere jüdische Gemeinde in Mainz etablieren können. Zur Bestattung ihrer Toten wies die Stadtverwaltung der Gemeinde ein unfruchtbares (deswegen „Sand") und damit günstig zu erstehendes Grundstück außerhalb der damaligen Stadtmauern zu. Bis Ende des 19. Jh. diente das Gelände als zentrale Begräbnisstätte für die Mainzer Juden. Nach der Vertreibung der Juden aus der Stadt im 15. Jh. wurde der Friedhof zeitweise zweckentfremdet. Die am Osthang des Hartenbergs gelegene Anlage wurde in Teilen von der Stadt als Weinberg verpachtet und Grabsteine wurden zu Baumaterial für die Stadt- und Rheinbefestigung. Rund 200 der mittelalterlichen Grabsteine konnten beim Abbau der Befestigungsanlagen wieder geborgen werden und sind seit 1926 hier auf dem heutigen Denkmalfriedhof zu sehen. Der älteste datierbare Grabstein Westeuropas aus dem Jahr 1049 ist allerdings im Landesmuseum ausgestellt. Als man 2007 in der Nachbarschaft des Friedhofs mehrere großzügige Stadtvillen mit unverbautem Blick errichten wollte, stieß man bei den Bauarbeiten auf weitere jüdische Gräber aus dem Mittelalter. Aus Respekt vor dem jüdischen Glauben, der es auch Jahrhunderte später verbietet, Gräber anzutasten, wurde das Neubauprojekt stark gedrosselt und der Friedhof um ein weiteres Areal ergänzt.

Der Alte Jüdische Friedhof erstreckt sich zwischen Mombacher Straße und Fritz-Kohl-Straße unterhalb des SWR-Funkhauses. Das Betreten des Friedhofs ist nicht gestattet, das Gelände aber einsehbar.

Bei Familien sehr beliebt

Hartenbergpark

Die grüne Oase von Mainz-Hartenberg/Münchfeld (kurz „HAMÜ") ist seit 1979 beliebter Anziehungspunkt insbesondere für Familien. Auf rund 18 ha Gesamtfläche erstrecken sich großzügige Liegewiesen, Grillplätze, Sportflächen und die modernste Mainzer Minigolfanlage. Von der kleinen Aussichtsplattform nahe des Wasserspielplatzes bietet sich ein erhabener Blick über das industrielle Mainz-Mombach mit seinen markanten Schornsteinen bis in den Taunus. Wirklich ruhig geht es im Park nur selten zu. Während vor- und nachmittags der Mainzer Nachwuchs über die Wiesen und Spielgeräte tollt, sorgen in den Abendstunden Jugendliche mit ihren Inlinern und Skateboards für Action. Den passenden Sound dazu liefert Papas alter Ghettoblaster.

Wasserspielplatz Hartenbergpark

Fußläufig ist der Hartenbergpark vom SWR-Funkhaus kommend auf der Wallstraße oder besser der Straße Am Judensand zu erreichen, daneben wird eine gleichnamige Bushaltestelle angefahren (Linie 64). Der Minigolfplatz (→ S. 191) findet sich im Südwesten des Parks am Hang und ist auf der Straße Am Lungenberg oder mithilfe der Schilder im Park zu erreichen.

Durchs grüne Mainz → Karte S. 94/95

Liebesbekenntnis am Klohäuschen des Bruchwegstadions

Mainz im Kasten

Mainz 05 – der Karnevalsverein vom Rhein

Wer Berliner oder Hamburger danach fragt, was sie denn mit dem fernen Mainz verbinden, erhält meist gleich drei Antworten: ZDF, Fastnacht und den 1. FSV Mainz 05. Nachdem es endlose Jahre gedauert hatte, bis dem Verein 2004 erstmals der Einzug ins Oberhaus der Fußballbundesliga glückte, ist er heute identitätsstiftend für Stadt und Region. Untrennbar verbunden mit dem sportlichen Erfolg des Clubs ist nach wie vor der Name Jürgen Klopp. Mit der Ernennung des damals verletzten Feldspielers quasi zum Cheftrainer 2001 wandelten sich die akut vom Abstieg in die Drittklassigkeit bedrohten 05er schnell zu einem heißen Aufstiegsaspiranten. Noch ohne Trainerschein, dafür aber mit der Erfahrung von über 300 Zweitligaspielen hievte der baldige Sympathieträger Klopp die graue Maus aus dem Tabellenkeller. Nach zwei dramatisch verpassten Aufstiegschancen gelang dann 2004 endlich der Sprung in die oberste Spielklasse. Um gegnerischen Fangesängen den Wind aus den Segeln zu nehmen, bedienten sich die leidgeprüften Anhänger der 05er vorsorglich des Slogans „Wir sind nur ein Karnevalsverein" – die Kicker nahmen diese Parole in den ersten beiden Spielzeiten sehr ernst und erkämpften sich bis zum Saisonende jeweils den närrischen elften Platz in der Tabelle.

Nach einem Intermezzo in der Zweitklassigkeit und dem Abschied von Jürgen Klopp nach Dortmund gelang 2009 der Wiederaufstieg. Unter dem neuen Trainer Thomas Tuchel konnten die Mainzer 2011 mit dem fünften Tabellenlatz ihr bis dato bestes Resultat im Oberhaus verbuchen und qualifizierten sich für die Europa League. Im gleichen Jahr erfolgte der Umzug der Kicker vom ehrwürdigen Bruchwegstadion am Innenstadtrand in die moderne Arena auf den Feldern von Bretzenheim. Das alte Stadion am Bruchweg aus der Nachkriegszeit fungiert seitdem als Trainingsplatz für die Profis sowie als Spielstätte für die Amateure und Nachwuchskicker.

Aktuell kreisen die 05er in der Bundesliga gekonnt durchs obere Mittelfeld und spielen in der Saison 2016/17 erstmals in der Gruppenphase der UEFA Europa League mit. Größter Rivale in der Region ist derzeit Eintracht Frankfurt. Die Freude wäre aber bei so manchem Mainzer groß, könnte diese Rolle alsbald wieder vom 1. FC Kaiserslautern übernommen werden, der seit 2012 am Comeback ins Oberhaus arbeitet. Den roten Teufeln vom Betzenberg schlägt aus Mainz viel Sympathie entgegen, schließlich waren die Lauterer lange Zeit der einzige erstklassige Fußballclub des Landes. Mit dem Aufstieg von Mainz wurde die Rivalität zwar wieder etwas geschürt, dennoch werden in manchen Mainzer Sportkneipen sowohl den 05ern als auch den Lauterern die Daumen gedrückt.

Die neue Arena

Seit der Saison 2011/12 müssen Fans zu den Heimspielen ihrer 05er aufs Land fahren. Das gemütliche Bruchwegstadion unweit des Uni-Campus war mit dem wachsenden Erfolg der Kicker zu klein geworden. Ein Ausbau des alten Stadions sowie ein Neubau in direkter Nachbarschaft scheiterten an Lärmschutzauflagen. Auf einem Acker in Bretzenheim errichtete man deshalb ab 2009 eine moderne Arena für rund 34.000 Zuschauer. Nachbarn gibt es nun keine mehr, die sich von Fangesängen gestört fühlen könnten. Nur Feldmäuse und Regenwürmer beklagen sich hin und wieder über achtlos in ihre Vorgärten geworfene Bierbecher.

Wer den „Karnevalsverein" einmal in Aktion erleben will, kann sich telefonisch, online, im Fanshop (→ S. 170) an der Arena oder in der Touristeninformation vorab mit Tickets versorgen. Der Stehplatz kostet 12,50 €, den Sitzplatz gibt's ab 26 €. An Spieltagen verkehren zwischen Hauptbahnhof und Stadion Shuttlebusse. Wer mit dem eigenen Gefährt kommt, sollte VIP sein oder einen Behindertenausweis besitzen, sonst wird die Zufahrt zu den Stadion-Parkplätzen verwehrt; ausreichend kostenlose Stellplätze für jedermann finden sich auf dem Parkplatz der Universität (20 Min. Fußweg zum Stadion). Opel Arena, Eugen-Salomon-Str. 1, 55128 Mainz-Bretzenheim, ✆ 06131/375500 (Tickets), www.mainz05.de.

Neue Mainzer Fußballarena in Bretzenheim

Immer am Rhein entlang

Ausflug 1

Vom Wiesbadener Rheinufer bieten sich wunderbare Aussichten auf die Mainzer Silhouette, was allein schon den Sprung auf die Seite des hessischen Rivalen sehr empfehlenswert macht – selbst für Mainzer Lokalpatrioten, die die rechte Rheinseite nicht ganz im Ernst gerne als „ebsch Seit" bezeichnen, als die „falsche" Seite.

Mainspitze, wo der Main in den Rhein mündet, S. 110

Schloss Biebrich, imposanter Barockbau direkt am Fluss, S. 111

Dreibrückenweg bis Schloss Biebrich

Auf die „ebsch Seit"

Natürlich ist es eine Frage der Perspektive, was denn nun genau unter der „ebsch Seit" zu verstehen ist. Für Mainzer und Wiesbadener ist die Sache aber ziemlich eindeutig: Für die einen ist es die rechte, für die anderen konsequenterweise die linke Rheinseite.

Der Klassiker unter den sonntäglichen Familienausflügen in und um Mainz ist der **Dreibrückenweg**: Er führt Spaziergänger oder Radfahrer ohne große Anstrengungen hinüber nach Wiesbaden. Namensgebend für ihn sind natürlich die drei größeren Brücken (Südbrücke, Mainbrücke Kostheim und Theodor-Heuss-Brücke) über den Rhein bzw. den Main, die es bei dieser Tour zu überqueren gilt. Dass es letztlich dann nicht nur drei, sondern fünf oder sechs Brücken sind auf dieser gut 8 km langen Rundtour, sollte dabei nicht weiter stören.

Wer mit dem Rad unterwegs ist und Lust sowie Kondition hat, darf seinen Ausflug gerne noch am rechten Rheinufer entlang zum **Schloss Biebrich** fortsetzen und sich seinen Weg über eine der beiden weiteren Brücken zurück nach Mainz suchen: Über die Kaiserbrücke macht das insgesamt etwa 18 km, über die Schiersteiner Brücke etwa 21 km.

Orientierung

1. Etappe

Die Tour startet am Winterhafen. Ein Fuß- und Radweg führt über die **Südbrücke** mit ihrem festungsartigen Brückenkopf ins hessische Gustavsburg. Der ehemalige Mainzer Ortsteil verdankt seinen Namen dem schwedischen König Gustav Adolf, der im 17. Jh. mit seinen Soldaten Mainz eroberte und auf der Mainspitze die

Gustavsburg errichten ließ. Von der ist heute allerdings bis auf kümmerliche Fundamentreste nichts mehr zu sehen. Am Ende der Eisenbahnbrücke bietet sich ein kurzer Abstecher nach links zur **Mainspitze** an, dem südlichen Ufer der Mainmündung. Alternativ geht es „Auf der Mainspitze" zwischen Sportanlagen hindurch weiter zur Mainbrücke nach Mainz-Kostheim. Nach der Brücke, von der der Blick auf den Kostheimer Hafen fällt, geht's scharf rechts wieder ans Mainufer. Nur wenige Meter nach der Kirche St. Kilian lädt der **Kostheimer Weinprobierstand** (→ Kasten S. 109) zu einer frühen Rast ein.

Auf einer kleinen Brücke überquert man den einstigen Floßhafen und gelangt auf die grüne **Maaraue**. Im Schatten großer Kastanien führt ein Fuß- und Radweg am Mainufer entlang, bis der Main schließlich in den Rhein mündet. Jetzt bietet sich vom rechtsrheinischen Ufer ein wunderbarer Blick auf die Mainzer Silhouette: Von Süd nach Nord strecken sich der Stephansturm, der Holzturm, die Domtürme, die Bonifatiustürme, der Quintinsturm, die Peterstürme und die Kuppel der Christuskirche über die Dächer der Innenstadt. Am Freibad und dem Campingplatz Maaraue geht es vorbei, am Gebäude der Wiesbadener Wasserschutzpolizei auf die Fußgängerbrücke und wieder über den Floßhafen. Am Strand von Mainz-Kastel verlocken Liegestühle und zwei Restaurants zu einer weiteren Verschnaufpause. Auf der Theodor-Heuss-Brücke könnte man nun wieder zurück nach Mainz gelangen und die klassische Dreibrückentour beenden (insgesamt gut 8 km).

2. Etappe

Radler oder Freunde ausgedehnter Spaziergänge dürfen aber ruhig noch ein wenig auf der „ebsch Seit" bleiben und dem prächtigen Schloss Biebrich einen Besuch abstatten. Hierdurch verlängert sich der Ausflug um gut 10 km. Vom Kasteler Strand geht es unter der Theodor-Heuss-Brücke hindurch und an grünen Wiesen vorbei weiter den Rhein entlang ins industrielle Mainz-Amöneburg. An der Ortseinfahrt nach Amöneburg führt die Kaiserbrücke über die Petersaue und verbindet Hessen mit Rheinland-Pfalz. Hier steuern die Frachter das Mainzer Ufer mit dem neu geschaffenen Güterverkehrszentrum an, um sich mit Containern zu versorgen oder ebensolche loszuwerden.

Die Tour geht hier aber zunächst noch rechts des Rheins weiter nach Wiesbaden-Biebrich. Kurz vor der Kaiserbrücke muss man das Rheinufer verlassen und für etwa 1,5 km auf die Biebricher Straße und die Rheingaustraße ausweichen, bis auf Höhe des nicht zu übersehenden roten Backsteinbaus des Hessischen Landesamtes für Umwelt und Geologie wieder ein Fuß- und Radweg direkt am Ufer beginnt. Nun sind es noch etwa 700 m zum barocken **Schloss Biebrich** mit seiner ausladenden Parkanlage. An der Rheinpromenade von Biebrich reihen sich mehrere Restaurants und Eiscafés auf. Vor dem Schloss

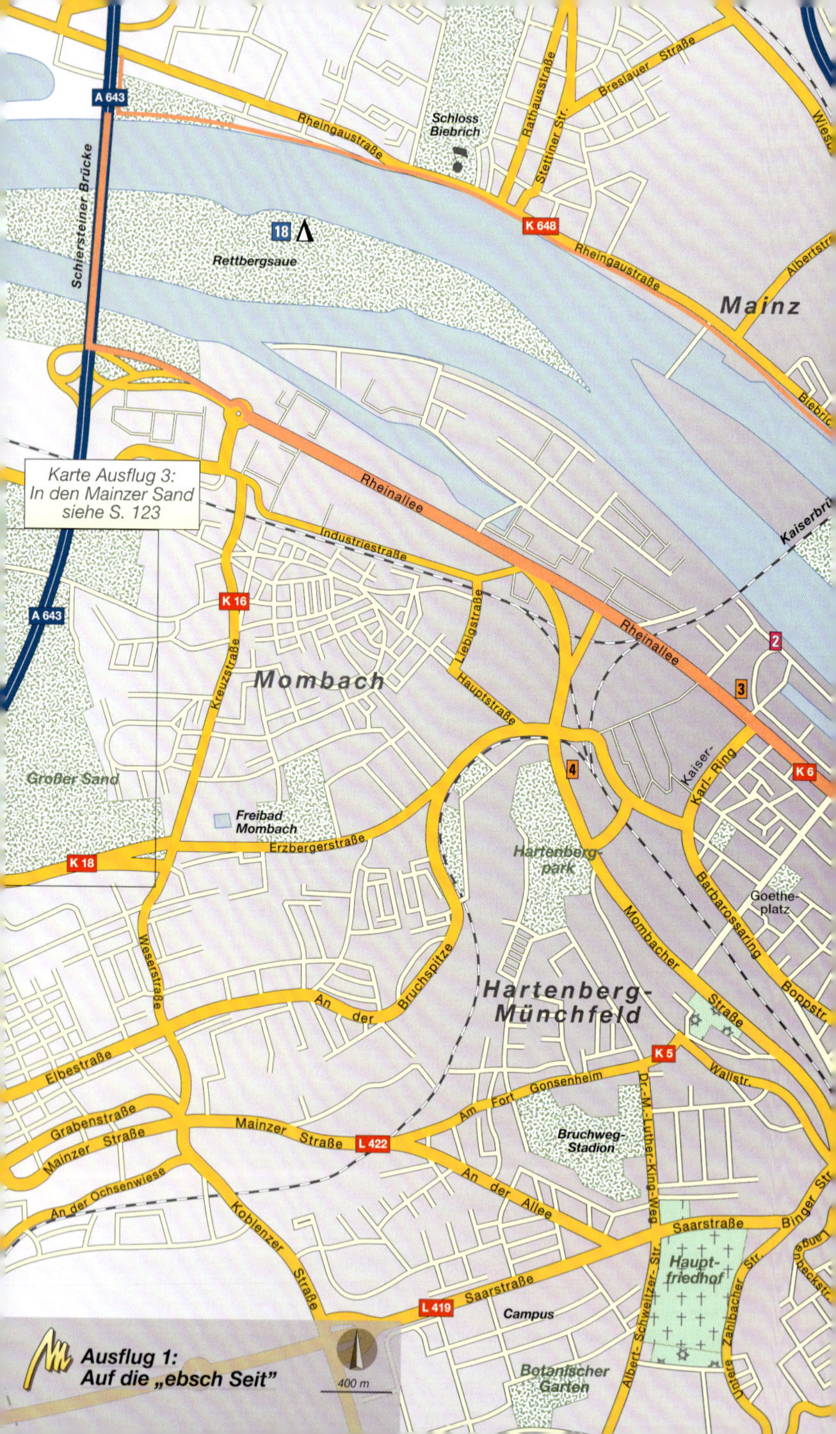

Ausflug 1:
Auf die „ebsch Seit"

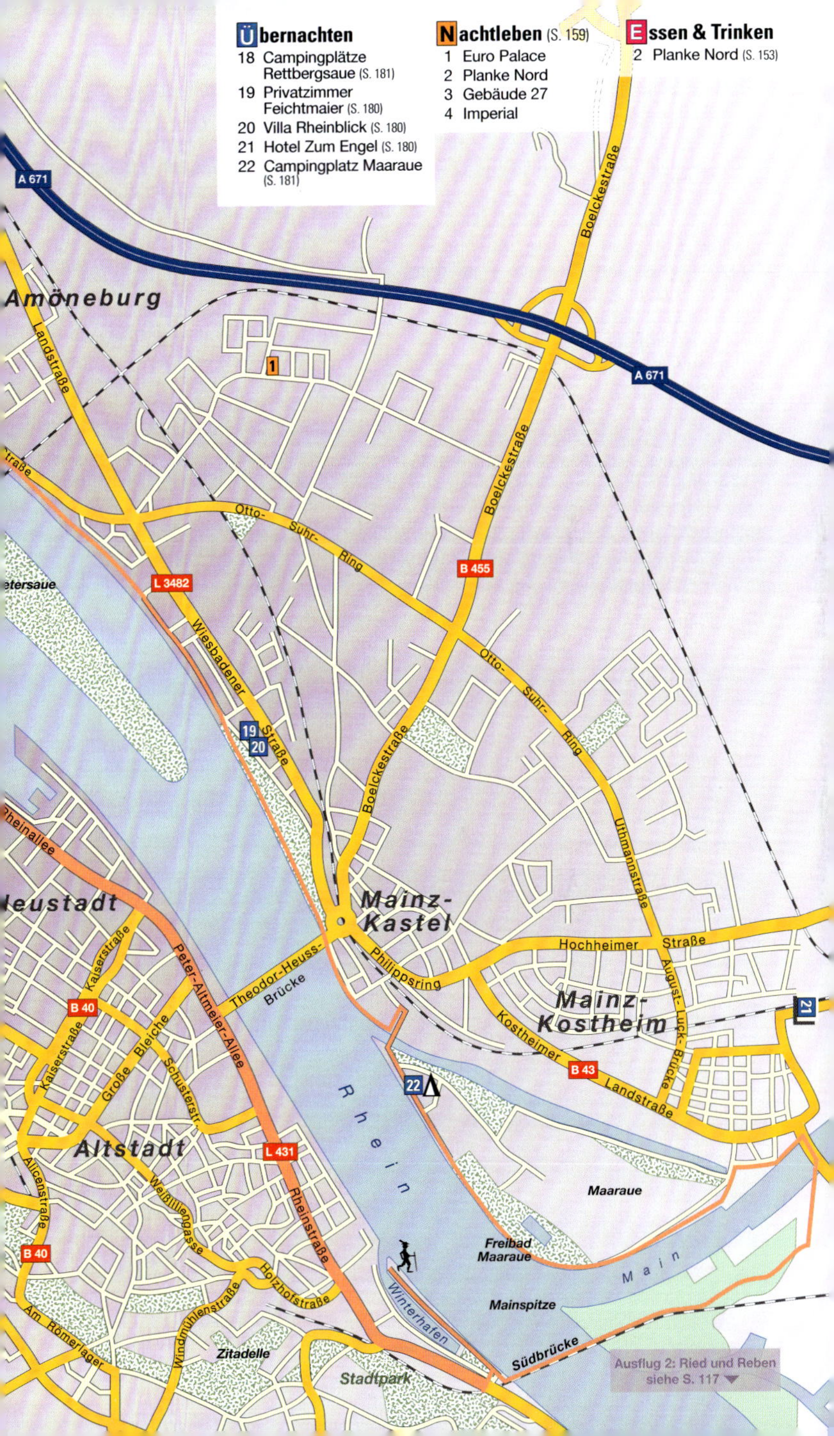
Übernachten
18 Campingplätze Rettbergsaue (S. 181)
19 Privatzimmer Feichtmaier (S. 180)
20 Villa Rheinblick (S. 180)
21 Hotel Zum Engel (S. 180)
22 Campingplatz Maaraue (S. 181)
Nachtleben (S. 159)
1 Euro Palace
2 Planke Nord
3 Gebäude 27
4 Imperial
Essen & Trinken
2 Planke Nord (S. 153)
A 671
Amöneburg
Landstraße
Boelckestraße
Otto-Suhr-Ring
B 455
L 3482
Wiesbadener Straße
Uthmannstraße
Mainz-Kastel
Hochheimer Straße
Theodor-Heuss-Brücke
Philippsring
Mainz-Kostheim
August-Luck-Brücke
Kostheimer Landstraße
B 43
Rheinallee
Neustadt
Kaiserstraße
B 40
Peter-Altmeier-Allee
Große Bleiche
Schusterstr.
Altstadt
L 431
Rheinstraße
Alicenstraße
Weißliliengasse
Holzhofstraße
Windmühlenstraße
Am Römerlager
Zitadelle
Stadtpark
Rhein
Maaraue
Freibad Maaraue
Main
Mainspitze
Winterhafen
Südbrücke
Ausflug 2: Ried und Reben siehe S. 117

machen von Ende April bis Anfang Oktober morgens um 9 Uhr die Ausflugsschiffe (→ S. 191) aus Mainz ihren ersten Stopp, bevor es Richtung Koblenz und Köln weitergeht.

Gegenüber dem Schloss erstreckt sich mit der gut 3 km langen und bis zu 300 m breiten **Rettbergsaue** eine der größten Inseln des Rheins, die in weiten Teilen als Naturschutzgebiet ausgewiesen ist, auf der aber auch zwei Campingplätze sowie Sport- und Freizeiteinrichtungen Platz finden. Wer will, kann hier in einem toten Rheinnebenarm auch gefahrlos ein wenig im Fluss baden. Die Rettbergsaue wird mehrmals täglich von einer kleinen Fähre („Tamara") angesteuert. Sie ist eigentlich auch kostenlos über eine Treppe von der Schiersteiner Autobahnbrücke zu erreichen, die sich rund 1,5 km westlich des Schlosses über den Rhein zieht. Allerdings bleibt der Treppenabgang auf die Insel aufgrund von Brückenbauarbeiten wohl noch bis 2020 gesperrt.

Vom Biebricher Schloss bieten sich zwei Möglichkeiten, per Pedale wieder nach Mainz zurückzufinden. Entweder man nimmt den Weg zurück nach Mainz-Amöneburg und gelangt über die Kaiserbrücke ans Mainzer Rheinufer nahe dem Zollhafen (insgesamt 18 km). Oder man entscheidet sich für den rund 3 km längeren Rückweg über die Schiersteiner Brücke – dort sollte man den Rhein dann auf jeden Fall überqueren, denn die nächste Rheinbrücke lässt bis Koblenz auf sich warten. Ein Fuß- und Radweg führt parallel zu den Autobahnspuren nach Mainz-Mombach. Am Ende der Brücke orientiert man sich auf dem ausgeschilderten Radweg Richtung Mombacher Kreisel und folgt der Rheinallee zurück in die Mainzer Innenstadt. Bei dieser zweiten Variante wird das komplette Mombacher Industriegebiet durchquert, das nicht unbedingt als visuelles Highlight gilt. Andererseits erhält man so Einblicke in die Mainzer Gewerbelandschaft und ihre Marken, was durchaus seinen Reiz haben kann und mit etwas Glück auch von einem angenehmen Kakao- oder Kaffeeduft begleitet wird, der hin und wieder aus den Hallen eines bekannten Schweizer Nahrungsmittelherstellers strömt.

Rheinstrand in Mainz-Kastel

Mainz im Kasten

Weinprobierstand Mainz-Kostheim

Von Anfang Mai bis Ende August laden jedes Wochenende acht Kostheimer Winzer abwechselnd zur Weinprobe direkt am Mainufer. Um den Kostheimer Weinbrunnen versammeln sich auf den Bierbänken bei (halbwegs) gutem Wetter Dutzende bis Hunderte Weinliebhaber, um sich von der Qualität der lieblichen bis trockenen Weine aus dem Rheingau zu überzeugen. Für die passende Grundlage sorgen einfache Speisen wie Spundekäs mit Brezeln, belegte Brote oder Zwiebelkuchen. Wenn man großes Pech hat – egal ob Schlager-Fan oder Schlager-Verächter – stört hin und wieder ein Alleinunterhalter am Keyboard mit musikalischem Hintergrundgeplänkel die feucht-fröhliche Runde. Selbst die in unmittelbarer Nachbarschaft hausende Schwanen-Großfamilie quittiert akustische Umweltverschmutzungen dieser Art dann mit verächtlichen Blicken.

Mai–Aug. Fr 17–22, Sa 16–22 Uhr, So und feiertags 10–22 Uhr. Mainufer 2, 55246 Mainz-Kostheim.

Kostheimer Weinbrunnen

Sehenswertes

Die erste Mainzer Eisenbahnbrücke

Südbrücke

Die Mainzer Südbrücke wurde um 1862 als erste Eisenbahnbrücke in Mainz und vierte Rheinbrücke überhaupt in Deutschland errichtet. Der westliche wie auch der östliche Brückenkopf wurden mit je zwei wehrhaften Brückentürmen abgesichert, um im Kriegsfall die Brücke möglichst lange verteidigen zu können. Hierzu sollte es jedoch nie kommen. Angesichts der unaufhaltsam und übermächtig nach Mainz vorrückenden Alliierten schien die Sprengung der Brücke durch die Deutsche Wehrmacht in den letzten Tagen des Zweiten Weltkriegs die einzige Lösung, um dem Feind den Rheinübertritt wenigstens zu erschweren. Die östliche Brückenkopfbefestigung fiel dieser Notlösung zum Opfer. Auf der Mainzer Seite haben sich die zinnenbewehrten Türme aber erhalten. Rund 60 Jahre nach dem Wiederaufbau wurde die Eisenbahnbrücke bis 2010 umfassend saniert. Wäre es nach der Deutschen Bahn gegangen, hätte man im Zuge der Sanierungsarbeiten gerne den Fuß- und Radweg auf der Nordseite abgeschafft. Das stieß weder in Mainz noch im rechtsrheinischen Gustavsburg auf Verständnis, weshalb sich die Kommunen entschlossen, die Kosten für die Rettung des gut einen Kilometer langen Wegs selbst zu tragen. Dadurch bieten sich von der Südbrücke nicht nur Bahnreisenden, sondern auch Fußgängern und Radlern weiterhin schöne Ausblicke über den Rhein und auf die Mainzer Silhouette. Und frisch Verliebte haben immer noch die Möglichkeit, an den Schutzgittern zu den Gleisanlagen ihre Liebe mit Vorhängeschlössern symbolisch zu verewigen.

Auf die „ebsch Seit" → Karte S. 106/107

Wo der Main in den Rhein mündet

Mainspitze

Dass Mainz am Rhein liegt, dürfte wohl den meisten Menschen in Deutschland bekannt sein. Dass der Main bei Mainz in den Rhein mündet, überrascht vielleicht den ein oder anderen bei seinem ersten Besuch in der rheinland-pfälzischen Hauptstadt. Gespeist von seinen beiden Quellflüssen im Fichtelgebirge (Weißer Main) und der Fränkischen Alb (Roter Main), schlängelt er sich auf 527 km Länge von Ost nach West durch ganz Bayern, stattet noch schnell Frankfurt einen Besuch ab und mündet schließlich zwischen Mainz-Kostheim und Ginsheim-Gustavsburg in den Rhein. Nicht nur für Kinder ist es immer wieder ein interessantes Erlebnis, die Wendemanöver der großen Frachtschiffe an der Mainspitze zu beobachten. Auf dem Rhein stromabwärts schippern die Frachter unter der Südbrücke hindurch und bahnen sich durch eine scharfe Rechtswendung ihren Weg in den Main. Beim Wendemanöver ist genaues Timing angesagt, alles muss zügig und reibungslos klappen. Verschippert sich der Kapitän, zieht er den Zorn der Kollegen auf sich, die eigentlich schon längst ihre Fracht in Frankfurt hätten abliefern sollen und nun endlose Sekunden hinter ihrem Vordermann festsitzen, bis dieser dann endlich die Kurve kriegt. Denn auch auf den Wasserstraßen kann es an regen Betriebstagen schon mal zu Staus kommen. Höchst unterhaltsam, in diesen seltenen Momenten dem Schauspiel bequem von einem der Sitzsteine auf der Mainspitze folgen zu können.

Halbinsel mit hohem Freizeitwert

Maaraue

Die rund 74 ha große Halbinsel umfließen im Westen der Rhein, im Süden der Main und im Norden der Floßhafen. Nur bei Hochwasser wird die Maaraue zu einer echten Insel, sonst besteht im Bereich des Floßhafens in Teilen eine feste Landverbindung. Im Floßhafen fanden einst die Rheinflößer vor Strömung geschützte Anlegemöglichkeiten; heute liegen hier neben privaten Booten die Gefährte der Wiesbadener Wasserschutzpolizei. Die ursprüngliche Auen- und Wiesenlandschaft prägt mittlerweile nur noch einen kleinen Teil der Maaraue, während etwa drei Viertel der Fläche ganz im Zeichen von Sport und Freizeit stehen. Neben Kleingartenanlagen, mehreren Sportplätzen und einem Campingplatz findet sich hier das mit 5 ha Fläche größte Freibad Wiesbadens, das aber auch gerne von Mainzer Wasserratten besucht wird (→ S. 186).

Im 12. Jh. war die Maaraue Schauplatz einer Mega-Party, als Kaiser Friedrich Barbarossa 1184 zu einem rauschenden Pfingstfest lud. Rund 40.000 Gäste kamen nach Mainz, um die Aufnahme zweier Söhne des Kaisers in den Ritterstand gebührend zu würdigen. Da die Stadt selbst bei Weitem nicht alle Gäste aufzunehmen vermochte, wurde auf der nahen Insel vorübergehend eine

kleine Stadt aus Zelten und Holzbauten errichtet. Für zwei Tage versank Mainz im ausgelassenen Partyrausch. Gerne hätten die aus ganz Europa angereisten Gäste noch ein wenig länger gefeiert; ein starkes Unwetter, das mehrere Todesopfer forderte, wurde aber als göttliches Zeichen interpretiert, dass jede Fete auch mal ein Ende finden muss.

Imposanter Barockbau direkt am Fluss

Schloss Biebrich

Direkt am Rheinufer gelegen, gehört der imposante Barockbau mit seiner weitläufigen Parkanlage unbestritten zu den architektonischen Highlights am Mittelrhein. Aus einem kleinen Gartenhäuschen entstand zwischen 1700 und 1750 unter der Mitwirkung von rund einem Dutzend Baumeistern, Malern und Stuckateuren der dreiflügelige Repräsentativbau, der den Fürsten und späteren Herzögen von Nassau bis zur Fertigstellung des Wiesbadener Stadtschlosses als angemessene Residenz diente. Entscheidenden Einfluss auf die Gestaltung hatte dabei Star-Architekt Maximilian von Welsch (1671–1745), aus dessen Feder u. a. auch der Entwurf des Lustschlosses Favorite in Mainz stammt. Nachdem der Fürst mit seinem Gefolge bereits in den Westpavillon eingezogen war und mit dem baugleichen Ostpavillon in sicherer Entfernung auch die Gemächer seiner Gemahlin errichtet worden waren, führte Welsch die bestehenden Bauelemente architektonisch zu einer Einheit zusammen. Ins Zentrum setzte der Baumeister eine prächtige Rotunde, die über Galerien mit den beiden Pavillons verbunden wurde. Zeitgleich begann man mit der Anlage des Schlossparks, der über die Jahre auf rund 360.000 m² anwuchs und mehrfach umgestaltet wurde. Mit der Errichtung des Ost- und Westflügels wurde das Barockschloss Mitte des 18. Jh. schließlich in seiner heutigen Gestalt fertiggestellt.

Im Jahr 1841 verlegte Herzog Adolph von Nassau dann seinen Residenzsitz vom Rhein ins neu errichtete klassizistische Stadtschloss von Wiesbaden (seit 1946 Sitz des hessischen Landtags). Ausschlaggebend dafür, dem Rhein den Rücken zu kehren, war

Barockes Schloss Biebrich am Wiesbadener Rheinufer

Auf die „ebsch Seit" → Karte S. 106/107

offensichtlich der Wunsch des Herzogs, näher bei seinen Bürgern zu leben. Das Biebricher Schloss diente zwar noch 25 Jahre als Sommerresidenz, als das Königreich Preußen sich 1866 aber das Herzogtum Nassau einverleibte, fiel das Rheinschloss in einen langen Dornröschenschlaf und verwahrloste zunehmend. Im Zweiten Weltkrieg wurde es zudem schwer getroffen. Bis in die 1960er-Jahre dauerte es, bis sich das Land Hessen als neuer Eigentümer dazu durchringen konnte, den zur „Rattenburg am Rhein“ verkommenen Prachtbau instand zu setzen. Der im Krieg zerstörte und danach abgetragene Ostflügel wurde erst um 1980 spiegelbildlich zu seinem Pendant im Westen wiederaufgebaut. Seitdem erstrahlt das Schloss am Ufer von Biebrich wieder in barockem Glanz.

Das weiß mittlerweile auch der hessische Ministerpräsident zu schätzen, der ausgewählte Gäste hin und wieder zum Empfang in die festliche Rotunde bittet. Daneben beherbergt das Schloss heute auch Gastronomie und mehrere Behörden. Darunter die *Deutsche Film- und Medienbewertung* (FBW), die seit 1951 rund 5000 Filme mit ihren Gütesiegeln – „Prädikat (besonders) wertvoll“ – geehrt hat. In ihrem Schloss-Kino zeigt die FBW daneben regelmäßig Filmhighlights in ihrer Originalfassung (Infos unter www.filme-im-schloss.de).

Der große **Schlosspark** wird ab dem Frühjahr zu einer der beliebtesten grünen Oasen in der Region und dient regelmäßig als Schauplatz für Veranstaltungen. Jährlich findet hier im Mai das Internationale Pfingstturnier Wiesbaden statt, bei dem namhafte Spring- und Dressurreiter ihr Können unter Beweis stellen dürfen. Hin und wieder gibt die Barockkulisse Hochzeiten einen fürstlichen Rahmen. Im Norden des Parks verbreitet die von einem Weiher umgebene (künstliche) Ruine der Mosburg etwas mittelalterliches Flair. Um die Große Fontäne im Südteil versammeln sich an heißen Sommertagen Sonnenhungrige in der Hoffnung, ein paar erquickende Wasserspritzer abzubekommen. Doch nicht nur bei Menschen erfreut sich der idyllische Park großer Beliebtheit. Mittlerweile hat es sich hier auch eine Papageienkolonie gemütlich gemacht. Vor allem Alexandersittiche und ihre kleineren Vertreter, die gelb-grün schimmernden Halsbandsittiche, machen mit ihren schrillen Schreien unmissverständlich klar, dass man sich in ihrem Wohnzimmer doch bitte respektvoll zu verhalten hat.

Eine Besichtigung der Innenräume des Biebricher Schlosses ist nur auf Anfrage und im Rahmen von **Führungen** möglich, wie sie der Verschönerungs- und Verkehrsverein Biebrich regelmäßig anbietet. Einen Eindruck vom einstigen barocken Glanz im Inneren vermittelt infolge der Zerstörungen und Umbaumaßnahmen aber eigentlich nur noch der zentrale Rundbau. Treffpunkt für Führungen ist vor der Rotunde. Preis 4 €, Kinder frei. Termine und Infos unter ✆ 0611/603719 und http://vvb.rossmanek.de. Rheingaustr. 140, 65203 Wiesbaden-Biebrich.

Pferdefreunde finden Informationen rund ums **Pfingstturnier** auf den Webseiten des Wiesbadener Reit- und Fahr-Clubs: www.wrfc.de.

Cineasten können sich über das Programm vom **Schloss-Kino** einen Überblick verschaffen unter www.filme-im-schloss.de.

Verkehrsfreie Rheininsel

Rettbergsaue

Besucher müssen unbedingt beachten, dass die Insel außerhalb der Öffnungszeiten weder verlassen noch betreten werden kann!

Den Wiesbadener Stadtteilen Biebrich und Schierstein vorgelagert, findet sich mit der Rettbergsaue eine idyllische Rheininsel, die dem Besucher einen großen Urwald bietet. Die rund 68 ha große Auenlandschaft steht wegen ihrer reichen Vogel- und Pflanzenwelt in weiten Teilen unter Naturschutz; deswegen gibt es hier keinen Straßenverkehr und auch Vierbeinern bleibt der Zutritt verwehrt. Man erreicht die Insel entweder per Fähre vom Rheinufer Biebrich bzw. dem Schiersteiner Hafen oder zu Fuß über eine Treppe von der Schiersteiner Brücke – der Treppenabgang von der Autobahnbrücke wird aufgrund des Brückenneubaus allerdings vorrausichtlich bis 2020 gesperrt sein.

Wegen der zahlreichen Sportmöglichkeiten (Fußballplatz, Basketballkörbe auf Sandfeld, Volleyball- und Federballnetze, Freiluftkegelbahn) erfreut sich die Insel insbesondere bei Familien und Jugendlichen großer Beliebtheit. Der Teil östlich der Autobahn bietet mit der kleinen Bucht in der Nähe des Fähranlegers einen idyllischen Sandstrand mit Blick auf das Biebricher Schloss. Im Schiersteiner Teil der Rettbergsaue versorgt das Inselcafé Besucher mit Erfrischungen und Snacks. In einem toten Nebenarm des Rheins können hier sogar die ganz Kleinen dank seichtem Wasser und kaum vorhandener Strömung vergnügt im Nass planschen. Dass das Baden hier, warum auch immer, offiziell verboten ist, sollte dabei nicht weiter stören (→ S. 185). Des Weiteren liegen im West- und im Ostteil der Insel je ein Campingplatz (→ S. 181).

Öffnungszeiten: Die Rheininsel steht Besuchern im April, Mai und September Mo–Do 9–18.45, Fr–So und feiertags 9–19.45 Uhr offen. Von Juni bis August darf man sich täglich zwischen 9 und 19.45 Uhr auf der Rettbergsaue austoben oder einfach nur in der Sonne liegen. Außerhalb der Öffnungszeiten kann die Insel weder betreten noch verlassen werden. Also unbedingt die letzte Fähre erwischen! Der Zugang über die Schiersteiner Brücke ist bis 2020 aufgrund des Brückenneubaus (offiziell) nicht möglich.

Fähre: Die Personenfähre „Tamara" bedient zwischen Ende April und Mitte September täglich mehrmals die Strecke zwischen dem Biebricher Rheinufer, den zwei Anlegern auf der Rettbergsaue und dem Schiersteiner Hafen. Von ca. 9 bis 18.30 Uhr legen alle eineinhalb Stunden die Boote vom Wiesbadener Ufer ab bzw. landen an (Sa/So und feiertags Fährbetrieb bis 20 Uhr). Die genauen Abfahrts- und Ankunftszeiten hängen an den Bootsanlegern aus oder stehen auf der Website des Fährunternehmens. Einfache Fahrt auf die Rheininsel 3 € pro Pers. (bis 16 J. 1,50 €); für den Transport von Kühlboxen oder Getränkekisten wird 1 €, für die Mitnahme von Zelten werden 3 € extra berechnet. Eine gut einstündige und nicht wirklich spektakuläre Rundfahrt zwischen Schierstein und Biebrich kostet 5 € bzw. 3 €. Wiesbadener Personenschifffahrt, ✆ 01577/4538815 und 0171/9560511, www.tamara.rettbergsau.de.

Strand auf der Rettbergsaue, im Hintergrund Schloss Biebrich

Auf die „ebsch Seit" → Karte S. 106/107

Radtour ins Grüne

Ausflug 2

Neben Hechtsheim und Ebersheim gehört Laubenheim zu den drei Mainzer Stadtteilen, in deren Gemarkung heute noch Wein angebaut wird. Sowohl die aussichtsreichen Weinberge als auch das am Rhein gelegene Laubenheimer-Bodenheimer Ried laden zu Ausflügen in die Natur ein.

Laubenheimer-Bodenheimer Ried, stadtnahes Natur- und Vogelschutzgebiet, S. 116

Steinbruch Weisenau, heute Rückzugsgebiet für Pflanzen und Tiere, S. 119

Natur pur und Weinbergidylle

Mit dem Rad durch Ried und Reben

In den Sommermonaten erklimmen unzählige Weinstöcke die Südhänge um Mainz-Laubenheim und das benachbarte Bodenheim. Bei einem Spaziergang durch das Rebenmeer bieten sich weite Blicke in den Taunus und auf die Skyline der Mainmetropole Frankfurt. Am Fuß der Weinhänge erstreckt sich das Naturschutzgebiet Laubenheimer-Bodenheimer Ried mit seinen kleinen, versteckten Tümpeln. Dank gut ausgebauter Fuß- und Radwege erfreut sich die Sumpf- und Wiesenlandschaft bei Spaziergängern, Radlern und Inline-Skatern zu jeder Jahreszeit großer Beliebtheit.

Als Ausgangspunkt für diese ca. 20 km lange Tour bietet sich die Malakoff-Terrasse am Winterhafen an. Von hier geht es zunächst am Rhein entlang ins Naturschutzgebiet Ried, das sich auf einem geteerten Radweg umrunden lässt. Durch Bodenheim verläuft die Strecke am Fuß der Weinhänge bis nach Laubenheim und führt schließlich am Weisenauer Steinbruch vorbei zum Ausgangspunkt der Tour zurück. Die Strecke ist bequem mit dem Fahrrad zu bewältigen, per pedes sollte man schon einen guten halben Tag einplanen.

Wer nur einen Abstecher auf den Weinberg machen will, dem bietet sich auch die Möglichkeit, mit Bus oder Bahn nach Laubenheim oder Bodenheim zu fahren und vom jeweiligen Bahnhof aus die Gegend zu Fuß zu erkunden. Vom Hauptbahnhof Mainz steuert unter der Woche zweimal in der Stunde eine Regionalbahn die Bahnhöfe von Laubenheim (Fahrzeit 9 Min.) und Bodenheim (Fahrtzeit 12 Min.) an, am Wochenende einmal pro Stunde.

Orientierung

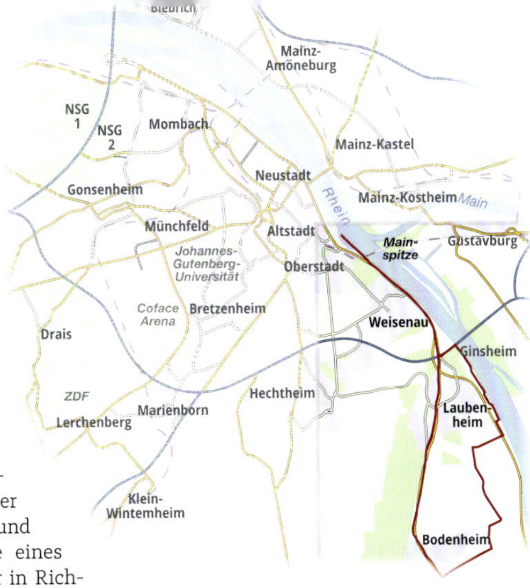

Am Winterhafen vorbei geht es unter der Eisenbahnbrücke durch und am Rhein entlang auf das Zementwerk zu, das man links liegen lässt. Hinter der Autobahnunterführung führt ein geteerter Weg nach links zurück ans Ufer. Man passiert das Domizil des Weisenauer Rudervereins mit angeschlossener Gaststätte, erreicht nach etwa einem Kilometer einen Parkplatz mit einer Einlassstelle für Privatboote und fährt links über das Gelände eines Kies- und Sandvertriebs weiter in Richtung des ehemaligen „Campingplatz Rheinufer". Ein Schotterweg führt rechts am Campingplatz vorbei und nach einem weiteren Kilometer erreicht man schließlich eine kleine Kiesbank – eine gute Gelegenheit, um die Füße ins Wasser zu halten. Kurz hinter der Kiesbank zweigt rechts ein weiterer Schotterweg ab, auf dem man zur Unterführung der Bundesstraße und ins Naturschutzgebiet **Laubenheimer-Bodenheimer Ried** gelangt. Nach der Unterführung informiert eine Übersichtstafel über die „Hochwasserrückhaltung" in Bodenheim und Laubenheim. Linker Hand führt der geteerte Radweg unterhalb der Tankstelle auf den Deich zu. Fährt man immer am Damm entlang, öffnet sich bald der Blick über das Schutzgebiet und auf die Weinhänge von Bodenheim und Laubenheim, rechter Hand erstrecken sich Koppeln. Wer will, kann hier sein Fahrrad in der Nähe des gut sichtbaren Hochspannungsmastes parken und zu Fuß auf Trampelpfaden das Sumpfgebiet mit seinen von Bäumen und Schilf abgeschirmten kleinen Gewässern erkunden.

Mit dem Rad geht es dann weiter den Damm entlang, bis nach etwa 1,5 km rechts ein Weg zwischen zwei Äckern abzweigt, der nach **Bodenheim** und auf die Laubenheimer Straße führt. Mit ihren gemütlichen Weinstuben ist die Gemeinde durchaus einen Aufenthalt wert. Auf der Laubenheimer Straße fährt man – ggf. nach der wohlverdienten Rast – in Richtung des Kreisverkehrs am Ortsausgang. Nach dem Kreisel wechselt man die Straßenseite, gelangt wieder auf einen Radweg und am Fuß des Weinhangs nach Laubenheim.

Ein Abstecher auf den Hang bietet sich an: Hierzu stellt man sein Fahrrad entweder irgendwo am Fuß des Weinbergs ab oder schiebt den Drahtesel neben sich her. Ein Netz aus Betonsträßchen und Feldwegen führt durch die Weinbauflächen, Höhenlinie um Höhenlinie lässt sich der Berg erklimmen. Je weiter man aufsteigt, desto besser ist der Blick über das Rebenmeer und das Naturschutzgebiet Ried. Von einigen Stellen bieten sich wunderbare Panoramen auf den Taunus mit dem großen und kleinen Feldberg; am Horizont türmt sich die Skyline des Frankfurter Bankenviertels auf. Sollten einen die Wege durch das Weinbaugebiet irgendwann in Sackgassen oder im Kreis herum führen, ist es am besten, einfach den Weg talwärts durch einen Rebengang einzuschlagen, bis man wieder den Radweg an der Straße erreicht. Als Orientierung darf das Anwesen direkt an der Straße dienen, das sich strahlend weiß vom grünen Blättermeer abhebt. Ein gepflasterter Weg führt oberhalb davon bergab zu einem Parkplatz.

Nun geht es auf der Parkstraße durch Laubenheim und auf der Oppenheimer Straße wieder Richtung Weisenau. Man fährt wieder unter der Autobahnbrücke durch, passiert auf der Bus- und Fahrradspur die Ortseinfahrt von Mainz-Weisenau und fährt auf die Fuß- und Autobrücke zu. Hinter der Überführung der Wormser Straße geht links beim Hinweisschild „Geopfad" ein Weg auf die Brücke ab, der wieder ans Rheinufer führt. Etwa in der Mitte des Brückenaufgangs findet sich der Eingang zum **Steinbruch Weisenau**, der seit 2009 nach umfassender Renaturierung und Rekultivierung wieder für die Öffentlichkeit zugänglich ist und auf einem rund 2 km langen Rundweg Einblicke in seine reiche Tier- und Pflanzenwelt und die erdgeschichtliche Vergangenheit ermöglicht.

Am Strom entlang radelt man an der Gaststätte Rhoischnook mit ihrem Mini-Biergarten vorbei zurück zum Startpunkt, der Malakoff-Terrasse. Am Südende des Winterhafens lädt das **Bootshaus** (→ S. 146) von TV-Koch Frank Buchholz zu einer kleinen Rast mit Blick auf Rhein und Hafen ein.

Sehenswertes

Stadtnahes Natur- und Vogelschutzgebiet

Laubenheimer-Bodenheimer Ried

Die Niederzone des Rieds erstreckt sich auf rund 180 ha zwischen dem Steilhang des Rheinhessischen Plateaus und dem Rhein. Ebenso wie der Ortskern von Mainz-Laubenheim liegt das Ried knapp 5 m unter dem Niederterrassenniveau des Flusses. Die hierdurch entstandene Sumpf- und Auenlandschaft bietet ideale Bedingungen für eine üppige Flora und Fauna. Die von dichtem Schilfrohr umgebenen, kleinen Feuchtbiotope und Teiche sind Lebensraum vieler Wasservögel und Amphibien. Mit der in Deutschland nur noch in wenigen Gebieten vorkommenden Bastard-Schwertlilie (*Iris spuria*), einer krautartigen Pflanze, die eine Wuchshöhe von bis zu 50 cm erreichen kann, beherbergt das Ried eine botanische Rarität.

Allerdings wurden seit den 1980er-Jahren immer mehr der hier ursprünglich beheimateten Pflanzen- und Vogelarten verdrängt. Zum einen mussten Teile der Feuchtwiesen einer landwirtschaftlichen Nutzung weichen und zum anderen wurde im Jahr 2006 ein technisch gesteuerter Polder zur Hochwasserrückhaltung angelegt, der seitdem das Naturschutzgebiet zum Rhein hin begrenzt. Durch das Ein- und Auslasswerk am Ufer können bei Hochwasserspitzen bis zu 6,7 Mio. m³ Wasser in den Polder geleitet werden – statistisch betrachtet geschieht dies aber nur fünfmal in 100 Jahren. Das ganze Jahr über wird die von einem ca. 4,5 km langen und 5 m hohen Deich umgebene Überschwemmungsfläche bewirtschaftet. Der Ausweisung großer Flächen als Natur- und Vogelschutzgebiet ist es zu verdanken, dass das Ried als Brutstätte und Rastplatz von Zugvögeln (zumindest in Teilen) erhalten werden konnte. Mit einem Fernglas lassen sich in der Umgebung der kleinen Teiche Blau-, Schwarz- und Braunkehlchen oder andere Arten wie Teichrohrsänger und Sumpfhuhn beobachten. Die Masten der mitten durch das Schutzgebiet verlaufenden Hochspannungsleitung sind jedes Jahr Nistplatz Dutzender Störche, die nicht selten in großen Schwärmen über den Auen ihre Kreise ziehen. Im Spätsommer können Vogelexperten auch einige in Deutschland nicht beheimatete Arten erspähen. Dann nutzen Zugvögel aus Nordeuropa die Riedlandschaft für eine Pause auf ihrem Weg nach Süden.

Weitere Informationen zum Laubenheimer-Bodenheimer Ried unter www.nabu-mainz.de („Naturtipps" – „Naturschutzgebiete").

Winterhafen
Zitadelle
Weisenauer Straße
Volkspark
Göttelmannstr.
Hechtsheimer Straße
K 9
K 8
Weisenau
Wormser Straße
Rhein
L 3040
A 671
Bischofsheim
Ginsheimer Straße
K 201
A 60
Leipziger Str.
Gustavsburg-
Ginsheim
Rheinstr.
Steinbruch Weisenau
K 19
Alte Mainzer Straße
K 13
1
Parkstraße
Laubenheim
B 9
Essen & Trinken (S. 152)
1 Hofgut Laubenheimer Höhe
Laubenheimer-Bodenheimer-Ried
Laubenheimer Straße
L 431
Bodenheim
L 413
Gaustraße
Nackenheim
Mainzer Straße
Bahnhofstr.
Gau-Bischofsheim
125 m
Ausflug 2:
Ried und Reben

Blick über die Weinhänge von Laubenheim

Weinstöcke und -stuben en masse

Bodenheim

Der etwa 7000 Einwohner zählende Ort vor den Toren von Mainz ist seit jeher stark vom Weinbau geprägt. Bis heute ziehen sich auf über 420 ha rund um Bodenheim und bis nach Laubenheim und Hechtsheim unzählige Weinstöcke die Hänge hinauf. Wem danach ist, sich von der Qualität des örtlichen Silvaners, Müller-Thurgau oder Dornfelders zu überzeugen, dem sei ein kleiner Spaziergang durch die von Fachwerkhäusern gesäumten Gässchen empfohlen. Hier laden ab dem späten Nachmittag (16/17 Uhr) insgesamt 36 **Weinstuben** mit guter Auswahl zu einer Rast und kleinen Stärkung ein – besonders lohnendes Ziel ist die Langgasse mit ihren fünf Weinhäusern. Einige der Gastbetriebe haben allerdings nur saisonal geöffnet. In diesen sog. Straußwirtschaften bieten die Winzer für wenige Wochen im Jahr ihre selbsterzeugten Flüssigprodukte an – ein Blumenstrauß im Fenster signalisiert, dass die Stube geöffnet hat. Die Straußwirtschaft zählt per definitionem nicht zum Gastronomiegewerbe; das heißt, es werden keine Abgaben fällig. Allerdings müssen sich die Betreiber im Gegenzug an einige rechtliche Vorgaben halten: So dürfen sie ihre Erzeugnisse beispielsweise nur am Produktionsort ausschenken und das für maximal vier Monate im Jahr.

Mit dem **Bodenheimer Weinlehrpfad** wurde auf dem Weinhang westlich über dem Ort ein knapp 3 km langer Rundgang angelegt, der auf mehreren Tafeln über die Weinherstellung und verschiedene Rebsorten informiert. Der Startpunkt der kleinen Wanderung liegt am ehemaligen Reichsritterstift an der gleichnamigen Straße. Auf dem Streifzug durch die Reben laden mehrere Weingüter und Schenken zur Einkehr ein. Am letzten Wochenende im September besteht auch die Möglichkeit, an einer organisierten Weinprobe auf dem Lehrpfad teilzunehmen.

Ebenfalls im September, und zwar immer am dritten Sonntag, wissen die Dorfbewohner ihrem Lieblingsgetränk zu Ehren ein rauschendes Fest zu veranstalten. Bei der **Bodenheimer Kerb** ziehen Garden, Vereine und die Jugend in einem von Musik begleiteten Umzug zum Rathaus. Die engen Gassen – und ebenso die Weinhäuser und -gärten – stoßen dann zwar an ihre Kapazitätsgrenzen, ein freies Plätzchen und ein voller Schoppen finden sich aber immer irgendwo.

Informationen rund um Bodenheim und seine Weinkultur hält die örtliche **Touristeninformation** in der Nähe des (neuen) Rathauses bereit (Mo–Fr 9–13, nur April–Okt. auch Sa/So 16–18 Uhr). Obergasse 22, 55294 Bodenheim, ✆ 06135/6395, www.bodenheim.de.

Rückzugsgebiet für Pflanzen und Tiere

Steinbruch Weisenau

Die Entwicklung des alten Fischerdorfes Weisenau war ab der Mitte des 19. Jh. eng mit den dortigen Kalksteinvorkommen verbunden. Als im Zuge der Industrialisierung Baustoffe für den Bau der Bahnverbindung zwischen Mainz und Worms benötigt wurden, gründete Unternehmer Christian Lothary eine erste Backstein- und Zementfabrik, die später in der heutigen Heidelberg Cement AG aufging. Weit über 100 Jahre wurde im Steinbruch von Mainz-Weisenau Mergelkalkstein für die Zementproduktion abgebaut, bis in den 1970er-Jahren der Rohstoff langsam zur Neige ging. Danach zogen die Maschinen auf die andere Seite der Autobahn und gruben sich dort bis zu 70 m tief ins Erdreich. Anfang unseres Jahrtausends wurde das Zementwerk aus wirtschaftlichen Gründen in ein Mahlwerk umfunktioniert und auch der Steinbruch Laubenheim stillgelegt. Ab 2004 verwandelte man das ehemalige Abbau-Gelände in Weisenau dann in ein Naturschutz- und Naherholungsgebiet um, sodass sich Flora und Fauna ihren Lebensraum zurückerobern konnten. Seit 2011 informieren auf einem etwa 2 km langen Rundweg die Infotafeln des **GeoPfad Weisenau** Interessierte über die erdgeschichtliche Entwicklung der Region und die Zementherstellung.

Heute präsentiert sich das 33 ha große Gelände des ehemaligen Steinbruchs als wertvolles Rückzugsgebiet für teilweise bedrohte Pflanzen- und Tierarten. Die ehemalige Abbauwand ist zum Lebensraum für Felsbrüter wie Turm- und Wanderfalke geworden. Ab dem Frühjahr erstrahlen die artenreichen Magerrasen in voller Blütenpracht und dienen so Wildbienen und Heuschrecken als idealer Nahrungs- und Fortpflanzungsraum. Und auch die Mainzer wissen das Naherholungsgebiet mittlerweile wegen seiner Zentrumsnähe zu schätzen. Vor allem in den frühen Morgen- und Abendstunden sieht man hier die Stadtbevölkerung mit ihren Vierbeinern spazieren gehen oder Laufsportler, die das anspruchsvolle Gelände für ihr Training nutzen. Besonders der Sonnenuntergang über dem Steinbruch bietet zuweilen atemberaubende Anblicke: Über den Kalksteinfelsen bildet sich dann ein rotblau-violetter Wolkenschleier, am Himmel drehen Bussarde, Falken und Milane ihre Runden und in den (gemähten) Wiesen erklingt das Zirpen Tausender Heuschrecken. Mit etwas Glück erspäht das geschulte Ornithologenauge auch den Neuntöter auf seiner faszinierenden Beutejagd. Der gewitzte Singvogel mit dem kastanienbraunen Rücken aus der Familie der Würger baut sein Nest bevorzugt in Hecken und Dornsträuchern. Er macht vor allem Jagd auf Großinsekten, deren Leben er durch das Aufspießen auf Dornen ein jähes Ende bereitet.

Bis etwa 2030 wird derzeit auch der stillgelegte Steinbruch Laubenheim auf der anderen Seite der A 60 rekultiviert. Was heute noch eher einer Mondlandschaft gleicht, wird dann ebenfalls als Naherholungsgebiet für die Mainzer dienen und über Wege an den Steinbruch Weisenau angeschlossen werden.

Zum Steinbruch Weisenau gelangt man von der Innenstadt mit den Bussen 60, 61 und 63 (Haltestelle Zur Alten Portland).

Das Umweltamt Mainz bietet nach telefonischer Vereinbarung immer montags und donnerstags kostenlose **Naturerlebnis-Exkursionen** durch den Weisenauer Steinbruch an. Die Führung dauert rund zwei Stunden und richtet sich an Vor- und Grundschulkinder. Kontakt über Umweltpädagogin Marion Ude, ✆ 06131/122561.

Mit dem Rad durch Ried und Reben → Karte S. 117

Zur Steppe am Stadtrand

Ausflug 3

Am nördlichen Stadtrand von Mainz erstreckt sich über rund 130 ha das offiziell Großer Sand genannte Naturschutzgebiet mit seiner für Deutschland einzigartigen Steppen- und Sandflora.

Einzigartiges Naturschutzgebiet

In den Mainzer Sand

Das Naherholungsgebiet Großer Sand, das den meisten besser als Mainzer Sand bekannt ist, liegt zwischen den Stadtteilen Mombach und Gonsenheim und grenzt im Westen an den Lennebergwald. Es erfreut sich nicht nur bei Hobby-Botanikern, sondern auch bei Hundebesitzern und Joggern großer Beliebtheit. Auf zwei ausgeschilderten Rundwegen und mehreren Trampelpfaden im Bereich westlich der Autobahn 643 lässt sich der Mainzer Sand je nach Gusto erkunden. Teile dienen dem US-Militär als Übungsplatz.

Entstehung

Die Entstehung des Binnendünengebietes setzte vor etwa 18.000 Jahren während der Würm-Eiszeit ein. Der Rhein führte damals nur wenig Wasser, da große Teile der Niederschläge in den Eis- und Schneemassen gebunden waren. Dies ermöglichte den Nordwinden, im schneefreien Hochsommer feinkörnige Kalksande aus dem Rheingraben zu verwehen und zu großflächigen Sandgebieten mit bis zu 10 m hohen Dünen aufzutürmen. Ursprünglich erstreckte sich dieses Flugsandgebiet von Gau-Algesheim über Ingelheim, Mainz und Darmstadt bis südlich von Heidelberg. Nach dem Rückzug der Gletscherflächen bildete sich zunächst eine baumfreie Tundra. Mit den allmählich steigenden Temperaturen siedelten sich in der Folgezeit (vor ca. 12.000 Jahren) verschiedene Pflanzenarten aus nordasiatischen Steppengebieten und später auch aus dem Mittelmeerraum an. Durch den erneuten Wandel hin zu einem kühleren und feuchteren Klima konnten sich im Flugsandgebiet neben Fichten allmählich Eichen- und Buchenwälder ausbreiten, die die Steppenvegetation nach und nach immer weiter zurückdrängten. Nur dort, wo die kleinklimatischen Bedingungen mit trockenen und nährstoffarmen Böden eine Bewaldung in Grenzen hielten, konnte sich die typische Steppen- und Sandvegetation erhalten. Viele der hier vorkommenden Pflanzenarten, wie das Frühlings-Adonisröschen (*Adonis vernalis*), stehen heute unter Naturschutz, manche finden sich in ganz Deutschland nur noch im Mainzer Sand, so z. B. die vom Aussterben bedrohte Sand-Lotwurz (*Onosma arenaria*).

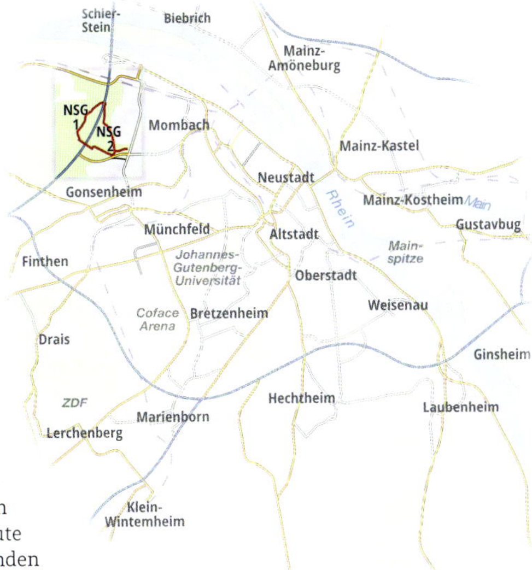

Steppe in Miniatur

Im Botanischen Garten auf dem Campus der Mainzer Universität wurde bereits 1982 in einem Gewächshaus zu Forschungs- und Bildungszwecken eine großflächige Nachbildung des Mainzer Sandes angelegt. 2006 verlagerte man das Miniatur-Naturschutzgebiet in den Kernbereich des Gartens. Hier können Interessierte nun die charakteristischen Pflanzen des Binnendünengebietes – vor allem auch solche, die aus der freien Natur mittlerweile verdrängt wurden – in aller Ruhe studieren (→ S. 97).

Dass sich das Binnendünengebiet mit seiner Reliktflora in Teilen erhalten konnte, ist im Wesentlichen zwei Umständen zu verdanken. Zum einen diente der Mainzer Sand über Jahrhunderte als Weidefläche für Schafe und Ziegen, die durch Abfressen Verbuschung und stärkeren Baumwuchs verhinderten und so den Lebensraum der Steppenpflanzen sicherten.

Zum anderen wurde das Gelände seit Beginn des 19. Jh. militärisch genutzt. Bereits während der französischen Besatzung (1799–1814) wurden immer wieder Bäume und Büsche entfernt, um der Artillerie freies Schussfeld zu gewähren. Nach dem Zweiten Weltkrieg wurde der Mainzer Sand von Franzosen und (bis heute) von US-Amerikanern als Übungsplatz genutzt – dies verhinderte ebenfalls eine weitere Siedlungsausdehnung ins heutige Schutzgebiet. Nachdem schon 1933 ein knapp 34 ha großer Bereich unter Naturschutz gestellt worden war („NSG Mainzer Sand I"), wurde im Jahre 1994 das Naturschutzgebiet noch mal um 94 ha erweitert („NSG Mainzer Sand II"). Die geoökologischen und botanischen Besonderheiten hinderten die Politik leider nicht daran, 1966 die Autobahn von Mainz nach Wiesbaden mitten durch das Steppengebiet (und den ebenfalls geschützten Lennebergwald) zu bauen. Diesem „alternativlosen" Straßenbauprojekt ist es geschuldet, dass Besucher seitdem auf ihren Streifzügen durch das Schutzgebiet stets der charakteristische Autobahnsound begleitet – wenigstens im Sommer geben Tausende Grillen ihr Bestes, um mit ihrem Gezirpe den Verkehrslärm zu übertrumpfen.

Orientierung

Von der Innenstadt gelangt man mit dem Bus (62, Haltestelle Obere Kreuzstraße) in rund 20 Min. zum NSG Mainzer Sand. Wer mit dem eigenen Gefährt unterwegs ist, findet vor dem Hallen- und Freibad sowie vor der Mombacher Tennis- und Badmintonhalle ausreichend Parkmöglichkeiten.

Rechts neben dem in die Sporthalle integrierten italienischen Restaurant führt ein durch Steinblöcke begrenzter Schotterweg vorbei an Tennishalle und -plätzen zum Startpunkt der knapp 4 km langen Runde durch die Mainzer Steppe. In einem kleinen Waldstreifen am Ende des Weges findet sich eine Übersichtstafel mit zwei gekennzeichneten Rundwegen durch das Naturschutzgebiet. Entweder man folgt den ausgewiesenen Wegen, oder man entscheidet sich für den im Folgenden beschrieben Rundweg, der in beide Teile des Naturschutzgebietes führt und wieder am Ausgangspunkt endet.

Hat man den schmalen Waldstreifen durchquert, öffnet sich der Blick auf die Steppenlandschaft. Es bietet sich an, den Weg nach links zu nehmen und Richtung Südwesten auf die sich auftürmenden Hochhäuser zuzulaufen. Nach gut 100 m zweigt rechts ein Holzbohlenweg ab; Hundebesitzer müssen mit ihren Vierbeinern dem Sandweg weiter folgen und einen kleinen Bogen machen, da Hunden der Gang durchs Naturschutzgebiet I von den gut sichtbaren Schildern verwehrt wird. Man läuft in Richtung Autobahn weiter, bis an einer Infotafel linker Hand ein Sandweg abzweigt, der zur Brücke über die Schnellstraße führt. Wer noch einen **Abstecher in den weitläufigen Lennebergwald** (→ Kasten S. 124) machen möchte, folgt dem Weg hinter der Brücke nach links. Die Runde durch die Mainzer Steppe führt jedoch geradeaus in das „NSG Mainzer Sand II“. Dieser Bereich wird auch heute noch, allerdings sehr selten, vom US-Militär für Übungen genutzt. In der Regel geht's zivil zu: Auf den Sandwegen und in der Steppe tummeln sich unzählige Blauflügelige Ödlandschrecken (siehe Foto), die man nur zu einem kleinen Sprung motivieren muss, um ihre Farbenpracht bestaunen zu können.

Teil II der Dünenlandschaft lässt sich auf verschiedensten Trampelpfaden und Sandwegen durchqueren. Man nimmt einfach einen der Wege und wandert in Richtung Wiesbaden, dem Autobahnverlauf folgend. Auf Höhe des angrenzenden Mombacher Waldfriedhofes stößt man auf vereinzelte Obstbäume – von den hier einst üppig blühenden Streuobstwiesen ist heute aber quasi nichts mehr zu sehen. Es

Fernab der Großstadt und doch so nah – der Mainzer Sand

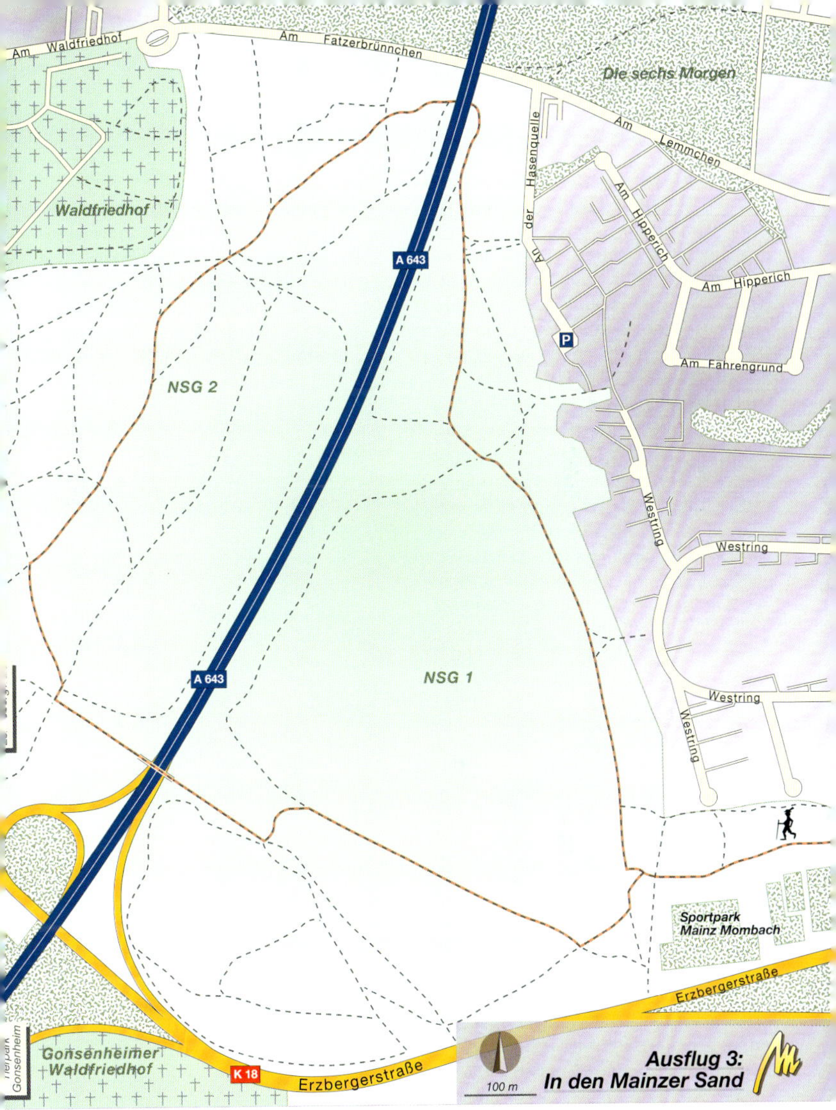

geht weiter auf die Schiersteiner Brücke zu, die man unterquert, und auf der anderen Seite nimmt man den Trampelpfad die leichte Anhöhe hinauf. Oben angekommen, bietet sich bei gutem Wetter ein weiter Ausblick auf den Taunus mit dem Großen und Kleinen Feldberg. Ein Sandweg führt geradeaus zum Ausgangspunkt des Rundweges und zum Parkplatz am Mombacher Sportpark zurück.

Weiterführende Informationen zum Naturschutzgebiet Mainzer Sand hält der Arbeitskreis Umwelt Mombach auf seinen Webseiten bereit. Der Arbeitskreis bietet im Frühjahr und Sommer auch **botanische Führungen** durch das Schutzgebiet an. AK Umwelt Mombach e. V., Obere-Bogenstr. 56, www.akumwelt.de.

Mainz im Kasten

Lennebergwald

Zwischen den Mainzer Stadtteilen Mombach, Gonsenheim und Finthen sowie den Gemeinden Budenheim und Heidesheim am Rhein erstreckt sich der Lennebergwald. Direkt angrenzend an das Dünengebiet Mainzer Sand wachsen auf rund 700 ha vor allem Kiefern- und Eichenwälder, die wenig Ansprüche an ihre Umwelt stellen und daher perfekt an die sandigen und wasserarmen Böden angepasst sind. Nur noch im Südteil trotzen kleinere Bestände an Buchen- und Eichenmischwäldern dem trockenen Klima. In der Vergangenheit war es vor allem der Mensch, der die Ausbreitung von Laubbäumen durch seine Wirtschaftsweise in Grenzen hielt. Weidende Schafe und Ziegen fanden Geschmack an den jungen Trieben der Laubbäume; und was sie übrig ließen, wurde bevorzugt als Brennholz geschlagen.

Wie der Mainzer Sand ist auch der Lennebergwald als Naturschutzgebiet ausgewiesen, was die Autobahn 643 aber nicht daran hindert, sich durch die Schutzgebiete ihren Weg nach Wiesbaden zu suchen. Trotzdem ist der Lennebergwald eine grüne Oase für Ruhe- und Erholungssuchende aus Mainz und der Region geblieben. Rund eine Million Menschen erkunden jährlich den größten zusammenhängenden Wald Rheinhessens. Nach Feierabend fallen Mountainbiker und Jogger ins Waldgebiet ein und arbeiten sich je nach Kondition durch das große Wegenetz. Daneben gönnen Hunde- und Pferdebesitzer sich und ihren Vierbeinern etwas Auslauf. Zum Schutz der teils vom Aussterben bedrohten Flora und Fauna sollten dabei die ausgewiesenen Strecken nicht verlassen werden.

Im Zentrum des Walds lädt auf dem Lenneberg das Ausflugslokal „Turm Mainz" (→ S. 152) zu einer kleinen Rast ein. Neben der Biergartenterrasse streckt sich hier der um 1880 erbaute neugotische **Lennebergturm** empor. Von der zinnenbewehrten Aussichtsplattform blickt man über den Budenheimer Golfplatz im Norden bis in den Taunus, im Osten quetschen sich der Dom und die Christuskirche zwischen schmucklose Hochhäuser, im Süden reicht der Blick bis zur Coface Arena und zum ZDF-Sendezentrum auf dem Lerchenberg, im Westen ragt der markante Turm des **Schloss Waldthausen** über die Baumkronen hinaus. Das Anfang des 20. Jh. als repräsentative Villa eines vermögenden Freiherrn vor den Mainzer Toren erbaute Schloss dient mittlerweile der Sparkasse Rheinland-Pfalz als Ausbildungs- und Tagungszentrum. Im terrassierten Schlossgarten mit kleiner Brunnenanlage versammelt sich bei schönem Wetter der Bankennachwuchs um die Flipcharts. Hin und wieder gestalten aber auch Wildschweinfamilien die akkurat geschnittenen Parkflächen nach ihren versauten Vorstellungen etwas um.

Als Startpunkt für einen Spaziergang durch den Lennebergwald bietet sich die Vierzehn-Nothelfer-Kapelle nahe des Gonsenheimer Wildparks (→ S. 173) an. Wer gleich etwas tiefer in den Wald vordringen will, gelangt über die Heidesheimer Straße zum vorher erwähnten Restaurant-Biergarten „Turm Mainz" oder zum Schloss Waldthausen – hier stehen ausreichend Parkmöglichkeiten zur Verfügung.

Eine Übersichtskarte zum Wegenetz mit Routenvorschlägen für Spaziergänger oder Jogger sowie weitere Informationen zum Wald finden sich auf der Internetseite des Zweckverbandes Lennebergwald unter www.lennebergwald.de.

Aussichtsturm im Lennebergwald –
[…]urmschlüssel gibt's im benachbarten Restaurant

Graffiti an der Theodor-Heuss-Brücke

Nachlesen & Nachschlagen

Isis-Tempel: Schaufenster ins antike Mogontiacum

Stadtgeschichte

Als eine der ältesten Städte Deutschlands blickt Mainz auf über 2000 Jahre Geschichte zurück. Ein Streifzug durch die Stadthistorie beginnt im römischen Mainz, führt durch die turbulenten Jahrhunderte der Erzbischöfe und Kurfürsten, zeigt entscheidende Veränderungen unter französischer Besatzung und endet in der Landeshauptstadt und Medienmetropole.

Mogontiacum – die römische Stadt

Die Siedlungsgeschichte von Mainz beginnt in den letzten beiden Jahrzehnten vor Christi Geburt. Zwar wussten schon die Kelten das Gebiet an der Mündung des Mains in den Rhein aufgrund des milden Klimas als Rast- und Lagerstätte zu schätzen. Den entscheidenden Impuls zur Stadtentwicklung gaben aber erst die Römer, die Mainz zu einer militärischen Basis für die Eroberung des nördlichen Germaniens ausbauten. In den Jahren 13/12 v. Chr. ließ der Feldherr Nero Claudius Drusus auf dem Hochplateau des heutigen Kästrich ein ca. 36 ha großes Lager für 12.000 Legionäre errichten. Schon bald entstanden in der Nähe des Castrums kleinere, verstreute Siedlungen von Kaufleuten und Handwerkern, die im Laufe der Jahrzehnte zu einer geschlossenen Stadt verschmolzen: Im ausgehenden 1. Jh. zählte das römische Mogontiacum bereits 50.000 Einwohner – erst das Mainz des 19. Jh. sollte wieder Ausmaße dieser Größenordnung erreichen.

Auch wenn insbesondere in den Jahren vor der Völkerwanderung des 5. Jh. weite Teile der antiken Stadt zerstört wurden, haben sich bis heute beeindruckende Zeugnisse des römischen Mainz' erhalten. So wurden in den 1980er-Jahren auf dem Kästrich die Überreste eines spätantiken Römertores freigelegt, das einst in die im 3. Jh. erbaute Stadtmauer integriert war. Eine 9 km lange Wasserleitung versorgte damals Militärbasis sowie Zivilstadt mit Frischwasser aus den Quellgebieten bei Finthen und Drais. Nahe der Uni-Kliniken stehen mit den „Römersteinen“ noch die Reste mehrerer Stützpfeiler des römischen Aquädukts. Ausgegrabene Fragmente antiker Segelschiffe, die heute zusammen mit den originalgetreuen Nachbauten im Museum für Antike Schiffahrt ausgestellt sind, verdeutlichen die lange Historie des Rheins als wichtige Wasserstraße und Tor zur Welt. Der Schiffsanlegeplatz der Römer befand sich wahrscheinlich im Bereich des heutigen Zollhafens. Begehrt waren unter anderem Früchte aus Asien und Südeuropa. Sie dienten nicht nur der Stärkung während dekadenter Orgien, sondern waren auch beliebte Opfergaben an die verehrten Gottheiten.

Welche Bedeutung Mogontiacum als Zentrum kultischer Handlungen hatte, zeigt sich an einer ganzen Reihe von baulichen Relikten. So errichteten die Soldaten ihrem 9 v. Chr. verstorbenen Befehlshaber Drusus ein monumentales Ehrengrab im Bereich der heutigen Zitadelle, das bis ins 3. Jh. jährlich Tausende Pilger anzog. Vermutlich wurde auch das unterhalb von Zitadelle und Drususstein gelegene Römische Theater als Versammlungsstätte der Drusus-Anhänger genutzt. Das Theater bot einst Platz für rund 10.000 Menschen und gilt damit als größtes antikes Bühnentheater nördlich der Alpen. Mit dem Tempelheiligtum der Isis und Mater Magna kamen im Jahr 2000 bei Bauarbeiten in der Fußgängerzone die Überreste einer weiteren antiken Kultstätte zutage.

So prächtig sich das römische Mainz in den ersten zwei Jahrhunderten seines Bestehens auch entwickelte, so unaufhaltsam begann der Stern des Römischen Reiches ab dem 4. Jh. zu sinken. Immer wiederkehrende Überfälle germanischer Stämme wurden zur Bedrohung für die Grenzstadt, sodass sich die Römer aus dem Rheingebiet zurückziehen mussten. Mit der Eingliederung in das aufstrebende Frankenreich gegen Ende des 5. Jh. fand die knapp 500-jährige Epoche des römischen Mainz dann ihr endgültiges Ende.

Der Aufstieg der Erzbischöfe

Schon bald nach der Anerkennung des Christentums durch Kaiser Konstantin Anfang des 4. Jh. hatte sich in Mainz eine erste christliche Gemeinschaft etabliert. Insbesondere Erzbischof Bonifatius prägte während seiner Amtszeit (747–754) die religiöse und politische Entwicklung der Stadt. Schon um 900 hatte der Erzbischof die wichtigsten Rechte wie Münz- und Zollwesen sowie das Recht auf Grundbesitz in seinem Amt vereint und war damit unangefochtener Herrscher über die Stadt. Die folgenden 1000 Jahre bis zum Ausbruch der Französischen Revolution sollten die Erzbischöfe eine entscheidende Rolle im städtischen Leben spielen.

Im 10. und 11. Jh. entwickelte sich Mainz zu einem bedeutenden wirtschaftlichen und kulturellen Zentrum. Vor allem die Rheinschifffahrt brachte der Hafenstadt mit Zollstation erhebliche Einnahmen, von denen neben der Kirche auch eine wachsende Anzahl an Kaufleuten profitierte. Neben christlichen ließen sich auch viele jüdische Händler in Mainz nieder, sodass bereits im 10. Jh. eine erste jüdische Gemeinde nachgewiesen werden kann. Nach der Ernennung von Erzbischof Willigis (975–1011) durch den Papst stieg Mainz zum bedeutendsten Bistum im Reich auf. Das römische Kirchenoberhaupt bezeichnete den Mainzer Erzbischof in seiner Ernennungsurkunde gar als seinen Stellvertreter „im Reich nördlich der Alpen“. Darüber hinaus war Willigis als Erzkanzler der Vertreter des Kaisers und konnte so auch Einfluss auf die Reichspolitik nehmen. Als wichtigster Metropolit in Deutschland begann Willigis seinen Machtanspruch und die Stellung der Mainzer Kirchenprovinz durch den Ausbau der Stadt zu manifestieren. Es entstanden in dieser Zeit mehrere kirchliche Neubauten, unter denen der Mainzer Dom den architektonischen Höhepunkt markierte. Aus dieser ersten Phase des Dombaus stammen auch die bronzenen Willigistüren, die heute am Marktportal der Kathedrale angebracht sind. Zum Schutz der aufblühenden Stadt vor räuberischen Überfällen wurde wieder eine geschlossene Stadtmauer um die Siedlung errichtet, die im Wesentlichen dem Verlauf der römischen Befestigung entsprach.

Auch Willigis' Nachfolger konnten die herausragende Stellung des Erzbistums weitgehend erhalten. Zeitweilig hatte der Mainzer Erzbischof sogar das Recht, den König zu krönen – so war Mainz insgesamt siebenmal Krönungsstätte des Reichsoberhaupts. Dieses Privileg ging jedoch bereits im 11. Jh. wieder an den Kölner Erzbischof verloren, zu dessen Kirchenprovinz die traditionelle Krönungskirche in Aachen zählte. Das Amt des Erzkanzlers für Deutschland blieb aber weiterhin mit dem Mainzer Bischofsstuhl verbunden. Daneben wählte der Erzbischof (ab 1198 zugleich Kurfürst) als einer der sieben Kurfürsten den König des Reiches und hatte dadurch weiterhin eine Schlüsselfunktion im mittelalterlichen Herrschaftssystem inne.

Gegen Ende des 12. Jh. konnte sich die prächtige Bischofsstadt mit ihren Kirchen und Türmen hochrangigen Vertretern aus dem ganzen Reich präsentieren. Kaiser Friedrich Barbarossa hatte 1184 zum Pfingstfest nach Mainz geladen, um die Schwertleite seiner beiden Söhne Konrad und Heinrich gebührlich zu feiern. Zehntausende Gäste wollten sich die größte Party des Mittelalters nicht entgehen lassen und strömten in die Stadt am Rhein. Diese konnte die Besuchermassen bei Weitem nicht beherbergen, und so ließ Kaiser Barbarossa auf der Maaraue eine Zeltstadt für über 30.000 Gäste errichten – heute befindet sich an eben dieser Stelle ein Campingplatz.

Mainz als freie Stadt (1244–1462)

Neben dem Erzbischof bzw. dem Kurfürsten entwickelte sich im mittelalterlichen Mainz noch eine zweite Macht: das Bürgertum. Ein erstes Indiz für die wachsende Bedeutung der Stadtbürger ist das um 1119 von Erzbischof Adalbert I. verliehene Privileg, das der Stadt und ihren Bürgern erste Freiheitsbefugnisse einräumte, obwohl de jure der Erzbischof weiterhin alle seine Stadtrechte behielt. So sollten den Bürgern ohne deren Zustimmung beispielsweise keine neuen Steuern mehr auferlegt werden können. Die Freiheitsprivilegien ließ Adalbert I. nicht nur auf Pergament niederschreiben, sondern publizierte diese auch als Gravur auf den Bronzetüren des Marktportals des Doms. Jedermann sollte die von ihm gewährten Rechte nachlesen können (allerdings brauchte die Mehrheit der Bürger wegen der verwendeten lateinischen Sprache hierzu einen Übersetzer).

Nachdem die Stadt ihre Rechte zwischenzeitlich wieder verloren hatte, erhielt Mainz 1244 von Erzbischof und Kurfürst Siegfried III. erneut ein umfassendes Stadtprivileg. So zeigte sich Siegfried dankbar für die Unterstützung der Bürger in den Auseinandersetzungen zwischen dem päpstlichen Rom und Kaiser Friedrich II. Der Mainzer Erzbischof hatte sich im Konflikt zwischen den Staufern und dem Papst gegen den Kaiser gestellt und Mainz in das Lager der Opposition gezogen. Als Belohnung für die Treue erhielt die Bürgerschaft umfängliche Rechte und Mainz wurde de facto zur „freien Stadt". Aber auch der Klerus behielt weiterhin seine Privilegien und sicherte sich so unter anderem Steuer- und Abgabenfreiheit sowie die Unabhängigkeit von der weltlichen Gerichtsbarkeit.

Auch wenn dies immer wieder zu Konflikten zwischen Klerus und Bürgertum führte, erlangte in der Folgezeit die Mainzer Bürgerschaft nicht unerheblichen Einfluss. Das Stadtprivileg ermöglichte es, einen ersten bürgerlichen Rat zu bilden, der von den sog. Geschlechtern – Großkaufleute und erzbischöfliche Beamte – geleitet wurde und

Mainzer Dom – standhaftes Monument geistlicher Macht

dem mehrere Bürgermeister vorstanden. Im Jahr 1332 konnten sich schließlich auch die Handwerkerzünfte ihre Teilhabe im Stadtrat erstreiten: Die Zünfte stellten neben den Geschlechtern fortan die Hälfte der 58 Ratsherren, während die bischöflichen Amtsleute aus dem Rat gedrängt wurden.

Für Handel und Handwerk begann eine neue Blütezeit. Im Mainzer Umland wurden vorwiegend Wein und Obst für den Export angebaut, daneben machten Holz- und Viehhandel sowie die Rheinschifffahrt die Stadt vermögend. Anfang des 14. Jh. wurde das Kaufhaus am Brand eingeweiht, in dem die Rheinkaufleute ihre Waren gemäß dem Stapelrecht für mehrere Tage den Mainzer Bürgern zum Kauf anbieten mussten.

Die florierende Wirtschaft hatte ein starkes Bevölkerungswachstum zur Folge, sodass Mainz zu dieser Zeit etwa 20.000 Einwohner gezählt haben dürfte. Allerdings sollte sich die wirtschaftliche Situation der Stadt ab der zweiten Hälfte des 14. Jh. rapide verschlechtern. Die große Messestadt Frankfurt entwickelte sich zu einem immer größeren Konkurrenten im Wettbewerb um Händler und ihre Waren, in dem Mainz überwiegend den Kürzeren zog. Ausbleibende Einnahmen mussten durch die Aufnahme immer neuer Kredite kompensiert werden, was die Stadt allmählich in den finanziellen Ruin trieb. Auf dem Höhepunkt der Verschuldung wollte der Mainzer Rat 1446 gar die Stadt selbst verpfänden. Hier erklärte sich aber ausgerechnet der große Konkurrent und Gläubiger Frankfurt immer wieder zur Stundung und Senkung der Zinsen bereit, um Mainz vor einem Bankrott zu bewahren. Aber der Niedergang der Stadt war nicht mehr aufzuhalten.

Mit der **Mainzer Stiftsfehde** (1459–1463) fand dann auch die Stadtfreiheit für die nächsten drei Jahrhunderte ihr Ende. Im Juni 1459 wählte das Domkapitel Diether von Isenburg zum neuen Erzbischof und Kurfürsten – nur mit knapper Mehrheit vor dem Gegenkandidaten Adolf von Nassau. Bereits kurz nach seiner Wahl manövrierte sich der Kurfürst allerdings in eine folgenschwere Bredouille: Aufgrund der hohen Schuldenlast aus dem Krieg gegen die Kurpfalz geriet Diether mit den vom Papst geforderten Abgabenzahlungen in Rückstand. Weil der Mainzer Erzbischof zudem gegenüber Rom und Kaiser vermehrt als Gegenspieler auftrat, beschloss Papst Pius II., Kurfürst Diether durch den Rom treu ergebenen und bei der Wahl 1459 unterlegenen Adolf von Nassau zu ersetzen. Zwar wehrte sich Diether vehement gegen seine Entmachtung und konnte auch die Mainzer Bürger auf seine Seite ziehen. Als Soldaten Adolf von Nassaus aber Ende Oktober 1462 in Mainz einfielen, musste Diether aus der Stadt flüchten und sein Amt (vorübergehend) aufgeben – nach dem Tod Adolfs sollte Diether 1475 aber noch ein zweites Mal zum Kurfürsten gewählt werden.

Mit dem Einzug des siegreichen Erzbischofs Adolf endete schließlich der Status als freie Stadt. Als Strafe dafür, dass die Mainzer Partei gegen Kaiser und Papst ergriffen hatten, wurde der Stadtrat aufgelöst und fast alle männlichen Bürger mussten (zeitweilig) die Stadt verlassen. Zudem vertrieb der neue Stadtherr auch alle Juden und wandelte die Synagoge in eine Allerheiligenkapelle um. Damit war vorübergehend auch das Ende der langjährigen jüdischen Kultur in Mainz besiegelt (→ Kasten S. 134/135).

Kurfürstliche Residenzstadt Mainz

Nach der Stiftsfehde und dem Verlust der städtischen Selbstverwaltung gliederte Adolf von Nassau Mainz als Haupt- und Residenzstadt in sein Kurfürstentum ein. In den kommenden Jahrzehnten suchten die Kurfürsten ihre Macht durch die Beschneidung bürgerlicher Rechte weiter auszubauen. Zwar gab es ab 1475 wieder einen Stadtrat, allerdings wurden die Ratsherren nicht mehr von der Bürgerschaft gewählt, sondern vom Kurfürsten ernannt. Zudem wurde die Zahl der Zünfte halbiert, um sie besser kontrollieren zu können. Die unzufriedenen Bürger versuchten im 15. Jh. mehrfach gegen das Machtmonopol des Kurfürsten aufzubegehren, aber die Aufstände konnten durch die kurfürstlichen Truppen allesamt niedergeschlagen werden.

Zwischen 1478 und 1481 ließ der wiedereingesetzte Kurfürst Diether von Isenburg die Martinsburg errichten, die bis ins 17. Jh. die kurfürstliche Herrschaft baulich repräsentieren sollte, ehe sie durch den Neubau des Kurfürstlichen Schlosses ersetzt wurde.

Ein entscheidender Impuls für die kulturelle Entwicklung der Stadt war die **Gründung der ersten Mainzer Universität** 1477. Der Kurfürst stellte hierfür während der Stiftsfehde beschlagnahmte Adelspalais zur Verfügung, und so entstand im Bereich der heutigen Ruine St. Christoph ein kleines Universitätsviertel. Mit ihren Lehrstühlen für Theologie, Jura, Philosophie und Medizin entwickelte sich die Uni schnell zu einem Zentrum des Humanismus. Trotz des durch die Universitätsgründung in Gang gesetzten kulturellen Aufschwungs brauchte Mainz bis weit ins 16. Jh., um sich vom finanziellen Ruin aus den Zeiten der Stiftsfehde zu erholen.

Am Anfang des 16. Jh. erreichten die reformatorischen Gedanken Martin Luthers auch die Domstadt am Rhein. Die Lehre Luthers fand in Mainz durchaus viele Sympathisanten und konnte sich schnell unter der Bürgerschaft ausbreiten, da der Kurfürst der Reformationsbewegung zunächst relativ unentschlossen gegenüberstand. Erst als Erzbischof Daniel Brendel von Homburg 1561 Vertreter des neu gegründeten Jesuitenordens an seinen Hof holte, erhielt die Gegenreformation entscheidenden Aufschwung.

Im **Dreißigjährigen Krieg** (1618–1648) besetzten schwedische Truppen 1631 unter ihrem König Gustav Adolf das erzkatholische Mainz und installierten eine protestantische Stadtverwaltung. Die Schweden bauten Mainz zur modernen Festung aus; ab 1633 wurde auf der Mainspitze die Gustavsburg errichtet, von der heute allerdings nur noch kümmerliche Fundamentreste zeugen. Die Zeit der schwedischen Besatzung (1631–1635) bedeutete für Mainz und seine Bürger viel Leid und Verzicht. Zeitweise waren bis zu 16.000 schwedische Soldaten in der Stadt stationiert, die Wohnraum und Nahrung beanspruchten und so die ohnehin schon prekären Lebensverhältnisse der Bürger weiter verschlechterten. Zudem rafften von Soldaten eingeschleppte Seuchen große Teile der Bevölkerung dahin. Am Ende des Dreißigjährigen Krieges war schließlich die Hälfte der Stadt zerstört und die Bevölkerung auf etwa 7000 Bürger geschrumpft.

Ab den 1650er-Jahren setzte in Mainz ein regelrechter **Bauboom** ein. Die Kurfürsten bauten die Stadt zu einer mächtigen Festung mit einem Ring aus Bastionen aus (→ Kasten S. 61). Unter Johann Philipp von Schönborn wurden die im Krieg stark zerstörte Stadtmauer wieder errichtet und die Zitadelle gebaut. Sein Neffe Lothar Franz von Schönborn ließ ab 1702 das Lustschloss Favorite mit seiner ausladenden Parkanlage errichten – der barocke Prachtbau im Bereich des heutigen Stadtparks wurde allerdings 1793 während der französischen Besatzung komplett zerstört. Viele adlige Familien gönnten sich nun ebenfalls repräsentative Stadthäuser in Mainz. So entstanden Mitte des 18. Jh. im Bereich des heutigen Schillerplatzes und der Schillerstraße die Höfe der Familien Ostein und Bassenheim. Auch das Bleichenviertel wurde in dieser Zeit angelegt und bildete mit seinen breiten Straßen einen Kontrast zu den engen und verwinkelten Gassen der Kernstadt.

Alles in allem konnte sich Mainz in der zweiten Hälfte des 17. Jh. und im 18. Jh. blendend erholen: Die Stadt wurde um zahlreiche Verteidigungs- und Repräsentativbauten erweitert und auch die Einwohnerzahl wuchs bis 1750 wieder auf etwa 25.000 Bürger an.

Kommandantenbau der Zitadelle

Auf dem „Judensand" stehen die ältesten Grabsteine der Stadt

Mainz im Kasten

Magenza – das jüdische Mainz

Bereits Mitte des 10. Jh. existierte eine größere jüdische Gemeinde in Mainz, die dank kaiserlichem Schutz und dem päpstlichen Verbot einer Zwangschristianisierung in den folgenden Jahrzehnten zu einer weitgehend autonomen Gesellschaft mit eigenen kulturellen Einrichtungen und Geschäften heranwachsen konnte. Die Mainzer Juden brachten es vor allem als Fernhändler von Luxusgütern wie Gewürzen und Edelmetallen zu ansehnlichem Reichtum. Daneben profitierten viele wohlhabende Juden von dem damals für Christen geltenden Zinsverbot und stiegen zu wichtigen Kreditgebern für die Erzbischöfe und Kurfürsten auf. Durch wachsenden Wohlstand und stete Zuwanderung von Juden, vor allem aus Italien und Frankreich, entwickelte sich das jüdische Magenza im ausgehenden 10. Jh. zu einem der wichtigsten kulturellen Zentren des mittelalterlichen Judentums im Heiligen Römischen Reich. So galt der aus Mainz stammende Rabbi Gerschom ben Jehuda um die Jahrtausendwende als der einflussreichste Gelehrte des aschkenasischen, also des mitteleuropäischen, Judentums. Seine Gutachten zu religiösen Rechtsfragen sollten auch Jahrhunderte nach seinem Tod noch Bedeutung haben; unter anderem geht das Verbot der Vielehe auf den jüdischen Gelehrten zurück.

Neben den Mainzer Juden erlebten auch die jüdischen Gemeinden in Worms und Speyer um die Jahrtausendwende eine Zeit der kulturellen Blüte. Den Rabbinern der drei Rheinstädte wurde 1146 auf einer Versammlung im französischen Troyes höchste Autorität in religiös-kultischen und rechtlichen Fragen zugestanden. Entsprechend ihrer hebräischen Anfangsbuchstaben wurden diese drei Zentren des europäischen Judentums – Schpira (Speyer), Urmaisia (Worms), Magenza (Mainz) – fortan als SchUM-Städte bezeichnet.

Auch wenn die jüdische Gemeinde in Mainz bis ins 11. Jh. auf schätzungsweise 600 Mitglieder anwachsen konnte, was etwa 10 % der damaligen Gesamtbevölkerung entsprach, wurden die Juden im Mittelalter immer wieder Opfer politischer und gesellschaftlicher Verfolgung und Diskriminierung. Bereits während des Ersten Kreuzzuges 1096 verübten die Kreuzfahrer auch in Mainz ein verheerendes Massaker, dem mehrere Hundert jüdische Bürger zum Opfer fielen. Im 14. Jh. richtete sich im Zuge von Pestepidemien wiederholt der

Hass der übrigen Bevölkerung gegen die Juden, denen die Schuld am Ausbruch der Seuche gegeben wurde. Zudem regte sich durch den wachsenden Wohlstand der jüdischen Bankiers und Kaufleute der Neid unter der christlichen Bevölkerung. Nach den turbulenten Ereignissen während der Mainzer Stiftsfehde mussten die Juden 1471 schließlich auf Anordnung von Kurfürst Adolf von Nassau die Stadt verlassen, da sie sich, wie auch die übrigen Mainzer Bürger, auf die Seite seines Konkurrenten gestellt hatten.

Obwohl die Juden gegen Bezahlung von sog. Schutzgeldern schon bald wieder ein Aufenthaltsrecht in Mainz erlangen konnten, bildete sich erst im 17. Jh. wieder eine jüdische Gemeinde von nennenswerter Größe. Und auch deren Entwicklung sollte mit dem 1662 von Kurfürst Johann Philipp von Schönborn erlassenen Dekret einen erneuten Rückschlag erleiden. Um die Situation der durch den Dreißigjährigen Krieg wirtschaftlich angeschlagenen Zünfte zu verbessern, wurden den jüdischen Kaufleuten strikte wirtschaftliche Beschränkungen auferlegt. So durften sie nur noch mit bestimmten Waren handeln und viele ihrer Geschäfte wurden geschlossen. Zudem mussten die Juden von nun an in einem separaten Viertel wohnen, das sich im Bereich der heutigen Klarastraße befand. Gegen Ende des 18. Jh. lebten dort etwa 550 Menschen.

Ab Mitte des 18. Jh. begann sich die Situation der Juden in Mainz deutlich zu bessern. Zunächst wurde das Ghetto aufgelöst, jüdische Bürger durften christliche Schulen besuchen und wurden zum Medizinstudium zugelassen. Unter französischer Besatzung (1792/93 und 1798–1814) erfolgte schließlich auch die rechtliche Gleichstellung von Juden und Christen. 100 Jahre später jedoch bahnte sich mit der Machtergreifung der Nationalsozialisten schon die nächste Katastrophe an. Mit den Nürnberger Rassegesetzen verloren die Juden 1935 ihre deutsche Staatsbürgerschaft und ein Jahr später wurde in Mainz mit der Enteignung jüdischen Besitzes begonnen. In der Pogromnacht vom 9. auf den 10. November 1938 brandschatzten die Nazis schließlich die Synagogen in der Hindenburg- und Flachsmarktstraße – die Kosten für die Beseitigung der Trümmer wurden der jüdischen Gemeinde tags darauf in Rechnung gestellt. Insgesamt fielen dem Rassenwahn der Nationalsozialisten in Mainz bis 1945 mindestens 1300 Juden zum Opfer.

Nach der Befreiung Deutschlands durch die Alliierten war das Interesse der überlebenden Juden, nach Mainz zurückzukehren, verständlicherweise eher gering. In den folgenden Jahrzehnten konnte sich nur langsam wieder eine jüdische Gemeinde in Mainz etablieren, die bis heute auf etwa 900 Mitglieder angewachsen ist. Als Zeichen der untrennbaren Verbundenheit der jüdischen Tradition und Kultur mit Mainz und seiner Vergangenheit wurde 2010 in der Hindenburgstraße die prächtige Neue Synagoge eingeweiht; an der gleichen Stelle, wo einst die 1912 errichtete Hauptsynagoge stand.

Eyecatcher – die Neue Synagoge

Mayence – das französische Mainz

Niemand hat wohl in der über 2000-jährigen Geschichte von Mainz die Stadt so sehr geprägt und verändert wie die Franzosen. Insgesamt sechs Besuche statteten die westlichen Nachbarn der Rheinstadt zwischen 1644 und 1955 ab – zusammengenommen befand sich Mainz in diesem Zeitraum für rund 45 Jahre unter französischer Besatzung. Insbesondere die dritte und vierte Besatzungsperiode (1792/93 und 1798–1814) während und nach der Revolution in Frankreich sollten Mainz und seine Gesellschaft tiefgreifend verändern.

Die Ereignisse der **Französischen Revolution** (1789–1799) fanden schnell auch unter der Mainzer Bevölkerung große Aufmerksamkeit. Als erstes deutsches Medium berichtete die Mainzer Zeitung 1789 vom Sturm auf die Bastille; die revolutionären Ideale – Libertè, Egalitè, Fraternitè – fanden alsbald Anklang bei Teilen der einfachen Bevölkerung und auch einige Professoren übten in ihren Vorlesungen nun entschieden Kritik an der herrschaftlichen Stellung von Adel und Kirche. So verwundert es nicht, dass

Französischer Garnisonsfriedhof

einige Mainzer zunächst durchaus erfreut waren, als französische Truppen unter General Custine am 21. Oktober 1792 ihre Stadt kampflos einnahmen. Dies markierte den Beginn der **Mainzer Republik** (1792/93), die trotz ihres nur neunmonatigen Bestehens tiefgreifende politische Veränderungen bringen sollte und heute als erster Entwurf eines demokratischen Staatswesens auf deutschem Boden gilt (→ Kasten S. 75). Kurfürst, Domherren und Adel waren nach der desaströsen Niederlage der preußischen und österreichischen Truppen in der Schlacht bei Valmy zu diesem Zeitpunkt längst geflohen. Dass General Custine sich sogleich in den ehemaligen Gemächern des Kurfürsten einquartierte, durfte durchaus als ein Symbol für die angestrebte Befreiung bzw. den Machtwechsel in der Stadt verstanden werden.

Nur wenige Tage nach der Machtergreifung der Franzosen entstand in Mainz der erste sog. **Jakobinerklub** in Deutschland. Berühmtheiten wie der Naturforscher und Weltumsegler Georg Forster (1754–1794) gehörten diesem politischen Zirkel an, der über Flugblätter und Plakate die Bürger für eine friedliche Revolution und das Vorhaben, das linksrheinische Deutschland „von Landau bis Bingen" an Frankreich anzugliedern, gewinnen wollte. Zudem sollte der Revolutionsgedanke durch die Errichtung von sog. Freiheitsbäumen auch im Stadtbild sichtbar wachsen. Die Begeisterung für die Demokratie unter den Mainzer Bürgern schwand allerdings schnell, als sich herumsprach, dass die alliierten deutschen Truppen Anfang Dezember 1792 Frankfurt zurückerobern hatten können. Trotz der militärischen Lage wurden in Mainz bald darauf die Wahlen zum „Rheinisch-Deutschen Nationalkonvent" abgehalten; am 17. März 1793 trat das erste Parlament Deutschlands im Deutschhaus zusammen und die 130 Abgeordneten beschlossen die Union mit Frankreich. Allerdings kam diese Vereinigung nie de facto zustande, da bald darauf österreichische und preußische Truppen Mainz belagerten und nach vier Monaten, Ende Juli 1793, die Franzosen zur Kapitulation zwingen konnten.

In den folgenden Jahren stand Mainz zunächst unter preußischer, dann unter österreichischer Verwaltung, bis nach dem Frieden von Campo Formio die Rheinstadt Anfang 1798 erneut unter französische Herrschaft fiel. Die Franzosen begannen neue Verwaltungsstrukturen aufzubauen und die linksrheinischen Gebiete in ihren Zentralstaat zu integrieren; Mainz wurde im Rahmen dessen zur Hauptstadt des Departement Donnersberg (Département du Mont-Tonnerre) erklärt.

Zwar hatte die Festungsstadt für die Franzosen vorrangig militärische Funktionen, zugleich aber wollte Napoleon den Deutschen auf der anderen Rheinseite zeigen, dass sich Mainz als Teil der Französischen Republik zu einer prosperierenden Stadt entwickeln konnte. Unter Napoleon begann eine umfangreiche infrastrukturelle Aufwertung der Stadt: Er ließ die Pariser Straße bauen, die von Mainz direkt in die französische Hauptstadt führte, außerdem ließ er den Gutenbergplatz und die breite Ludwigsstraße anlegen. Zahlreiche Adelspalais wurden im Zuge der Säkularisierung in öffentliche Einrichtungen umgewandelt; die Stifte und Klöster wurden aufgelöst und ihr Besitz beschlagnahmt oder versteigert. Auch die Anlage des Hauptfriedhofes am Stadtrand, der als zentrale Begräbnisstätte die vormaligen innerstädtischen Leichhöfe der Kirchen ersetzen sollte, geht auf die Zeit der vierten französischen Besatzung zurück. Französisch wurde formell sogar zur Amtssprache erklärt, wenn auch im Alltag natürlich weiterhin Deutsch gesprochen wurde.

Als Mainz 1814 nach monatelanger Belagerung von deutschen und russischen Truppen zurückerobert werden konnte, hatten sich Stadt und Gesellschaft grundlegend verändert. Die 16 Jahre unter französischer Herrschaft hatten die einst vom katholischen Adel geprägte Residenzstadt in eine multikonfessionelle und politisierte Bürgerstadt verwandelt. Vor allem aber der Charakter einer Festungsstadt sollte in den kommenden Jahrzehnten das Schicksal von Mainz bestimmen. Die beiden Weltkriege des 20. Jh. bescherten Mainz noch zwei weitere Phasen französischer Besatzung, die aber in ihren Auswirkungen in keinem Vergleich zu den revolutionären Zeiten der Wende vom 18. zum 19. Jh. stehen.

Von der Festung zur Großstadt

Im Wiener Kongress wurde Mainz zusammen mit Rheinhessen dem Großherzogtum Hessen-Darmstadt zugeschlagen. Gleichzeitig blieb Mainz aber eine wichtige Festung des Deutschen Bundes und Österreich teilte sich mit Preußen das Oberkommando. Zwar hatten große Teile der Bevölkerung mittlerweile die Nase gestrichen voll von den hier immer wieder stationierten Soldaten, andererseits belebten diese mit ihrem Sold auch die örtliche Wirtschaft. Vor allem Restaurant- und Kneipenbesitzer profitierten von der Anwesenheit der überaus feierlustigen Soldaten. Da die Rivalität zwischen Österreichern und Preußen aber nach den feucht-fröhlichen Kneipenorgien nicht selten in Schlägereien ausartete, begann man schnell, die Streithähne räumlich zu segregieren: Die Kneipen der südlichen Altstadt wurden den Preußen zugewiesen, die der nördlichen Altstadt den Österreichern – als Grenze galt der heutige Gutenbergplatz bzw. die Ludwigsstraße.

Das Zeitalter der Industrialisierung führte natürlich auch in Mainz zu enormen Veränderungen. Bereits 1826 hatte sich die erste Rheinschifffahrtsgesellschaft gebildet, deren Dampfschiff jährlich rund 100.000 Passagiere auf der Strecke von Köln nach Mainz beförderte. 1840 bediente erstmals eine Eisenbahn die Strecke Mainz–Wiesbaden, 1853 wurde die linksrheinische Zugverbindung von Mainz nach Worms in Betrieb genommen. Mit diesen Verkehrsprojekten wurde der Beginn des Fremdenverkehrs eingeläutet und an der Rheinstraße entstanden mehrere Hotels und Gaststätten.

Da Mainz aber immer noch von einem Ring aus Stadtmauern und Befestigungsanlagen umgeben war, konnte die Stadt nicht so rasant wachsen, wie andere deutsche Städte in dieser Phase des Umbruchs. Um 1830 zählte Mainz etwa 30.000 Einwohner, dann aber war weiteres Wachstum nicht mehr möglich – einerseits wurden innerstädtische Bauflächen rar, andererseits bestand außerhalb der Stadtmauern ein Bauverbot, um im Falle eines Angriffs freies Schussfeld auf den Feind zu haben. Erst infolge der Auflösung des Deutschen Bundes 1866 und mit dem Rückbau der Verteidigungsanlagen sollte die Stadt von einem regelrechten Bauboom und einer enormen Zuwanderung profitieren. Allein zwischen 1871 und 1910 verdoppelte sich die Wohnbevölkerung auf mehr als 110.000 Bürger. Grund für dieses Wachstum war die Aufgabe von Mainz als Festungsstadt und die dadurch ermöglichte planmäßige Erweiterung des Stadtgebietes auf dem sog. Gartenfeld im Norden der Stadt.

Unter der Ägide von Stadtbaumeister **Eduard Kreyßig** entstand hier ab 1872 die Mainzer Neustadt mit ihren schachbrettartig angelegten Straßen und der typischen Blockrandbebauung. Durch das damals größte Stadterweiterungsprojekt Europas konnte sich die Siedlungsfläche von 125 ha auf rund 340 ha fast verdreifachen. Als Grenze zwischen Neu- und Altstadt legten die Planer um Kreyßig die breite Kaiserstraße an, deren rheinseitiges Ende die Christuskirche ziert – das evangelische Gotteshaus geht ebenfalls auf Pläne des berühmten Stadtbaumeisters zurück.

Mainz und die zwei Weltkriege

Wie überall in Deutschland löste die Nachricht vom Beginn des Ersten Weltkrieges (1914–1918) auch in Mainz zunächst Begeisterung unter der Bevölkerung aus. Ein Platz und eine Allee in der Neustadt, die zuvor noch Bischof Bonifatius gewidmet waren, wurden kurzerhand nach Paul von Hindenburg benannt; die Abschlussprüfungen an den Schulen wurden vorverlegt, um die jungen Männer möglichst schnell in den Krieg schicken zu können. Kriegsbedingtes Leid, Lebensmittelengpässe und der Mangel an bezahlbarem Wohnraum ließen die Kriegseuphorie dann aber rapide sinken. An den Tod einer Frau, eines von elf Opfern des Bombenangriffs im März 1918, erinnert heute eine in den Gehsteig eingelassene Markierung in der Adam-Karillon-Straße.

Nach dem Ende des Ersten Weltkrieges mussten die deutschen Truppen gemäß des Waffenstillstandsabkommens die linksrheinischen Gebiete Deutschlands räumen. Neben Koblenz und Köln fiel auch der Brückenkopf Mainz unter französische Besatzung. Die bereits fünfte Besatzungsphase sollte von Dezember 1918 bis Mitte 1930 andauern. Während dieser Zeit kam die Wirtschaft, die sich noch vor dem Krieg rasant entwickelt hatte, großteils zum Erliegen. Der Rhein wurde als Zollgrenze eingeführt, wodurch die Stadt und ihre Unternehmen von den rechtsrheinischen Absatzmärkten abgeschnitten wurden. Abermals wurde der Wohnraum knapp, da Häuser und Wohnungen als Unterkünfte für die französischen Soldaten requiriert wurden.

Erst der Abzug der Truppen ermöglichte die Weiterentwicklung und Umgestaltung der Stadt. Die noch bestehenden Wehranlagen wurden endgültig aufgegeben und mit Gustavsburg, Ginsheim und Bischofsheim wurden drei weitere rechtsrheinische Gemeinden ins Stadtgebiet eingegliedert. Bereits vor dem Ersten Weltkrieg waren Amöneburg, Kastel und Kostheim (die sog. AKK-Gemeinden, → Kasten S. 87) der Stadt Mainz zugesprochen worden – flächenmäßig war damit das dünn besiedelte rechtsrheinische Mainz mit seinen Industrieanlagen sogar etwas größer als das Mainz auf der linken Seite des Stroms.

Nach der Machtergreifung der Nationalsozialisten im Januar 1933 wehte alsbald über dem gesellschaftlichen, politischen und wirtschaftlichen Leben die Hakenkreuzfahne. Unter Repressionen litten in der Folgezeit vor allem die Mainzer Juden: Synagogen wurden zerstört, Geschäfte enteignet; wem Flucht oder Verstecken nicht möglich war, wurde deportiert. Auch wenn sich die Anzahl der jüdischen Opfer in Mainz nicht genau beziffern lässt – sicher ist, dass in dieser Zeit weit über 1000 Mainzer Juden ihr Leben ließen.

Schon bald nach Ausbruch des Zweiten Weltkrieges im September 1939 wurde Mainz das Ziel alliierter Luftangriffe. Die ersten Bomben hagelte es 1940, aber vor allem die Bombardements in den Jahren 1942 und 1945 sollten zahlreiche Opfer fordern. Insgesamt starben etwa 3000 Mainzer durch alliierte Luftangriffe. Als am 21. März die ersten US-amerikanischen Panzer durch die Straßen der Domstadt rollten, lebten hier nur noch etwa 75.000 Einwohner – zu Kriegsbeginn waren es noch über 150.000 gewesen. 60 % aller Gebäude waren zerstört worden und 80 % der Innenstadt lagen in Schutt und Asche.

Nach der Aufteilung Deutschlands in vier Besatzungszonen übernahmen ab dem 9. Juli 1945 die Franzosen das linksrheinische Gebiet von den amerikanischen Truppen. Bis 1955 dauerte die nun schon sechste französische Besatzungsphase; danach sollten bis Mitte der 1990er-Jahre noch einmal amerikanische Soldaten in Mainz stationiert sein. Wie schon einige Jahre zuvor wurde der Rhein nun endgültig zur Grenze zwischen Hessen und dem neu geschaffenen Bundesland Rheinland-Pfalz erhoben. Die sechs rechtsrheinischen Stadtteile von Mainz wurden Wiesbaden zugesprochen oder eigenständige Gemeinden. Mainz wurde also geteilt, mit dem Rhein als natürliche „Mauer". Der Übergang über die Rheinbrücke war für Jahre nur mit Sondererlaubnis möglich; lediglich Kinder hatten in der Regel freies Geleit, was sie zeitweilig zu attraktiven Schmugglern und Boten machte. Anders als in Berlin bzw. Gesamtdeutschland erfolgte in Mainz bis dato keine Wiedervereinigung – weshalb Mainz wohl als die einzige heute noch geteilte Stadt Deutschlands bezeichnet werden darf.

Mainzer Südbrücke mit befestigtem Brückenkopf

ZDF-Sendezentrum auf dem Lerchenberg

Mainz im Kasten

Die Medienstadt Mainz

Wer sich schon immer einmal im Fernsehen der ganzen Welt mitteilen wollte, der hat in Mainz gute Chancen, bei einem Stadtbummel diesen Wunsch erfüllt zu bekommen. Fast täglich schwärmen Teams der großen Rundfunkanstalten aus, um auf der Straße eine möglichst breite Vielfalt an Meinungen zu den kleinen und großen Themen, die die Welt bewegen, in Bild und Ton einzufangen. Vor allem dem ZDF hat Mainz seinen Ruf als „Medienstadt" zu verdanken. Aber auch 3sat, Arte und natürlich der SWR machen Mainz zu einem bedeutenden Zentrum in der deutschen und europäischen Medienlandschaft.

ZDF – Zweites Deutsches Fernsehen: Die nach der britischen BBC größte Fernsehanstalt Europas ist einer der wichtigsten Arbeitgeber und Wirtschaftsmotoren der Stadt. Rund 3500 feste – davon etwa zwei Drittel in Mainz – und über 4000 freie Mitarbeiter beschäftigt das öffentlich-rechtliche Unternehmen weltweit. Im Stadtteil Lerchenberg fließen seit den 1980er-Jahren Informationen aus aller Welt zusammen, werden ausgewählt, geprüft, bewertet, aufbereitet und schließlich via Satellit an Millionen deutsche Haushalte weitergegeben. Neben den Nachrichtensendungen aus der „heute"-Familie werden in den Mainzer Studios vor allem Informations- und Verbrauchermagazine („wiso") sowie Sportsendungen („das aktuelle sportstudio") produziert. In den Sommermonaten zieht es seit knapp 30 Jahren zudem wöchentlich rund 5000 Besucher in den „ZDF-Fernsehgarten".

Nachdem am 6. Juni 1961 die elf Ministerpräsidenten der BRD den Staatsvertrag zur Gründung eines „Zweiten Deutschen Fernsehens" unterzeichnet hatten, begann sogleich ein aggressiver Wettbewerb, welche Stadt denn nun Standort der neuen TV-Anstalt werden durfte. Mainz konnte sich gegen Frankfurt und Düsseldorf durchsetzen. Ein wichtiger Erfolg für die vom Zweiten Weltkrieg gezeichnete Stadt; für den Neuanfang kam die Ansiedlung eines zukunftsweisenden Großunternehmens gerade recht.

Doch wohin mit dem ZDF? Diese Frage war schnell beantwortet: Das traditionell von Platzmangel geplagte Mainz hatte sich zum 2000-jährigen Stadtjubiläum 1962 mit dem Lerchenberg einen neuen Stadtteil zum Geschenk gemacht, der ausreichend Raum für das geplante Sendezentrum bot. Während das ZDF ab 1. April 1963 im hessischen Eschborn auf Sendung ging und später für rund 20 Jahre noch überwiegend in Wiesbaden produzierte, begannen ab 1964 die Bauarbeiten zum neuen Funkzentrum auf dem Mainzer Lerchenberg.

Das bis heute weithin sichtbare Redaktions- und Verwaltungsgebäude mit seinen 14 Stockwerken konnte 1974 bezogen werden. Zehn Jahre später startete die TV-Produktion in dem angeschlossenen, markanten Rundbau, dem damals größten Sendezentrum Europas. Seit 2009 werden „heute-journal" und Co. live aus einem modernen und zum Großteil virtuellen Studio in die Welt übertragen. Weil Studiowände und Boden zur Projektion von Hintergründen, Grafiken und 3-D-Animationen fast durchgehend in Grün gehalten sind, wird das Studio im ZDF-Jargon auch liebevoll die „grüne Hölle" genannt. Bis 2001 residierte auch noch Sat.1 auf dem Lerchenberg. Als der Privatsender nach Berlin und später weiter nach München umsiedelte, übernahm das ZDF dessen ehemalige Zentrale und startete sein zweites Sendezentrum, in dem vor allem Programme für die Partnersender ARTE und 3sat produziert werden.

Ein Blick hinter die Kulissen ist im Rahmen einer kostenfreien **ZDF-Führung** möglich. Auf einem ironisch-selbstkritischen Rundgang durch die Studios gibt's Infos zur technischen Ausstattung und den Produktionsabläufen. Auf den Gängen flitzt ab und an ein bekanntes TV-Gesicht noch kurz in die Maske, bevor im Studio dann das rote Licht angeht. Für die gut 2-stündige Führung ist eine schriftliche Anmeldung beim Zuschauerservice nötig: fuehrungen@zdf.de. Termine sind immer Mo–Fr 9.30, 10 und 14 Uhr, von Mai bis Sept. auch Sa 11 und 15 Uhr. Mit dem Bus (Linie 68) ist man vom Hauptbahnhof in gut 20 Min. am ZDF-Haupteingang (ZDF-Str. 1); Besucherparkplätze stehen ausreichend zur Verfügung. Weitere Infos zu den Führungen unter ✆ 06131/7014972, www.zdf.de.

SWR – Südwestrundfunk: Auch der zweite große Rundfunksender in Mainz beansprucht eine erhabene Lage in der Stadt. Auf dem Hartenberg im Rücken des Hauptbahnhofs produziert der 1998 gegründete Sender Hörfunk- und Fernsehprogramme für die Region und die ARD-Mutter („Report Mainz") sowie für KiKA, 3sat, Phoenix und Arte. Der SWR entstand durch die Fusion der beiden Landesrundfunkanstalten des SDR (Süddeutscher Rundfunk für das nördliche Baden-Württemberg) und des SWF (Südwestfunk für das südliche Baden-Württemberg und Rheinland-Pfalz). Die Fusion bedeutete das Ende eines Sonderfalls in Deutschland, denn bis dato hatte Baden-Württemberg als einziges Bundesland gleich zwei Landessender. Seit dem Zusammenschluss werden in den Hauptfunkhäusern in Baden-Baden und Stuttgart bzw. in Mainz weitgehend autonom Programme für das jeweilige Land gestaltet. Im Hörfunkbereich werden auch länderübergreifende Formate produziert. Die Intendanz des nach dem WDR größten Senders im ARD-Verbund hat ihren Sitz in Stuttgart, während zum Ausgleich das Justiziariat in Mainz untergebracht ist. Der Radiosender SWR1 überträgt von Montag bis Samstag mit „Guten Morgen Rheinland-Pfalz" die erfolgreichste Morning-Show im ganzen Land – rund 400.000 Hörer schalten regelmäßig ein.

Eine kostenlose **Führung** durch das SWR-Funkhaus ist nach Absprache werktags jeweils vor- und nachmittags möglich. Neben Erläuterungen zu den Aufgaben des SWR innerhalb der ARD gibt's Einblicke in technische Abläufe der Hörfunk- und Fernsehproduktion. SWR Funkhaus, Am Fort Gonsenheim 139, ✆ 06131/92932291, www.swr.de

Landeshauptstadt Mainz

Schon 1946 war Mainz zur Landeshauptstadt von Rheinland-Pfalz erklärt worden, allerdings tagte der Landtag zunächst für vier Jahre in Koblenz, da im kriegszerstörten Mainz erst entsprechende Unterbringungsmöglichkeiten für Verwaltung und Personal wieder-aufgebaut bzw. neu geschaffen werden mussten. So trat der Landtag das erste Mal am 18. Mai 1951 im wiedererrichteten Deutschhaus am Rheinufer zusammen – hier tagen die Abgeordneten auch heute noch. Die einzelnen Ministerien wurden vor allem im Bleichenviertel zwischen Großer Bleiche und Kaiserstraße untergebracht, sodass hier ein kleines Regierungsviertel entstand. Insgesamt konnte sich Mainz in den Nachkriegsjahren relativ schnell vom Kriegsgeschehen erholen. Die Bevölkerung wuchs bis Mitte der 1950er-Jahre wieder auf über 110.000 Einwohner. Mit der Wiedereröffnung bzw. Neugründung der Universität im Sommer 1946 wurde ein wichtiger Grundstein für die Entwicklung der Stadt gelegt. Die Johannes-Gutenberg-Universität etablierte sich schnell als angesehene Forschungs- und Bildungsstätte; derzeit zählt die Uni etwa 35.000 Studierende.

In den 1960er-Jahren gab es in Mainz gleich doppelt Grund zu feiern. 1961 fiel die Entscheidung, den Mainzer Lerchenberg zum Sitz des neu gegründeten ZDF zu machen. Und weil das noch nicht genug Anlass war, verlegte man gleich noch das Datum der Stadtgründung auf das Jahr 38 v. Chr. – damit konnte Mainz 1962 auch noch sein 2000-jähriges Stadtjubiläum zelebrieren. Wer allerdings historisch korrekt sein will, der sollte durchaus die Jahre 13/12 v. Chr. als Beginn der Stadtentwicklung betrachten.

Ab den 1970er-Jahren besann man sich dann endlich darauf, auch die stark zerstörte südliche Altstadt mit der Augustinerstraße zu sanieren. Die Markthäuser bekamen ihre Barockfassaden zurück (bzw. Repliken davon) und auch viele andere Fachwerkhäuser aus dem 16. und 17. Jh. wurden restauriert. Mit dem neuen Rathaus am Rheinufer entstand Anfang der 1970er-Jahre wohl der meist beachtete Neubau im Mainz der Nachkriegszeit. Bis heute ist dieses Bauprojekt wegen seiner Lage und Architektur nicht unumstritten: Den einen gilt es als gelungenes Beispiel moderner Architektur, für die anderen hingegen ist es das hässlichste Rathaus der Welt.

Im 21. Jh. präsentiert sich Mainz mit seinen rund 210.000 Einwohnern als moderne Großstadt, die sich dank ihres historischen Kerns mit den verwinkelten Gässchen etwas barocken Charme bewahrt hat. Die Universität mit ihren Kliniken und die Rundfunkanstalten des ZDF und SWR sind die wichtigsten Arbeitgeber und Motoren der Stadt. Pulsierende Zentren des städtischen Lebens sind die Domplätze und die Augustinerstraße. Glücklicherweise halten sich moderne Bausünden, von denen auch Mainz nicht verschont wurde, in der Innenstadt in Grenzen. Akuter Wohnraummangel besteht, wie schon so oft in der Geschichte der Stadt, auch heute noch. Vielleicht wird sich dieses Problem aber in den nächsten Jahrzehnten erübrigen. Laut Prognosen könnte die Mainzer Bevölkerung bis 2050 auf nur 150.000 Einwohner schrumpfen.

Mittagspause direkt am Fluss in Mainz-Kastel

Mainzer Gastronomie

Die typische Mainzer und rheinhessische Küche ist deftig, bodenständig und eher unaufdringlich. Daneben haben sich viele Gastronomen aber längst auch dem internationalen Publikum mit anspruchsvollem Gaumen angepasst und präsentieren vielerorts eine kreativ-moderne Küche mit regionalem Einschlag.

Kleine Mainzer Spezialitäten

Für den kleinen Hunger zwischendurch greifen die Mainzer – vom Straßenarbeiter bis zum Sparkassenvorstand – gerne zu **Weck und Worscht**. Ob auf dem Mainzer Wochenmarkt, in Metzgereien oder auch in Weinstuben und manchen Restaurants, die warme (oder kalte) Fleischwurst mit Brötchen und Senf gibt's an jeder Ecke.

Komplettiert wird das deftige Ensemble aber eigentlich erst durch einen schmackhaften Weißwein aus Rheinhessen oder dem Rheingau. Als Appetitanreger oder zur kulinarischen Begleitung für Riesling, Burgunder und Co. empfiehlt sich auch der Mainzer **Spundekäs**. Diese rheinhessische Käsezubereitung sollte jeder Besucher der Domstadt einmal probiert haben. Die Basis bilden Frischkäse und Quark, die, gewürzt mit Salz, Pfeffer und Paprikapulver, zu einer cremigen Masse verrührt werden. Das einfache Gericht wird in wirklich jedem Weinhaus angeboten und je nach Omas Rezept um weitere Zutaten ergänzt. Dazu gibt es meist Zwiebelringe und Brezeln. Der Käse wird übrigens so genannt, weil er ursprünglich trocken gelagert und hierzu zylinderartig geformt wurde. Dadurch ähnelte er einem Korken für Weinfässer, dem Spund.

Eine weitere Spezialität ist der **Handkäs mit Musik**, der vor allem auch in Hessen verbreitet ist. Hergestellt aus Sauermilchquark, enthält er nicht einmal 1 % Fett. Dargereicht wird der Käse meist als kleiner, weiß-gelblicher Laib in einer Marinade aus Essig, Öl, Kümmel, Pfeffer, Salz und Zwiebeln. In der olfaktorischen Wahrnehmung so mancher Zeitgenossen kommt der Handkäs nicht besonders gut weg: „Handkäs stinkt von allen beiden Seiten", sagt schon eine alte Redensart.

Man sollte sich also vor dem Genuss genau überlegen, was man den Tag über noch so vorhat. Zudem sollte man beim Verdauungsprozess mit der versprochenen „Musik" rechnen.

Fans von süßem Gebäck dürfen sich auf die Suche nach der **Mainzer Torte** begeben. Das Markenzeichen des Obstkuchens aus Mürbeteig mit Äpfeln, Kirschen oder Aprikosen ist dabei das Teiggitter als oberste Schicht. In ihrer klassischen Form ist die Mainzer Torte in den Bäckereien und Cafés heute aber nur noch selten zu finden. Viele Mainzer wissen wohl nicht einmal mehr von der Existenz „ihrer" Torte. Dabei erfreute diese sich in früheren Zeiten noch großer Beliebtheit: kam so doch auch der Nachwuchs mal in den Genuss von ein paar Tröpfchen Wein, die als kleiner Bonus in den Mürbeteig eingearbeitet werden.

Mainz im Kasten

Spundekäs – ein Familienrezept

250 g Butter (Zimmertemperatur)
200 g Frischkäse
250 g Quark
1–2 Knoblauchzehen (gepresst)
1 Esslöffel Paprikapulver
1 Zwiebel (gehackt)
1 Becher Sahne

Die Butter mit Knoblauch, Salz, Zwiebel und Paprika schaumig rühren. Anschließend Frischkäse und Quark dazugeben und gut vermengen. Zuletzt die Sahne schaumig rühren und unterheben – fertig ist der Spundekäs.

von Melanie Leidecker

Die „Weinhauptstadt"

Der Rhein bildet heute nicht nur die natürliche und politische Grenze zwischen den Landeshauptstädten Mainz und Wiesbaden, er darf auch als Trennlinie zwischen dem hessischen Rheingau und dem rheinland-pfälzischen Rheinhessen verstanden werden. In den Weinstuben von Mainz konkurrieren heute vor allem die alkoholischen Traubensäfte dieser beiden Weinbaugebiete um die Gunst der Gaumen. Dabei mussten sich die Vertreter aus Rheinhessen ihre vorderen Platzierungen auf den Weinkarten in den vergangenen 30 Jahren erst schwer erarbeiten, denn traditionell dominierten hier eher die Weine des Rheingaus. Mittlerweile sind die örtlichen Trauben – ob nun links oder rechts des Rheins gewachsen – im Bewusstsein der meisten Schankwirte gleichberechtigt auf hohem Niveau angesiedelt. Und überhaupt hört die Rivalität zwischen Mainzern und Wiesbadenern spätestens beim Thema Wein auf, denn den trinken sie beide gern.

Schon die Römer wussten das milde Rheinklima und die sonnigen Südhänge für die Kultivierung ihrer Rebsorten zu nutzen. Im Bereich des heutigen Kästrich pflanzten sie in der Umgebung ihrer Militärbasis die ersten Rebstöcke zur Versorgung der trinkfreudigen Legionäre. Vor allem im Mittelalter wurde der Weinexport dann zu einer tragenden Stütze der regionalen Wirtschaft. Auch heute spielt der Weinbau für die Region noch eine große Rolle. Kein Wunder, denn Rheinhessen ist das größte Weinbaugebiet Deutschlands.

Im Rheinbogen zwischen Bingen, Mainz und Worms werden auf knapp 26.500 ha über 20 verschiedene Rebsorten kultiviert und rund 2,5 Mio. Hektoliter Wein pro Jahr erzeugt. Angebaut werden zu etwa zwei Dritteln weiße und zu einem Drittel rote Rebsorten. Zu den am weitesten verbreiteten weißen Rebsorten gehören dabei Riesling, Müller-Thurgau und etwas abgeschlagen noch Silvaner. Bei den roten Trauben setzen die Winzer Rheinhessens vor allem auf Dornfelder, gefolgt von Portugieser und Spätburgunder.

Mainz selbst spielt im Ensemble der rheinhessischen Weinerzeuger eine eher bescheidene Rolle. Zwar werden rund 40 % des Stadtgebiets agrarisch genutzt, aber lediglich auf 2 % wird heute noch Wein kultiviert. Nur in den südlich gelegenen Stadtteilen Laubenheim, Ebersheim und Hechtsheim zieht sich auf gut 200 ha Fläche Wein die Hänge hoch. Zum Vergleich: In der Gemarkung von Worms sind es etwa 1500 ha.

Trotzdem darf sich Mainz mit dem Titel „Weinhauptstadt" schmücken, denn seit 2008 gehört die Stadt (zusammen mit Rheinhessen) zu dem erlesenen Kreis der „Great Wine Capitals" unseres Planeten. Überbewerten sollte man diese Ehrung aber nicht, denn das Netzwerk aus bekannten Weinstädten ist in erster Linie eine politisierte Marketingmaschinerie. Und im Werben um die Aufnahme in diese illustre Runde zeigte sich die rheinland-pfälzische Polit-Lobby damals einfach taktisch versierter als etwa die Konkurrenz aus Hessen. Das soll aber nicht in Abrede stellen, dass die einheimischen Winzer in einer Liga mit ihren Kollegen aus Bordeaux oder den Kapstädter Winelands spielen.

Eine Übersicht mit näheren Informationen zu den rund 25 Mainzer Weinbaubetrieben, die teilweise auch Anbauflächen im Rheingau haben, findet sich auf der Homepage der Erzeugervereinigung „Die Mainzer Winzer", www.diemainzerwinzer.de.

Essen gehen in Mainz

Das gastronomische Angebot in Mainz ist vielfältig. Für jeden Geschmack und jede Geldbörse lässt sich das Passende finden. Wer gutbürgerliche Küche und kleine Mainzer Spezialitäten in gemütlicher Atmosphäre sucht, der ist in einer der Altstadt-Weinstuben sicher am richtigen Ort. Wem eher nach mediterraner Küche zumute ist, der muss sich zwischen Tapas, Pasta und Pizza aus dem Holz- oder Steinofen entscheiden, kann aber auch beim Nobel-Italiener einkehren, der Pizza gar nicht erst auf der Karte hat. Etwas gehobene Preise müssen aber nicht unbedingt vor einer Einkehr abschrecken, denn unter der Woche bieten viele Restaurants preiswerte Mittagsmenüs an. Und wenn doch mal der Magen eines anspruchsvollen

Mainz liegt im größten Weinbaugebiet Deutschlands

Gourmets zu jammern anfängt, dann verspricht ein kreativer Sternekoch Abhilfe.

Und natürlich gibt es in Mainz viele Adressen, wo Freunde eines (verspäteten) Frühstücks oder einer gemütlichen Kaffeepause fündig werden. Am Markt, Gutenbergplatz und Schillerplatz finden sich mehrere attraktiv gelegene Cafés bekannter Ketten, in denen man das rege Treiben auf den Plätzen beobachten und miterleben kann. Aber auch in den Seitenarmen der Augustinerstraße und in der Neustadt haben sich charmante Kaffeeklatsch-Enklaven etabliert. Natürlich gibt's neben Croissants, Kaffee und Kuchen in nahezu allen Cafés auch kleine Mittagsgerichte sowie (nicht nur) des Abends Cocktails, Bier und Wein.

Restaurants

Sterneküche

Favorite **3** → Karte S. 94/95. Seitdem Frank Buchholz im Dezember 2015 sein Gonsenheimer Sternerestaurant geschlossen hat, darf das Favorite-Restaurant den ersten Platz unter den Mainzer Gourmet-Tempeln beanspruchen. Im gleichnamigen Hotel am Rande des Stadtparks zaubert der im Jahr 2014 mit nur 24 Jahren als jüngster Sternekoch Deutschlands ausgezeichnete Philipp Stein abwechslungsreiche Küche auf hohem Niveau mit regionalen und internationalen Einflüssen auf die Teller. Die große Glasfront des Restaurants mit Smoker-Lounge bietet Aussicht auf den Rhein, im Sommer lockt die Terrasse mit Blick in den grünen Park. Hauptgerichte um 40 €, Menü ab 100 €, Businesslunch 35 €. Mi–Sa 12–14 und 19–21.30 Uhr, So 12–14 und 18–21.30 Uhr. Karl-Weiser-Str. 1, ✆ 06131/8015133, www.my-favorite-mainz.de.

Gehobene Küche

Bootshaus **2** → Karte S. 94/95. Im April 2011 eröffnete Frank Buchholz am Winterhafen sein zweites Restaurant in Mainz. Das Stammhaus in Mainz-Gonsenheim hat der TV-Koch und Buchautor Ende 2015 allerdings gemeinsam mit seinem Michelin-Stern an den Nagel gehängt. An hoher Kreativität und Produktqualität wird im Bootshaus aber weiterhin festgehalten. Für die schmalere Geldbörse finden sich diverse Salate oder etwa Laugenknödelcarpaccio mit Pfifferlingen in Kräuterrahm auf der Karte. Man kann sich aber auch den gebratenen Steinbutt mit Saubohnen und Zitronen-Kapern-Soße für 34 € gönnen. Mo–Fr 3-Gang-Mittagsmenü für 15 €. Nachmittags gibt's auf der Terrasse Kaffee und Kuchen. Abends lässt es sich mit Blick auf den Rhein durch die große Glasfront des Gastraums in nautischem Ambiente exzellent speisen – ohne Reservierung findet sich dort dann aber nur selten noch Platz. Tägl. 11–23 Uhr. Victor-Hugo-Ufer 1, ✆ 06131/1438700, www.bootshausmainz.de.

Kupferberg Terrassen **10** → Karte S. 48/49. Spitzenrestaurant im stilvollen Ambiente des ehemaligen Stammhauses der Sektkellerei Kupferberg. Die Küche bietet Abwechslung für den bodenständigen bis gehobenen Gaumen. Besonders idyllisch sitzt es sich im großen, grünen Garten, der vom Alexanderturm, einem Relikt der ehemaligen Wehranlage, bewacht wird. Empfehlenswert ist das Business-Menü mit zwei Gängen, Di–Fr immer mittags für 15 €. Das 4-Gang-Menü am Abend kostet ab 45 €. Mo ab 17.30 Uhr, Di–So ab 11.30 Uhr geöffnet. Kupferberg 17–19, ✆ 06131/6938363, www.restaurant-kupferberg.de.

meinTipp **La Gallerie** **12** → Karte S. 48/49. Einen Steinwurf von der Kirche St. Stephan mit ihren berühmten Chagall-Fenstern entfernt kreiert Küchenchef Christoph Rubel seit Januar 2014 exzellente Speisen mit mediterranen und asiatischen Einflüssen. Während die Gäste in dezent-eleganter Atmosphäre hausgemachte Ravioli, Loup de Mer oder das „Steak des Monats" genießen, bricht ab und an die vorbeifahrende Straßenbahn Rekorde, wenn sie die mit rund 9,5 % Steigung steilste Straßenbahnstrecke Deutschlands hochklettert. Auch für Vegetarier hat die alle 2 bis 3 Wochen wechselnde Karte immer etwas zu bieten. Hauptgerichte ab 19 €, köstliche Mini-Desserts für 3 €. Tägl. empfehlenswerter 3-Gang-Mittagstisch für 14,50 €. Di–Sa 11.30–14.30 und 18–23.30 Uhr. So/Mo Ruhetag. Gaustr. 29, ✆ 06131/6969414, www.lagallerie-mainz.de.

meinTipp **Geberts Weinstuben** **1** → Karte S. 80/81. Bestes Lokal in der Neustadt! Das seit den 1970er-Jahren familiengeführte Restaurant verbindet gekonnt Tradition mit Moderne. Das gilt für das Ambiente ebenso wie für die Küche. Die Gäste sitzen auf brombeerfarbenen Stühlen unter schweren Kronleuchtern und über den Weinausschank wacht der Weingott

Bacchus persönlich. Küchenchef Frank Gebert sorgt für gutbürgerliche bis gehobene Küche mit regionalen und saisonalen Akzenten. Hauptspeisen um 20 €, 3-Gang-Menü 35 €. Mi–So 11.30–14.30 und 18–24 Uhr, Mo/Di Ruhetag. Frauenlobstr. 94, ✆ 06131/611619, www.geberts-weinstuben.de.

Meenzer Hausmannskost

HDW 5 → Karte S. 48/49. Im „Haus des Deutschen Weines" wird neben einer großen Auswahl an Weinen traditionelle Meenzer Hausmannskost nach Saison geboten. Günstige Tagesgerichte und nachmittags freie Auswahl an der Kuchentheke. Die Sitzplätze im Freien verschmelzen mit denen des benachbarten Pur. Tägl. 10–24 Uhr. Gutenbergplatz 3–5, ✆ 06131/221300, www.hdw-gaststaetten.de.

Zum Goldstein 23 → Karte S. 30/31. Restaurant und Biergarten unter einer großen Kastanie abseits der belebten Augustinerstraße. Zum bayerischen Gerstensaft gibt's Herzhaftes wie Bratwurst, Sülze oder Schweinesteak. Je nach Saison auch mal Spargel, Karpfen oder Gans. Mo–Fr 17–23 Uhr, Sa/So 12–23 Uhr. Kartäuserstr. 3, ✆ 06131/236576, www.zum-goldstein.de.

Bayerisch

Bratwurst Glöckle 2 → Karte S. 48/49. Freunde der bayerisch-fränkischen Küche dürften hier glücklich werden. Die Speisekarte bietet Herzhaftes von original Nürnberger Bratwürsten mit Kraut bis Schweinshax'n mit Kloß. Wechselnde Mittagsgerichte ab 6 €. Der Innenraum ist für eine echte bayerische Stub'n zwar etwas hell und den Dialekt des Servicepersonals bekommt man in Süddeutschland auch eher selten zu hören, aber das Mainzer Glöckle geht als Bratwursthaus schon durch. Mo–Sa 10–22 Uhr, So 11.30–18 Uhr. Schusterstr. 18–20, ✆ 06131/224204, www.bratwurst-gloeckle-mainz.de.

Burger & Grill

Bullys Burger 19 → Karte S. 80/81. Auf einer Verkehrsinsel unweit des Hauptbahnhofs hat sich der vielleicht beste, mit Sicherheit aber der kleinste Burgerladen von Mainz niedergelassen. Mehr als zehn Menschen finden in dem Schuppen kaum Platz, im Sommer noch Bestuhlung im Freien. Während links und rechts Autos vorbeirauschen, gibt's eine Auswahl an Burgern ab 6,50 €, im Menü ab 9,50 €. Mo–Fr 12–15 und 18–21.30 Uhr, Sa 12–22 und So 15–21 Uhr. Parcusstr. 8a, ✆ 06131/6193934, www.bullys-burger.de.

Winzige Bude, große Burger

Cubo Negro 5 → Karte S. 65. Gastronomischer Mix aus Restaurant, Eisdiele und Cocktailbar mit Loungebereich für den Liebhaber von sanften Jazz-Klängen. Leckere Pasta, sehr gute Burger und verschiedene Spezialitäten vom Grill. Im Sommer Bestuhlung auf dem Karmeliterplatz im Schatten der Ruine St. Christoph. Mo–Do 10–1 Uhr, Fr/Sa 10–2 Uhr, So 12–1 Uhr. Karmeliterplatz 4, ✆ 06131/237977, www.cubonegro.de.

Fisch

Fisch Jackob 5 → Karte S. 30/31. Seit mehr als 30 Jahren bekommen Fischliebhaber hier das Beste, was die Gewässer in Nah und Fern zu bieten haben. Kabeljau, Goldbarsch, Seeteufel und Co. kommen ohne viel Schnörkel und zu fairen Preisen auf die Teller. Ein beliebter Klassiker beim Stammpublikum ist die Fischsuppe mit reichhaltiger Einlage. Empfehlenswertes Gericht des Tages für unter 10 €. Vor allem an Markttagen kann es in der rustikalen Gaststube etwas eng werden. Im Sommer sitzt man an den Tischen im Freien mitten im Leben. Nebenan im gleichnamigen Fischfachgeschäft gibt's zur Mittagszeit Bratfisch mit Kartoffelsalat oder ein Fischbrötchen schnell auf die Hand. Mo–Do 11–14.30 Uhr, Fr/Sa 11–15 und 17–21 Uhr. Fischtorstr. 7 (Fachgeschäft Nr. 5), ✆ 06131/229299, www.fischjackob.de.

Flammkuchen

Kamin 30 → Karte S. 30/31. Die beste Adresse für Flammkuchen in Mainz – von klassisch bis exotisch. Daneben stehen auch immer wieder begehrte Spezialitäten wie Wildschwein-Burger auf der Karte. Besonders in der kalten Jahreszeit sind die raren Plätze um den offenen Kamin in der Gaststube stark umkämpft. Di–Sa ab 18 Uhr, So/Mo geschlossen. Kapuzinerstr. 8–10, ✆ 06131/6277887, www.kamin-mainz.de.

Griechisch

Naxos 9 → Karte S. 30/31. Griechische Taverne ohne Kitsch und Schnickschnack im Lauterenviertel unweit des Rheins. Den entspannten Familienbetrieb darf man wohl als beste Adresse für Saganaki, Souvlaki und Co. in Mainz bezeichnen. Der obligatorische Ouzo aufs Haus unterstreicht die Gastfreundschaft. Di–So ab 17.30 Uhr. Weintorstr. 21, ✆ 06131/229370.

Italienisch

Incontro 13 → Karte S. 30/31. Im Herzen der Altstadt erwartet den Besucher gehobene italienische Küche in überschaubaren Portionen. Die kreativen Antipasti und die Fischgerichte sind empfehlenswert, Pizzen finden sich nicht auf der Karte. Große Weinkarte. Wer an einem Tisch in der Augustinerstraße speisen möchte, wird es ohne Reservierung recht schwer haben, es sei denn, er kennt den zuweilen äußerst mürrischen Chefkellner. Di–So 11.30–24 Uhr. Augustinerstr. 57, ✆ 06131/238221, www.incontro-ristorante.de.

MeinTipp **alCortile 20** → Karte S. 30/31. Aus dem Holzofen des Restaurants in einem sanierten Altbau mit Gewölbekeller und Sitzplätzen im Innenhof kommen wohl die besten Pizzen der Stadt. Selbst wenn man nach Pizza, Pasta und Co. schon satt ist, lohnt der Blick auf die Dessertkarte. Auch wegen der fairen Preise sowie des freundlich-flexiblen und kinderlieben Servicepersonals nur zu empfehlen. Ohne Reservierung geht aber am Wochenende oft überhaupt nichts. Tägl. 11.45–15 und 18–24 Uhr. Kartäuserstr. 24, ✆ 06131/617878, www.alcortile.de.

Trattoria am Kaisertor 2 → Karte S. 80/81. Italienisches Restaurant in Sichtweite der Christuskirche direkt an der Rheinallee. Die kleine, aber feine Speisekarte wird ergänzt durch eine wöchentlich wechselnde Mittagskarte an Werktagen. Das empfehlenswerte Mittagsmenü gibt's für 8,50 € – zur Auswahl stehen mehrere Vor- und Hauptspeisen. Tägl. 11.30–14.30 und 17.30–23 Uhr. Rheinallee 2-4, ✆ 06131/3808052, www.trattoria-mainz.de.

Spanisch

Besitos 18 → Karte S. 80/81. Spanische Tapas- und Cocktailbar direkt am Hauptbahnhof – leise geht es hier also nicht zu. Neben den üblichen Appetitanregern gibt's traditionelle Paellas und empfehlenswerte Salate. Zur „Happy Hour" von 17 bis 20 und ab 22.30 Uhr alle Cocktails für 4,50 €. Tägl. ab 10 Uhr bis 1 Uhr durchgehend warme Küche. Bahnhofsplatz 4, ✆ 06131/5543834, www.besitos.de.

Südamerikanisch

Patagonia 9 → Karte S. 80/81. Wer über dieses chilenische Steakhouse etwas Schlechtes sagt, ist mit Sicherheit Vegetarier und damit hier wohl eher fehl am Platz. Wer aber unter akutem Fleischmangel leidet, der wird in unaufdringlich familiärer Atmosphäre mit dem Besten, was das südamerikanische Rind zu bieten hat, liebevoll wieder aufgepäppelt. Auch die Weinkarte listet vorwiegend chilenische Alkoholika. Mo–Sa 17.30–23 Uhr, So 17–22 Uhr. Kaiser-Wilhelm-Ring 74, ✆ 06131/2106660, www.patagonia-mainz.de.

Thailändisch

Thai-Express 12 → Karte S. 30/31. Asiatisches Schnellrestaurant mit großer Auswahl an leckeren Nudel- und Reisgerichten mit Huhn, Rind oder Ente. Wegen der üppigen Portionen zu fairen Preisen und der guten Cocktailauswahl insbesondere bei jungen Menschen beliebt. Getränke und Essen werden vom Gast an der Theke selbst abgeholt. Mo–So 11–23 Uhr. Augustinerstr. 54–56, ✆ 06131/8856599, www.thai-express.de. (Ein weiterer Express findet sich in der Franziskanerstr. 3–5.)

Küche querbeet

Pur 4 → Karte S. 48/49. Restaurant und Café im Staatstheater. Von den Tischen im Freien lässt es sich bequem dem regen Treiben auf dem Gutenbergplatz zusehen. Die Speisekarte ist nicht überladen – man beschränkt sich auf etwa 15 Gerichte; dazu wechselnde Tagesangebote, auf die das freundlich-flexible Servicepersonal gerne hinweist. Sa/So und feiertags reichhaltiges Frühstücksbuffet, 9–13 Uhr für 10 €. Beim Wein achtet man auf regionale Herkunft. Trotz populärer Lage faire Preise. Gutenbergplatz 7, ✆ 06131/2851264, www.pur-mainz.de.

Gautor 13 → Karte S. 48/49. Restaurant und Café am „Tor zur Mainzer Altstadt". Der Barockbau aus dem 18. Jh. wurde 2009 aufwendig restauriert und bietet neben einer freundlich-hellen Gaststube eine kleine Terrasse mit Blick auf die restaurierte Gautor-Fassade. Regionale und mediterrane Küche mit Produkten vom Mainzer Markt. Werktags wechselnde Mittagsmenüs für 9,50 €. Mo–Sa 12–15 und 17–22.30 Uhr, So 12–22.30 Uhr. Gaustr. 2, ✆ 06131/222000, www.gautor-mainz.de.

Hintz & Kuntz 6 → Karte S. 30/31. In der Kneipe für „Jedermann" auf dem Liebfrauenplatz sitzen die Gäste unter dem Blätterdach mit Blick auf den Ostchor des Doms. Innenraum mit Lounge-Bereich und Scherenschnittbildern an den Wänden. Gutbürgerliche Küche von der Bio-Bratwurst bis zum Tafelspitz. Frühstück tägl. 10–14 Uhr. Hausgemachtes Tequila-Bier und diverse Biercocktails. So–Do 10–24 Uhr, Fr/Sa 10–1 Uhr. Fischtorstr. 1, ✆ 06131/1444707, www.hintzundkuntz.de.

Citrus 32 → Karte S. 30/31. Die Bar mit Restaurantbetrieb unweit der Rheinpromenade möchte seit der Wiedereröffnung im Sept. 2012 als „erwachsen" gelten. Dass es hierzu nicht kommt, dafür sorgt glücklicherweise das jugendlich-hippe und freundlich-frische Servicepersonal. Im modern gestylten Gewölberaum mit ansprechend beleuchteter Bar lassen sich sehr gute Cocktails schlürfen. Werktags zwischen 11 und 15 Uhr gibt's einfache Mahlzeiten für 6,50 €, sonntags Brunch für 20 €. So–Do 10–1 Uhr, Fr/Sa 10–2 Uhr. Rheinstr. 2, ✆ 06131/216715, www.citrus-mainz.de.

Heiliggeist 9 → Karte S. 65. In das historische Ambiente des im 13. Jh. erbauten Bürgerspitals hat sich heute ein durchwegs zu empfehlendes Restaurant mit Barbetrieb eingenistet. Im ausladenden ehemaligen Krankensaal werden bekannte bis exotisch angehauchte Speisen kredenzt, zu etwas gehobenen, aber vertretbaren Preisen. Bei schönem Wetter sitzt es sich gemütlich im beschatteten Biergarten unterhalb der Rathausbrücke. Frühstück bis 16 Uhr. Mo–Fr ab 16 Uhr, Sa/So und feiertags ab 9 Uhr. Mailandsgasse 11, ✆ 06131/225757, www.heiliggeist-mainz.de.

Schwayer 4 → Karte S. 94/95. Restaurant und Biergarten südlich der Altstadt mit Blick in den Volkspark. Direkt angrenzend eine Rollschuhbahn und ein Wasserspielplatz für die Kleinen. Werktags empfehlenswerte Tagesgerichte um 6 €, jeden Sa/So und feiertags Brunch für 17 €. Das junge Serviceteam ist fix, freundlich und flexibel, auch wenn der Biergarten aus allen Nähten platzt. Tägl. 10–24 Uhr. Göttelmannstr. 40, ✆ 06131/211211, www.schwayer-mainz.de.

Bastion von Schönborn 7 → Karte S. 80/81. Vor rund 175 Jahren als Teil der Reduit erbaut, beherbergt der ehemalige Militärbau direkt am Wasser heute ein beliebtes Restaurant. Von der Terrasse unweit des Kasteler Strands hat man einen schönen Blick aufs Mainzer Ufer mit Rathaus, Dom und Landtag. Im ersten Stock des Restaurants erinnert ein kleines Flößermuseum an diesen längst ausgestorbenen Berufszweig. Frische Salatteller um 10 €, Fisch- und Fleischgerichte 15–20 €, die kurze Rast mit einem Schoppen Riesling und Spundekäs gibt's für etwa 8 €. Tägl. ab 11 Uhr, Küche durchgehend bis 22 Uhr. Rheinufer 12, 55252 Mainz-Kastel, ✆ 06134/210860, www.bastion-von-schoenborn.de.

Weinstuben

Südliche Altstadt → Karte S. 30/31

Weinhaus Bluhm 19 Mit der schummrigen, alten Stube, in der schon Joschka Fischer und Daniel Cohn-Bendit in den 1970ern ihre Reden schwangen, hat das Bluhm seit seiner Neueröffnung im März 2016 nichts mehr gemeinsam. Zusammen mit ihrem Vater Pierre empfängt Murielle Stadelmann Weinliebhaber in einer hellen, mit französischen Akzenten ausgeschmückten Gaststube. Die Weine stammen vorwiegend von unbekannten rheinhessischen Jungwinzern unter 35 Jahren und wurden von den Wirtsleuten per Blindverkostung ausgewählt. Aus der Küche kommen Mainzer Spezialitäten in kreativen Variationen. So darf man neben dem originalen Paprika-Spundekäs auch mal Spundekäs mit Roter Bete oder mit Blauschimmelkäse und Nüssen probieren. Legendär auch der Hackbraten und die Fischsupp'. Tägl. ab 16 Uhr. Badergasse 1, ✆ 06131/4906343, www.weinhaus-bluhm.de.

mein Tipp: **Weinhaus Michel 29** In der verwinkelten Stube oder auf dem Kopfsteinpflaster in der Gasse rücken des Abends Studenten, Handwerker, Banker, Künstler und Ur-Mainzer dicht zusammen. Oft sorgen Straßenmusiker mit leiser Jazz-Musik für eine wohlige Atmosphäre. Nichtmainzern bereitet die mundartliche Speise- und Weinkarte schon mal Probleme – das nette Servicepersonal oder das Inhaberehepaar Astrid und Stefan Michel helfen gerne weiter. Die gutbürgerlichen Speisen und kleinen

Mainzer Appetitanreger entziehen sich mühelos negativer Kritik. Tägl. ab 16 Uhr. Jakobsbergstr. 8, ✆ 06131/233283, www.michel-wein.de.

Weinstube Zum Bacchus **28** gegenüber vom Weinhaus Michel befindet sich mit dem Bacchus eine für Mainz eher untypische Weinstube. Helle Ockertöne an den Wänden geben dem Gastraum etwas provenzalisches Flair und erinnern an die Herkunft des ausgezeichneten Kochs. Neben Spundekäs und Rieslingsuppe gibt's ausgefallene Salate, Flammkuchen, original Wiener Schnitzel und eine wechselnde Wochenkarte. Die Weine kommen vorwiegend von der Winzerfamilie Michel. Daneben aber auch gute Auswahl an Bieren aus der Pfalz. Die einzige Weinstube der Stadt, die auch Meenzer Craft-Biere auf der Karte hat. Tägl. ab 16 Uhr. Jakobsbergstr. 7, ✆ 06131/4875548, www.weinstube-zum-bacchus.de.

Weinhaus Zum Spiegel **11** Die Traditionsweinstube in einem Fachwerkgiebelhaus aus dem 17. Jh. wird im Volksmund auch „Rückspiegel" genannt – soll heißen, dass hier zusammengerückt wird, wenn sich Stube und Terrasse füllen. Das Angebot an Weinen aus Rheingau und Rheinhessen wird vorwiegend von einem Publikum im gehobenen Rentenalter angenommen. So–Fr 16–24, Sa 12–24 Uhr. Leichhofstr. 1, ✆ 06131/228215.

Bacchus vor den Kupferberg-Terrassen

Weinstube Hottum **10** Uriges und lebendiges Weinlokal mit kleiner, rustikaler Stube in einem Nebenarm der Augustinerstraße. Die gute Weinauswahl wird begleitet von einer empfehlenswerten Küche zu sehr humanen Preisen (fast alle Hauptgerichte unter 10 €). Tägl. ab 16 Uhr. Grebenstr. 3, ✆ 06131/223370, www.weinstube-hottum.de.

Neustadt

→ Karte S. 80/81

Weinhaus Kurfürst **4** Bodenständige Weinstube für das Publikum aus der Nachbarschaft mit Mini-Bierbänken im Freien. Touristen trifft man hier kaum an. Große Auswahl an Weinen aus Rheinhessen und dem Rheingau – Biertrinker sind hier unterrepräsentiert, werden aber toleriert. Diverse Schnitzelgerichte ab 7,50 € – für den normalen Hunger sind die kleinen Portionen (ab 5 €) ausreichend. Vegetarier müssen sich an Vorspeisen oder Beilagen satt essen. Mi–Sa 17–22 Uhr, So und feiertags 12–21 Uhr. Kurfürstenstr. 33, ✆ 06131/6299539.

Weinhaus Hahnenhof **3** Am Frauenlobplatz in der Nähe von Christuskirche und Neuer Synagoge findet sich mit dem Hahnenhof ein Mainzer Traditionslokal, das die rheinhessische Küche um allerlei österreichische Schmankerl ergänzt. So gibt's neben Rieslingcremesuppe und Handkäs mit Musik auch Käsespätzle, Wiener Schnitzel und Marillenpalatschinken. Verschiedene Hendl-Variationen machen dem Namen des Lokals alle Ehre. Hauptgerichte 10–20 €. Die Weine kommen überwiegend aus dem Rheingau und werden durch internationale Tropfen ergänzt. Bei schönem Wetter sitzt es sich entspannt auf der Terrasse unter Kirschbäumen. Innen sorgen Backsteinwände und Holzvertäfelung für eine gemütliche Atmosphäre. Damit sich auch sehschwache Gäste die „zehn guten Gründe, Wein zu trinken" in der Speisekarte durchlesen können, halten die Inhaber Anja und Tibor Jakus immer ein Sortiment Lesebrillen bereit. Tägl. ab 16 Uhr, So/feiertags ab 11.30 Uhr, Di Ruhetag. Wallaustraße. 18, ✆ 06131/2121150, www.hahnenhof-mainz.de.

Cafés und Frühstück

Altstadt

Café dell'Arte **17** → Karte S. 30/31. In einer Seitengasse der belebten Augustinerstraße lässt es sich hervorragend frühstücken, brunchen oder auch zu Mittag essen (werktags Lunch für 6,50 €). Freunde flüssiger Schokolade können über zwei Dutzend Kreationen probieren.

Wechselnde Ausstellungen regionaler Künstler lösen das Versprechen im Namen ein. Mo–Fr 9–16 Uhr, Sa 9–18 Uhr, So 10–17 Uhr. Badergasse 18–22, ✆ 06131/6279391, www.cafedellarte.de.

Altstadtcafé 21 → Karte S. 30/31. Absolute Top-Adresse für ein ausgewogenes Frühstück. Etwas versteckt und doch zentral gelegen – hier hat man seine Ruhe vorm Touristenstrom, der durch die Augustinerstraße rollt. Die angenehm entspannte Atmosphäre erlaubt es, schnell ins Gespräch zu kommen, man kann sich aber auch ungestört in seine Zeitung vertiefen. Oft wird's ein bisschen voller in der guten Stube, dann kann der Milchkaffee auch schon mal 20 Min. dauern – mit Glück gibt's dann aber ein Gläschen Sekt als aufrichtige Entschuldigung. Mo–Fr 8–22 Uhr, Sa ab 9 Uhr, So/feiertags ab 10 Uhr. Schönbornstr. 9a, ✆ 06131/224868, www.altstadtcafe-mainz.de.

Café Extrablatt 3 → Karte S. 30/31. Nachdem das Café Figaro wegen Mietschulden von rund 700.000 € schließen musste, verbleibt mit dem benachbarten Extrablatt das einzige Café am Markt, von dessen Außenbereich sich entspannt das Markttreiben beobachten lässt und man freien Blick auf den Dom genießt. Die Karte bietet von Frühstück, Pasta, Pizza, Salat, Fingerfood und Eis alles querbeet. Ein weiterer Ableger der Kette findet sich ebenso schön gelegen am Schillerplatz vor dem Fastnachtsbrunnen. Mo–Sa ab 8.30 und So ab 9 Uhr geöffnet. Markt 7–9, ✆ 06131/912697, www.cafe-extrablatt.de.

Café Dinges 1 → Karte S. 30/31. Von der Lage her – versteckt zwischen Marktplatz und Brand-Einkaufszentrum – nicht unbedingt optimal und atmosphärisch etwas unterkühlt, aber das macht nichts. Seit rund 100 Jahren gehört das durchgängig familiengeführte Dinges zu den festen Institutionen der Mainzer Kaffeehaus-Landschaft. Die recht schlichte Einrichtung ohne überflüssigen Schnickschnack ist der ideale Hintergrund für die täglich frisch zubereiteten Kuchen- und Tortenspezialitäten. Auch wegen seiner guten Mittagsküche ist das Dinges bekannt und beliebt. Di–Sa 8–18 Uhr, So 10–18 Uhr. Mailandsgasse 2, ✆ 06131/227833, www.cafe-dinges.com.

Pomp 4 → Karte S. 65. Direkt am Neubrunnenplatz gelegenes Café-Restaurant mit Barbetrieb, das seine Gäste mit täglich wechselnden Kuchen, kleinen Gerichten (Burger, Sandwiches, Pasta) und Cocktails (6–7 €) anlockt. Empfehlenswert vor allem für Langschläfer, denn hier gibt's täglich Frühstück bis Mitternacht. So–Do und feiertags 9–24 Uhr, Fr/Sa 9–2 Uhr. Große Bleiche 29, ✆ 06131/235119, www.pomp-mainz.de.

Novum 9 → Karte S. 48/49. Café mit modernem Lounge-Bereich. Ab dem Frühjahr können die Gäste um kleine Tischchen mit Sonnenschirm auf dem kopfsteingepflasterten Ballplatz sitzen. In den Abendstunden warten 60 verschiedene Cocktails, 30 Sorten Whiskey und ein gut sortierter, internationaler Weinkeller auf durstige Kehlen. Auch kulinarisch kommt man hier auf seine Kosten: von Frühstück (bis 16 Uhr) über kleine Snacks bis zu einfachen Fleisch- und Nudelgerichten. Mo–So ab 9.30 Uhr. Ballplatz 2, ✆ 06131/1430522, www.ballplatzcafenovum.de.

Lomo 8 → Karte S. 48/49. Buch-Bar mit Außenbereich am Ballplatz, vom gleichen Betreiber wie das Hintz & Kuntz. Im Restaurant-

Mainz im Kasten

„Mutter's Bester Tropfen" – eine Mainzer Rarität

Früher nur auf Rezept in den Apotheken der Stadt erhältlich, hat sich der Kräuterlikör „Mutter's Bester Tropfen" aus Mainz-Bretzenheim längst auch seinen Weg in die Lokale, Kneipen und Festzelte der Stadt gebahnt. Die genaue Rezeptur des 35-prozentigen Gebräus schlummert sicher in einem Bretzenheimer Tresor, durchgesickert ist aber, dass bei der Herstellung die Wirk- und Bitterstoffe von rund 30 Kräuter- und Gewürzpflanzen extrahiert und im Likör konserviert werden. So mancher Mainzer schwört deshalb auf den „Mutters" als die beste natürliche Medizin, wenn das Essen mal wieder schwer im Magen liegt. Das milde Likörchen ist heute auch in den Souvenirläden der Stadt zu erstehen – im Supermarkt sucht man den Tropfen allerdings vergebens, dafür ist er laut Hersteller-Familie dann doch zu besonders. Mehr Infos auf www.mutters-bester-tropfen.de.

bereich hilft eine kleine Bibliothek, die Wartezeit auf die unspektakuläre, aber gute mediterrane Küche zu verkürzen. Im Gewölbekeller Raucher-Lounge mit Cocktails und Co. Themenpartys und Lesungen regionaler Nachwuchsliteraten ziehen ein bunt gemischtes Publikum an. Werktags bis 14 Uhr einfaches Frühstücksbuffet für 5,90 €, am Sonntag Brunch. So und Mo ab 18 Uhr jeder Cocktail 4,50 €. So–Do 10–1 Uhr und Fr–Sa 10–2 Uhr. Ballplatz 2, ✆ 06131/6293783, www.lomo-mainz.de.

Da Vito **24** → Karte S. 30/31. Italienisches Restaurant und Eiscafé am südlichen Ende der Augustinerstraße. Unzählige Eisbecher von dezent bis pompös. Das Eis wird natürlich selbst produziert. Ebenso wie die empfehlenswerten Tortelloni. So–Do 11–23.30 Uhr, Fr/Sa 11.30–24 Uhr. Holzstr. 1, ✆ 06131/229103, www.da-vito-mainz.de.

dicke lilli, gutes kind **11** → Karte S. 48/49. Das kleine Café mit türkis-grünen Wänden und Wohnzimmer-Atmosphäre liegt direkt an der Gaustraße unweit des Schillerplatzes. Hier treffen sich Schüler, Studenten und die Nachbarschaft zu Kaffee und Kuchen. Daneben gibt's auch Frühstück, Suppen, Salate und kleinere Gerichte. Vor allem am Wochenende heißt es zeitig kommen, sonst wird's mit dem Sitzplatz schwierig. Mo–Fr 9–19 Uhr, Sa/So 10–20 Uhr. Gaustraße/Ecke Breidenbachstr. 9, ✆ 06131/4877080, www.dickelilliguteskind.de.

Neustadt → Karte S. 80/81

mein Tipp **Nelly's Frühstückslust** **5** Gemütliches Frühstücksbistro mit Kunst an den grasgrünen Wänden und kleiner Terrasse. Junge Mütter mit Kind trifft man hier ebenso wie Bauarbeiter beim zweiten Frühstück oder Schüler bei der selbstverordneten Freistunde. Ganztägig Frühstück, hausgemachte Kuchen, Suppen und Baguettes. Es lohnt der Blick auf den Nelly-Kalender: Erwischt man den richtigen Tag, gibt's ein Heißgetränk umsonst – vorausgesetzt man kann grüne Haare, ein Piercing, rote Lippen, Zahnspange oder was sonst gerade gefragt ist nachweisen. Mo–Do und Sa 9–21 Uhr, Fr 9–1 Uhr, So/feiertags 10–23 Uhr. Josefsstr. 5a, ✆ 06131/8856036, www.nellys-mainz.de.

Annabatterie **6** Kleines, hippes Vintage-Café am Gartenfeldplatz im Herzen der Neustadt. Kein Stuhl gleicht dem anderen und auch das restliche Interieur ist kunterbunt zusammengewürfelt. In den Auslagen warten selbstgemachte Kuchen und Törtchen auf ihr schmackhaftes Ende. Frühstück bis 15 Uhr. Kleine, warme Gerichte und Salate gibt's auch. Tägl. 10–20 Uhr. Gartenfeldplatz 2, www.annabatterie.de.

Möhren Milieu **12** Wer des Morgens auf sein Rührei mit Speck verzichten kann, findet hier eine gute Frühstücksauswahl. Gegessen wird im spartanisch eingerichteten Innenraum oder draußen im Kräutergarten. Ob Heidelbeer-Walnuss-Scone, Apfel-Porridge, Schokowaffel oder hauseigene Müsli-Mischung – hier ist alles bio und vegan. Nicht nur mittags auch Gemüsecurry, Suppen, Sandwiches und Kuchen. Erfrischende Smoothies gibt's ebenso wie alle Speisen auch zum Mitnehmen. Mo–Fr 10–20 Uhr, Sa/So 10–18 Uhr Adam-Karrillon Str. 5, ✆ 06131/8900842, www.moehren-milieu.de.

Ausflugslokale und Biergärten

Hofgut Laubenheimer Höhe **1** → Karte S. 117. Idyllisch gelegenes Ausflugslokal über den Dächern von Mainz mit großer Panoramaterrasse und Hofgarten mit Blick auf den Weinberg und bis nach Frankfurt. Gutbürgerliche und schmackhafte Küche von üppigen Brotzeitplatten über Flammkuchen bis Medaillons vom Hirschkalb. Die Preise für die Gerichte sind prinzipiell in Ordnung, allerdings wird für das nicht selten unorganisierte und etwas hilflose Auftreten des Servicepersonals fast schon Schmerzensgeld fällig. Lage und Ausblick lassen aber vieles verzeihen. Mo–Sa ab 12 Uhr, So ab 11 Uhr. Auf der Laubenheimer Höhe 1–3, ✆ 06131/622260, www.hofgut-laubenheimer-hoehe.de.

Turm Mainz. Inmitten des Lennebergwalds weist das Plätschern eines künstlichen Wasserfalls den Weg zur schattigen Terrasse dieses Café-Restaurants. Wenn nicht gerade eine Hochzeitsgesellschaft die Anlage für sich beansprucht, lädt der Biergarten zu kühlen Erfrischungen ein. Flammkuchen, üppige Salatteller, Schnitzel und Co. sorgen für das leibliche Wohl. Nachmittags gibt's Kaffee und Kuchen, am Wochenende auch Frühstück. Vom Personal erhält man auf Anfrage den Schlüssel für den benachbarten Lennebergturm, von dem sich ein wundervoller weiter Rundblick über den Wald bietet. Mai–Sept. Mo–Do 17–24 Uhr, Fr 11.30–24 Uhr, Sa/So und feiertags 10–24 Uhr; Okt.–April Mo–Fr 17–24 Uhr, Sa/So und feiertags 10–24 Uhr. Im Wald 3, 55257 Budenheim, ✆ 06131/1437214, www.turmmainz.de.

L'Arcade Mole 20 → Karte S. 80/81. Ab April geöffneter Biergarten am Winterhafen mit Blick auf die Malakoff-Terrasse und den Rhein, Bier (0,5 l) 4 €. Eine Imbissbude bietet kleine Snacks an – der Kartoffelsalat oder die Mayo haben bei Hitze schon mal einen Stich weg, gegen ein Würstchen im Brötchen ist aber nichts einzuwenden. Mo–Fr 11–23 Uhr, Sa/So 10–23 Uhr. Victor-Hugo-Ufer, www.l-arcade.de/die-mole.

Mainz-Strand 11 → Karte S. 80/81. Im Frühsommer öffnet an der Theodor-Heuss-Brücke der künstlich aufgeschüttete Mainzer Strand seine Pforten. Hängematten, Strandkörbe und Liegestühle laden dann zum Sonnenbaden oder einem Nickerchen direkt am Ufer ein. Wer will, kann an den Terrassen seine Füße in den Fluss hängen. Sportliche Abwechslung bietet ein Beachvolleyball-Feld. Zwei Bars versorgen Durstige mit Wein, Bier, Cocktails und anderen kalten Erfrischungen. Bis Mitternacht sorgt ein Grillstand fürs leibliche Wohl. Daneben gibt's im Biergarten weitere Snacks (Pommes, Burger, Flammkuchen etc.) und Eis. Unregelmäßig ist der Strand auch Schauplatz für Partys mit DJ-Beschallung (teils mit Eintritt). Jeden Mi ab 20 Uhr Studententag mit gesenkten Preisen, jeden Do ab 19.30 Uhr Zumba-Fitness und im Anschluss Salsa-Party mit Schnupperkursen. Tägl. 11–2 Uhr geöffnet, bei Regen oder akuter Regengefahr bleibt der Betrieb aber geschlossen. Adenauer-Ufer, www.mainzstrand.de.

Planke Nord 2 → Karte S. 106/107. Mit einem traditionellen Biergarten hat die 2013 eröffnete „Planke" am Rheinufer beim Zollhafen eigentlich gar nichts zu tun. Zwischen Schiffscontainern chillt hier das vorwiegend jüngere Publikum auf selbstgebauten Holzmöbeln und Rasenflächen. Auf einer Bühne gibt's ab und an Theater, Konzerte und Open-Air-Kino. Eine Bar sorgt mit Getränken und Gegrilltem für das leibliche Wohl. Der Kulturbiergarten öffnet im Sommer nur bei schönem Wetter. Mo–Fr ab 16.30 Uhr, Sa/So ab 15 Uhr. Nördlich des Zollhafens, Zugang über die Straße Am Getreidespeicher, www.plankenord.de.

Biergarten Favorite 4 → Karte S. 94/95. Im Stadtpark öffnet von Mai bis Sept. bei schönem Wetter der zum Parkhotel gehörige, aber für jedermann zugängliche Biergarten. Unter uralten Bäumen gibt's bayerische sowie Meenzer Spezialitäten und natürlich Bier. Kinder können im Park tollen, Papageienhaus oder Flamingo-Tümpel besuchen. Über eine Brücke gelangt man vom Biergarten schnell an den Rhein. Mo–Fr ab 16 Uhr, Sa/So ab 11 Uhr. Im Stadtpark beim Favorite Parkhotel, ✆ 06131/80150, www.favorite-mainz.de.

Im Heiliggeist gibt's moderne Küche vor und hinter mittelalterlicher Fassade

Staatstheater Mainz – im Bild „Die göttliche Komödie" (2012)

Kultur- und Nachtleben

Wie es sich für eine Landeshauptstadt gehört, bietet Mainz seinen Bürgern und Besuchern trotz knapper Kassen und dank privater Initiativen ein ansprechendes und vielseitiges Kulturprogramm. An Ausgehmöglichkeiten zu späterer Stunde – sei es zum Trinken oder Tanzen – mangelt es der Studentenstadt ohnehin nicht.

Theater/Kleinkunst/Konzerte

Das Staatstheater lädt als eines der größten Schauspielhäuser von Rheinland-Pfalz zu Konzert, Oper, Ballet und Drama ein. Im berüchtigten „unterhaus" geben sich die Größen der Comedy- und Kabarettszene die Klinke in die Hand. Und auch auf den bescheideneren Bühnen der Stadt wird kleine und große Kultur zelebriert.

Staatstheater Mainz. Die wichtigste Bühne der Stadt verteilt sich auf drei Spielstätten und bietet ein abwechslungsreiches Programm von klassisch bis modern. Die Hauptbühne im Großen Haus widmet sich bekannten Dramen, Opern, Sinfoniekonzerten und dem Ballett. Das Kleine Haus direkt dahinter am Tritonplatz ist für kleinere Inszenierungen reserviert. Seit Sept. 2012 findet sich mit dem Deck 3 in der Glaskuppel des Theaters eine Studiobühne, die Raum für experimentelle Aufführungen sowie Werkstattproduktionen bietet. Daneben wird hier auch Schauspiel für Kinder und Jugendliche geboten. Kartenpreis je nach Veranstaltung und Sitzplatzkategorie 9,50–55 €. Theaterkasse Mo–Fr 10–19 Uhr, Sa 10–15 Uhr. Gutenbergplatz 7, ✆ 06131/2851222 (Tickets), www.staatstheater-mainz.de.

mein Tipp **unterhaus**. Bereits seit 1966 wird hier auf zwei Bühnen ganz große Kleinkunst in allen Facetten geboten. Kabarett- oder Comedy-Größen wie Urban Priol, Dieter Nuhr oder Lisa Fitz gastieren hier ebenso wie Newcomer oder in Vergessenheit geratene Wortkünstler. Zudem wird hier seit 1972 alljährlich im Febr. der Deutsche Kleinkunstpreis verliehen – eine der wichtigsten Auszeichnungen für Kabarett, Chanson und Kleinkunst in Deutschland. Vor dem unterhaus sind dann auch die Genre-Größen im „Walk of Fame des Kabaretts" verewigt. Bei größeren Veranstaltungen gastiert das unterhaus schon mal im Frankfurter Hof.

Zweimal im Jahr gibt es ein ausführliches Programmheft. Kartenverkauf Mo–Fr 11–14 und 16.30–18.30 Uhr. Münsterstr. 7, ✆ 06131/232121 (Tickets), www.unterhaus-mainz.de.

Mainzer Kammerspiele. Der Fort-Malakoff-Park ist in erster Linie ein Bürokomplex und das wohl überflüssigste „Einkaufszentrum" der Welt. Weder zum Shoppen noch zum Essen sollte man in die architektonisch durchaus ansprechende Passage direkt am Rhein einen Fuß setzen. Das funktionale Desaster dieses Gebäudes wird lediglich dadurch gemildert, dass sich hier die Bühne der Mainzer Kammerspiele befindet. Mehrere Ensembles präsentieren hier ein breites Spektrum zeitgenössischer Dramatik, darunter experimentelles Sprechtheater, Ballett oder Musicals für Kinder. Ergänzt wird das Programm durch Sonderveranstaltungen wie das Figurentheaterfestival oder das Kindertheaterfestival. Kartenvorverkauf Di–Fr 11–18 Uhr geöffnet. Rheinstr. 4, ✆ 06131/225002, www.mainzer-kammerspiele.de.

Showbühne Mainz. In einer Mischung aus Eigenproduktionen und Gastspielen bietet die Showbühne direkt am Münsterplatz ein buntes Unterhaltungsprogramm. Gezeigt werden Kabarett, Komödien, Musicals und Kleinkunst unterschiedlicher Couleur. Ab und an kann's auch schon mal etwas derbe bis anzüglich werden. Große Bleiche 17, ✆ 06131/2116444, www.showbuehne-mainz.de.

performance art depot. Wie der Name schon vermuten lässt, erfährt der Besucher hier Unterhaltung abseits des klassischen Theaters. Das „pad" versteht sich als Produktions- und Spielstätte für moderne Kunstformen und heißt vor allem Künstler willkommen, die sich abseits des Mainstreams bewegen. Leibnizstr. 46, ✆ 06131/8869433, www.pad-mainz.de.

Meenzer Rhoiadel. Freunde echter Meenzer Mundart sollten sich einen Besuch dieser Kleinkunstbühne in Mainz-Mombach nicht entgehen lassen. In familiärer Atmosphäre geben hier „professionelle" Laiendarsteller typisch Mainzer Humor zum Besten. Inszeniert werden vor allem frech-fröhliche Lustspiele, ab und an kommt auch mal regionalisierte Weltliteratur auf die Bühne. Man muss kein gebürtiger Meenzer sein, um den Stücken folgen zu können – notfalls hilft eben der Sitznachbar über Sprachhürden hinweg. Vor den Aufführungen gibt's Mainzer Hausmannskost, danach wird noch ein wenig gebabbelt. Eintritt 15 €. Hauptstr. 17–19 (im Auktionshaus Schnappenberger), ✆ 06131/681500, www.rhoiadel.de.

Teatro d'Arte Scarello. In einer ehemaligen Konservenfabrik im ländlichen Mainz-Finthen findet sich mit dem „Theater im Loft" eine kleine Bühne, die Schauspiel der anderen Art bietet. In der Tradition der italienischen Commedia dell'arte gibt's hier semi-improvisiertes Spiel ohne feste Texte. Zum Bistro-Stil des Theatersaales passendes und sogar mit den Stücken harmonierendes Buffet. Borngasse 15, ✆ 06131/470246.

Villa Musica. Als Stiftung des Landes Rheinland-Pfalz und des SWR hat sich die Villa Musica auf der ehemaligen Bastion Alexander vorwiegend der Förderung von Nachwuchsmusikern verpflichtet. Regelmäßig dürfen sich Liebhaber der klassischen Kammermusik vom Lernfortschritt der jungen Musiker und Können ihrer Lehrer überzeugen. Auf der Bastei 3, ✆ 06131/9251800, www.villamusica.de.

Sterne der Satire vor dem Proviantmagazin

Kulturzentren/ Veranstaltungsorte

Frankfurter Hof. Das geschichtsträchtige Gebäude erlebte Mitte des 19. Jh. den Ursprung der politisch-literarischen Mainzer Saalfastnacht. Auch heute noch ist der renovierte Saalbau eine Bühne für lustige aber auch kritische Töne. Dabei gesellen sich zu den bekannten

Vertretern aus Comedy und Kabarett immer wieder nationale und internationale Musikgruppen und Solokünstler. Augustinerstr. 55, ✆ 06131/220438, www.frankfurter-hof-mainz.de.

Rheingoldhalle. Das Kongresszentrum mit über 7000 m² Veranstaltungsfläche gegenüber vom Rathaus ist Schauplatz für Parteitage, Messen, Firmenevents und während der Fastnacht auch für die ein oder andere Prunksitzung. Infos unter www.ccmainz.de.

Planke Nord. Am Rheinufer des stillgelegten Zollhafens lädt im Sommer der Kulturbiergarten regelmäßig zu Konzerten, Open-Air-Kino oder Theater ein. www.plankenord.de (→ S. 85).

Messepark Mainz. Auf dem rund 7 ha großen Gelände finden seit der Eröffnung 2005 nicht nur Messen und Ausstellungen, sondern auch immer wieder Konzerte sowie das Mainzer Oktoberfest statt. Genfer Allee. www.messe-mainz.de.

Kinos

In den kleinen und großen Lichtspielhäusern wird vom Blockbuster bis zum unbekannten Autorenfilm nahezu alles, was die Filmbranche hervorbringt, auf die Leinwände projiziert. Am Dienstag ist Kinotag mit ermäßigtem Eintritt in den meisten Häusern.

CineStar. Großes Multiplexkino am Südbahnhof. Hier laufen alle großen Streifen, egal ob aus Babelsberg, Holly- oder Bollywood. Typische Popcorn-Unterhaltung garantiert, auch in 3-D. Holzhofstr. 1, ✆ 06131/2068204, www.cinestar.de.

Residenz & Prinzess. Kleineres Kino gegenüber vom Proviantmagazin, das auch zur CineStar-Gruppe gehört und sich von der Programmgestaltung nur geringfügig vom Multiplex abhebt. Schillerstr. 30–32, ✆ 06131/6692556, www.cinestar.de.

Capitol. Traditionsreiches Arthouse-Kino mit nur einem Saal und wöchentlich wechselndem Programm. Hier werden regelmäßig bekannte und unbekannte Filme auch in der Originalsprache (mit Untertiteln) gezeigt. Die drei Inhaber und Filmfreunde betreiben auch das Programmkino Palatin (s. u.). Neubrunnenstr. 9, ✆ 06131/2133495, www.programmkinos-mainz.de.

Palatin. Auch ein Kino, das sich vorwiegend dem Autorenfilm verschrieben hat. Im Schwesterhaus des Capitol kann man sich Filme auch schon mal in der Originalversion und ohne ablenkende Untertitel ansehen. Hintere Bleiche 6–8, ✆ 06131/2133495, www.programmkinos-mainz.de.

CinéMayence. Kinosaal im barocken Schönborner Hof (Institut français) am Schillerplatz, wo Filme auf die Leinwand gebracht werden, die in den kommerzialisierten Kinos keine Beachtung finden. Klassiker gibt's hier ebenso zu sehen wie moderne Filmkunst – immer in der Originalsprache und ggf. mit Untertitel. Schillerstr. 11, ✆ 06131/228368, www.cinemayence.de.

Kneipen und Bars

Die Kneipenszene in Mainz ist groß und sehr heterogen. Von der abgeranzten Studentenkneipe bis zur durchgestylten Cocktail-Bar lässt sich in Alt- und Neustadt für jeden Geschmack etwas finden.

Altstadt

Dorett **14** → Karte S. 80/81. Der ehemalige Rotlichtschuppen wurde Ende 2010 nach Renovierung als Indie-Bar neu eröffnet, ohne gänzlich auf anrüchiges Ambiente zu verzichten. In der separaten Tanzkammer darf zu Elektro-, Blues- oder Rockabilly-Klängen bis in die Morgenstunden gezappelt (und auch geraucht) werden. Di–Sa ab 22 Uhr. Zanggasse 36.

Comodo **36** → Karte S. 30/31. Stylisch illuminierte Cocktail-Bar im Südbahnhof, die schon mal aus allen Nähten platzt. Am Wochenende angesagte Adresse für Post-Nachtschwärmer, dann steigt bis 10 Uhr die After-Hour. Jeden Donnerstag Elektro-Clubbing von Deep House bis Techno, wo dann die Fans synthetischer Sounds auf ihre Kosten kommen. Sonst viel Hip-Hop. Do–Sa 21–10 Uhr, Holzhofstr. 3, ✆ 0176/70309787 (mobil), www.comodo-mainz.de.

Viva Moguntia **22** → Karte S. 30/31. Knapp 30 Biersorten ermöglichen im Moguntia eine feucht-fröhliche Reise quer durch Deutschland. Wer Glück oder reserviert hat, kann an einem der Tische mit eigenem Zapfhahn Platz nehmen und sich selbst in der Schankkunst erproben. Täglich wechselnde Events von Rabattsaufen bis Biertombola. Am Wochenende Bundesliga auf Flachbildschirmen. Mo–Fr ab 18 Uhr, Sa/So ab 15 Uhr. Kartäuserstr. 5, ✆ 06131/4807233, www.vivamoguntia.de.

Irish Pub 26 → Karte S. 30/31. Schnuckelige Bier-, Whiskey- und Fußballkneipe in irischem Ambiente. Am Wochenende regelmäßig Live-Konzerte. Montag, Mittwoch und Donnerstag angesagter Treff für Karaoke-Freunde. So–Fr ab 17 Uhr, Sa ab 15 Uhr. Weißliliengasse 5, ✆ 06131/231430, www.irish-pub-mainz.de.

MeinTipp **Panama Bar 33** → Karte S. 30/31. Vor allem am Wochenende wird's in der kleinen Location in der Nähe vom Südbahnhof voll und laut. Zu angenehmen Club-Sounds lassen sich dann schmackhafte Cocktails schlürfen. Im Sommer kann die Bar durch Straßenbestuhlung etwas mehr Gäste aufnehmen. Mi/Do 18–2 Uhr, Fr/Sa 19–5 Uhr. Dagobertstr. 2, www.panama-bar.de.

Medina Lounge 27 → Karte S. 30/31. Marokkanische Shisha-Bar mit typisch orientalischem Interieur. Hier lassen sich auf gemütlichen Sofas bei gedimmtem Licht allerlei Fruchttabake schmauchen. Zutritt erst ab 18 Jahren. Mo–Sa ab 17.30 Uhr. Holzhofstr. 16, ✆ 06131/6930050, www.medina-lounge.de.

DejaVu 31 → Karte S. 30/31. Unweit der breiten Rheinstraße pflegt der Hessen-Meister 2016 im „Classic Cocktail Mixing" sein Handwerk. Bartender Markus „Bernie" Berninger mixt aus rund 150 Spirituosen allerlei bekannte und unbekannte Drinks für seine Gäste von jung bis alt. Für Rauchwaren-Liebhaber gibt's in der Smoker's Bar auch eine Auswahl an kubanischen Zigarren und Zigarillos. Einlass ab 18 Jahren. Di–Do ab 20 Uhr, Fr/Sa ab 19 Uhr. Dagobertstr. 11, ✆ 06131/4870462, www.dejavu-mainz.de.

Malakoff Bar 18 → Karte S. 30/31. Elegante Bar des Hyatt-Hotels im Erdgeschoss des Fort Malakoff am Rheinufer. Ein Besuch lohnt nicht nur zur täglichen Happy Hour zwischen 18 und 20 Uhr, wenn Cocktails und Co. zum halben Preis über den Tresen gehen. Jeden Freitag gibt's zudem ab 21.30 Uhr Live-Bands oder DJ-Beschallung. Mo–Sa 18–1 Uhr, So bis 24 Uhr. Malakoff-Terrasse 1 (separater Eingang am Ende der Templerstr.), ✆ 06131/731234, www.mainz.regency.hyatt.de.

Pourist 8 → Karte S. 30/31. Cocktail-Bar und -Lounge mit „schokobraunen Sitzlandschaften" und etwas Kitsch an den Wänden. Hier kann man sich durch ein Sortiment aus rund 100 fruchtigen Drinks und 60 verschiedenen Wodka-Sorten zu leicht gehobenen Preisen arbeiten. Mittwochs gibt's wechselnde Themenabende. Mo–Sa 18–2 Uhr. ✆ 06131/6691824, Heugasse 6, www.pourist.de.

Good Time 16 → Karte S. 80/81. Winzige Rock-Kneipe mit zwei Dart-Automaten, in der sich auch um 5 Uhr morgens noch zu dröhnender Musik ein Horn Met oder ein Humpen Bier kippen lassen. Tägl. ab 18 Uhr geöffnet, bis der letzte Gast vom Hocker fällt. Hintere Bleiche 18a, www.alexander-the-great-mz.de.

MeinTipp **Quartier Mayence 16** → Karte S. 30/31. Die Studentenkneipe mit Kellergewölbe hat seit mehr als 40 Jahren ihren festen Platz in der Mainzer Altstadt. Nach umfassender Renovierung in 2013 strahlt die vormals ziemlich heruntergekommene Hütte nun in neuem Glanz und zieht ein breiteres Publikum an. Neben Cocktails & Co. gibt's auch Salate, Pasta, Burger oder Flammkuchen. Die versteckt gelegene, grüne Terrasse lädt zum Frühstück abseits jeglicher Hektik ein. Tägl. 10–1 Uhr geöffnet. Weihergarten 12, ✆ 06131/2199533.

MeinTipp **Zeitungsente 6** → Karte S. 65. Die kultige Kneipe in einem Ausläufer der Fußgängerzone macht ihrem Namen alle Ehre: Seit 1978 trifft sich hier die Mainzer „Informationsgesellschaft" zum regen Geschnatter bei Bier und Wein. Schweigen kommt beim bunt gemischten Publikum – von gerade erst volljährig bis immer noch am Leben – nur selten auf. Zum Essen gibt's in Biergarten-Manier was der Gast mitbringt; oder man lässt sich schnell was aus den benachbarten Lokalen bringen (von Pizza bis Sushi – Speisekarten liegen aus). 365 Tage im Jahr tägl. ab 11 Uhr geöffnet. Neubrunnenstr. 7, ✆ 06131/222728, www.zeitungsente-mainz.de.

Onkel Willy's Pub 3 → Karte S. 48/49. Urige, kleine Kneipe mit einem Sammelsurium von Filmplakaten und Musik-Accessoires an den Wänden. Gute Adresse für eine Partie Billard, Kicker oder Dart. Tägl. ab 18 Uhr geöffnet. Binger Str. 5, ✆ 06131/223539.

Bar jeder Sicht 15 → Karte S. 80/81. Szene-Bar mit kleiner Speisenauswahl. Die Begegnungsstätte für „Schwule, Lesben, Bisexuelle und transidentische Menschen" bietet mehrmals im Monat auch kulturelle Veranstaltungen wie Lesungen, Konzerte, Kino, Karaoke und ist natürlich vorwiegend Anlaufstation für das homo- bzw. multiphile Publikum und dessen Sympathisanten. Di–So 18–24 Uhr (Juli und Aug. 19–24 Uhr). Hintere Bleiche 29, ✆ 06131/5540165, www.sichtbar-mainz.de.

Neustadt

→ Karte S. 80/81

Bagatelle 10 Eine der ältesten Szenekneipen in der Mainzer Neustadt. Schlichte Holzeinrichtung und Bierbänke im Freien, auf denen sich des Abends oder schon zum Frühstück Jung und Alt begegnen. Besonderer Beliebtheit erfreut sich der Schnitzelabend am Donnerstag, dann gibt's das Stück Fleisch mit Pommes frites für 6 €. Bei Langweile bietet die Comic-Tapete in der Herrentoilette Lesestoff. So–Do 9–1 Uhr, Fr/Sa 9–2 Uhr. Gartenfeldstr. 22, ✆ 06131/612050.

Haddocks 8 Im selbsternannten Wohnzimmer der Neustadt trifft sich die studentisch-alternative Familie zum Warm-up, bevor es in die Altstadt geht – oder einfach nur so. In der kleinen Kneipenstube gibt's mal chillige Klänge, mal wummern Hip-Hop-Beats. Im Sommer kämpfen die Gäste um die spärlichen Bierbankplätze auf dem Gehsteig mit Blick auf die beiden Bonifaziustürme. Montags jedes Flaschenbier 1,50 €, dienstags gibt's den Kranz Kölsch (11-mal 0,2 l) für 14,50 €, samstags jeder Kurze 1,50 €, sonntags Tatort-Live-Übertragung. So–Do 17–1 Uhr, Fr/Sa 17–2 Uhr. Frauenlobstr. 29a, ✆ 06131/678751, www.haddocks-mainz.de.

Schick & Schön 13 Von den einen als Vintage-Bar nach Berliner Modell abseits von Ordnung und Reinlichkeit geliebt, von den anderen als versifftes Sperrmüllsammellager für Sitzmöbel verachtet und gemieden. Träger von aufwendig lackierten Fingernägeln und akkuraten Frisuren werden hier wohl nicht glücklich; wer in gemütlicher Runde bei einem günstigen Bierchen die Flossen auf den Tisch klatschen will, darf aber gerne vorbeischauen. Mo–Sa ab 20 Uhr. Kaiserstr. 15, ✆ 06131/8867940, www.schick-und-schoen.de.

Discos und Clubs

Mondäne Tanztempel mit internationalem Line-up sucht man in Mainz vergebens – hierfür muss man schon ins nahe Frankfurt fahren (wobei die Club-Szene im ehemaligen Techno-Mekka in den vergangenen Jahren dramatisch geschrumpft ist). Das heißt aber nicht, dass sich das tanzlustige Mainzer Partyvolk langweilen muss. In den Clubs und Diskotheken zwischen Bleichenviertel und Weißliliengasse lässt es sich zu den unterschiedlichsten Klängen abzappeln. Am Mittwoch, dem Hauptpartytag unter der Woche, sowie am Wochenende kann es in der Altstadt schon mal bis in die frühen Morgenstunden etwas lauter werden, wenn die Nachtschwärmer sich ihren Weg durchs Gassennetz nach Hause bahnen.

Altstadt

Starclub 35 → Karte S. 30/31. Sehr stylischer Club im Penthouse des CineStar-Kinos mit großzügigem Loungebereich und Sommerterrasse. Wie der Name schon vermuten lässt, wollten hier die Betreiber einen Schickimicki-Laden etablieren – dieses Vorhaben ist wohl gescheitert: Weder Promis noch Star-DJs verirren sich in diese Location. Trotzdem eine gute Adresse, um zu House und Black Music abzutanzen. Kleidungstechnisch muss man hierfür aber der Pforte gefallen. Jeden Mittwoch Studentenparty mit vergünstigtem Eintritt und gedrosselten Getränkepreisen. Sonst Fr/Sa ab 22 Uhr, Eintritt 7 €. Holzhofstr. 1, ✆ 06131/6007580, http://starmainz.de.

Red Cat Club 7 → Karte S. 48/49. Seit rund 15 Jahren ist die „rote Katze" aus der Mainzer Clubszene nicht mehr wegzudenken. Unweit des Schillerplatzes bieten die Katakomben eine lässige Atmosphäre für das studentische bis alternative Publikum von 20 bis Mitte 30. Jeden zweiten Dienstag im Monat Live-Musik, sonst bunter Mix von Rock bis House – am Donnerstag angesagte Adresse für Hip-Hop-Fans. Mi–Sa ab 22 Uhr. Emmerich-Joseph-Str. 13, ✆ 06131/225656, www.redcat-club.de.

mein Tipp **50grad 1** → Karte S. 65. Unangefochten der beste (Electro-)Club der Stadt und der einzige Mainzer Tanztempel, der ab und an von überregional bekannten DJs beschallt wird. Der Pop-Art-Schuppen ist zwar etwas klein, dafür ist der Freitagabend ganz groß: Freunde treibender Electro-, Tech-House- und Minimal-Beats können dann bis in die frühen Morgenstunden zappeln. Mittwochs Studentenparty, samstags Black & House. Einlass ab 22.30 Uhr. Mittlere Bleiche 40, ✆ 06131/6698669, www.50grad.de.

Roxy 34 → Karte S. 30/31. Sicher eine gute Adresse für Feierlustige, die auf die 30 zugehen oder diese bereits überschritten haben. Die 18-jährigen Party-Küken vergnügen sich lieber woanders. Musiktechnisch verlässt der DJ nur selten die Mainstream-Gefilde, wer auf Chartmusic von Pop bis Hip-Hop steht, ist hier gut aufgehoben. Turnschuhe und Kapuzenshirts passen nicht zur gewünschten Kleiderordnung. Fr/Sa ab 22 Uhr. Holzhofstr. 7, ✆ 06131/ 6007580, www.myroxy.de.

MeinTipp **schon schön 2** → Karte S. 65. Kulturclub und Disco mit wechselndem Programm. Montags empfehlenswerte Adresse für Liebhaber von Jazz-Musik. Am Wochenende fällt hier das Jungvolk ein und tanzt zu den üblichen House-, Hip-Hop- und manchmal auch Rock-Klängen. Die Raucher-Lounge mit großer Glasfassade, Bar und alten Polstermöbeln ist schon schön. Eine besondere Türpolitik gibt es nicht, wer noch laufen kann, kommt rein. 2015 erhielt der Kulturclub die Bundesauszeichnung „Applaus 2015" für sein herausragendes Livemusik-Programm. Mo/Di ab 21 Uhr, Mi–Sa ab 23 Uhr. Große Bleiche 60–62, ✆ 06131/4944411, www.schon-schoen.de.

Caveau 6 → Karte S. 48/49. Rockclub mit regelmäßigen Live-Konzerten in der Wintersaison für den alternativen Geschmack. Voll wird's hier vor allem am Mittwoch, dann steht Indie/ Alternative auf dem Programm. Freitag und Samstag gibt's Rock von Classic bis Hardcore. Mi/Fr/Sa ab 22 Uhr. Schillerstr. 11, www.caveau.de.

Alexander The Great 17 → Karte S. 80/81. Metal- und Hardrock-Schuppen auf zwei Etagen. Im Rockkeller spielen regelmäßig zu Bier und Whiskey nur in der Szene bekannte Live-Bands. Mi–Sa ab 21 Uhr. Hintere Bleiche 8, www.alexander-the-great-mz.de.

Neustadt → Karte S. 106/107

Gebäude 27 3 2015 eröffneter Electro-Club unweit des Zollhafens von den gleichen Betreibern wie der **Planke Nord 2**. In Fabrikhallenatmosphäre kann hier auf rund 400 m² zu House oder Techno gefeiert werden. Eintritt 5–8 €. Fr/Sa ab 23.45 Uhr. Rheinallee 88 (Geb. 27), ✆ 06131/5764702, www.gebaeude27.com.

Hartenberg-Münchfeld → Karte S. 106/107

Imperial 4 Stylisch-moderne Tanzlocation in der alten Lokhalle unterhalb des Hartenbergparks für das Publikum ab Mitte 30 (um nicht zu sagen, weit über 40). Natürlich dürfen hier auch jüngere Besucher rein, diese sollten aber mit aufdringlichen Anbagger-Gebahren rechnen. Immer freitags das „Beste der 80er und 90er", samstags geht's moderner zu. Fr/Sa ab 21 Uhr. Mombacher Str. 78–80, ✆ 06131/ 3042868, www.imperial-mainz.de.

Mainz-Kastel → Karte S. 106/107

Euro Palace 1 Überdimensionierte Partyhalle auf der anderen Rheinseite mit mehreren Kneipen und Tanzflächen. Nur Freunden von Massenveranstaltungen, die auf Hip-Hop stehen, zu empfehlen. Peter-Sander-Str. 39, 55262 Mainz-Kastel, ✆ 06134/230411, www.europalace.de.

Malakoff-Terrasse: Sammelstation für Nachtschwärmer

Nicht nur zur Johannisnacht mutiert das Rheinufer zur Partymeile

Feste und Veranstaltungen

Januar/Februar

Mainzer Fastnacht: Ab dem 1. Jan. geht die närrische Zeit so richtig los: Unzählige Prunksitzungen locken Tausende in die Hallen der Stadt. Und im Febr. herrscht in Mainz am verlängerten Wochenende um den Rosenmontag Ausnahmezustand. Dann verwandelt sich die Innenstadt für sechs Tage in eine einzige bunte Partymeile. www.mainzer-fastnacht.de. Mehr zur Fastnacht → S. 162.

April/Mai

Mainzer Weintage: Seit 2012 dient die Rheinpromenade Ende April/Anfang Mai diesem Weinfest als ansprechende Kulisse. Für einige Tage ziehen sich dann Dutzende Weinstände und Fressbuden an der Flaniermeile entlang. Auf den Bierbänken wird bei Bedarf gerne zusammengerückt, auf zwei Bühnen spielen Live-Bands. Eines von vielen schönen Mainzer Festen, das hoffentlich bald zum festen Bestandteil im Veranstaltungskalender der Stadt wird. Mehr Infos unter www.mainzer-weintage.de.

Gutenberg-Marathon: Mitte Mai kommt die Rheinstadt in Bewegung – seit 2000, als man den 600. Geburtstag von Johannes Gutenberg feierte, findet jährlich an einem Sonntag der Marathon zu Ehren des Buchdruckerfinders statt. Tausende Teilnehmer bahnen sich im Laufschritt ihren Weg durch die Domstadt. Start und Ziel befinden sich in der Rheinstraße am Rathaus. Neben der klassischen Marathondistanz gibt's auch Wettbewerbe über die Halbdistanz sowie für Schüler und Handbiker. www.marathon.mainz.de.

OPEN OHR Festival: Seit über 40 Jahren schon lädt die Zitadelle um Pfingsten vor allem junge, aber auch ältere Besucher zum Jugendkulturfestival auf ihr Gelände ein. Vier Tage lang gibt's Musik, Kabarett, Theater, politische Podiumsdiskussionen und viele andere Veranstaltungen. Dauerkarte (Fr–Mo) 40 €, Tageskarte 23 € (Fr/Sa/So) bzw. 11 € (Mo), Kinder unter 14 J. frei. www.openohr.de.

Juni

Johannisnacht: An vier Tagen (Fr–Mo) um den Johannistag (24. Juni) steigt das nach der Fastnacht größte Mainzer Volksfest. Vom Schillerplatz bis zum Rhein ziehen Fressbuden, Fahrgeschäfte und Musikbühnen jährlich rund 500.000 Besucher an. Auch die Johannisnacht ist eng mit dem berühmtesten Sohn der Stadt verbunden: Zum 500. Todestag Gutenbergs wurde sie 1968 erstmals veranstaltet und steht seither auch immer im Zeichen der Literatur- und Druckkunst. Spaßig und ein bisschen nass wird's samstags beim „Gautschen" – der traditionellen Buchdruckertaufe auf dem Liebfrauenplatz: Junge Gesellen aus der Drucker- und Setzerbranche werden in große Wasserbottiche getaucht ... dabei sollen neben dem Bleistaub auch gleich die Sünden der Lehrjahre abgewaschen werden. Um Schiller- und Ballplatz finden sich die Stände des Johannis-Büchermarkts, der unter Buchfreunden als wahres Schmökerparadies gilt. Auch der Künstlermarkt entlang des Flussufers ist inzwischen fester Bestandteil des Volksfestes, das montags mit einem krachenden Feuerwerk über dem Rhein ausklingt. www.johannisnacht.de.

Juli

Mainzer Bierbörse: Seit 1988 findet einmal jährlich Mitte Juli an einem Wochenende die Bierbörse am Rheinufer statt. Zwischen Hilton-Hotel und Rathaus locken rund 50 Fress- und natürlich Bierbuden. Bei Live-Musik können sich Freunde des Gerstensafts an mehreren Hundert Biersorten von altbekannt bis exotisch versuchen. Weitere Infos unter www.bierboerse.com.

Summer in the City: Im Juli und August gastieren nationale sowie internationale Stars der Musikszene in Mainz. War bis 2015 die Nordmole am Zolhafen Standort für die große Bühne, finden die „Summer in the City"-Konzerte mittlerweile auf der Zitadelle, dem Messegelände in Mainz-Hechtsheim oder im Volkspark statt. Programm und Tickets gibt's über den Frankfurter Hof. www.frankfurter-hof-mainz.de.

August/September

Mainz lebt auf seinen Plätzen: An sechs Wochen im Aug. und Sept. erwachen auch sonst eher verschlafene Fleckchen der Stadt wie der Bischofsplatz und der Karmeliterplatz sowie der Markt zum Leben. Dann gibt's jeden Dienstag, Mittwoch und Donnerstag abends Musik und Tanz und am Nachmittag Unterhaltungsprogramm für Kinder und Jugendliche. An welchem der drei Plätze die Fete gerade steigt, signalisiert der gehobene Geräuschpegel.

meinTipp **Weinmarkt**: Am letzten August- und ersten Septemberwochenende treffen sich Produzenten und Konsumenten alkoholischer Traubensäfte zum größten Mainzer Weinfest im Stadtpark. Fast an jeder Ecke werden unter den großen, schattenspendenden Bäumen Zelte und Bierbänke aufgestellt. Dutzende Winzer aus allen Ecken Deutschlands und der Welt präsentieren sich bei buntem Programm. Neben alkoholischen Flüssigprodukten gibt's natürlich auch allerlei kulinarische Köstlichkeiten. Alles in allem ist der Weinmarkt das idyllischste Fest der Stadt – nur die Gute-Laune-Macher auf der Bühne des regionalen Radiosenders nerven hin und wieder. www.mainzer-weinmarkt.de.

Oktober

Oktoberfest: Damit auch die rheinhessischen Mädels und Buben mal ihre Dirndln und Lederhosen tragen können, steigt an elf Tagen auf dem Messegelände in Mainz-Hechtsheim das Mainzer Oktoberfest. Im großen Zelt gibt's die obligatorische Blas- und Spaßmusik, dazu stürzen sich tonnenweise Hax'n und Händ'l in die biergefüllten Mägen. www.oktoberfest-in-mainz.de.

Dezember

Weihnachtsmarkt: Seit 1788 lockt der Mainzer Weihnachtsmarkt in der Adventszeit unzählige Besucher auf die drei Domplätze. Unter dem großen Lichterzelt auf dem Marktplatz drängen sich dicht an dicht rund 100 Glühweinstände, Fressbuden und Marktstände mit Weihnachtskunst und -kitsch. Sicher nicht der größte Markt seiner Art in Deutschland, aber einer der Schönsten. www.weihnachtsmarkt-mainz.com.

Zwei Schwellköpp beim Stadtbummel

Helau! Für den Rosenmontagszug ist Mainz (welt)weit bekannt

Mainzer Fastnacht

Die Fassenacht machte Mainz weit über die Landesgrenzen hinaus bekannt und ist heute das größte Volksfest und ein bedeutender Wirtschaftsfaktor für die Stadt und ihre Region. „Mainz bleibt Mainz, wie es singt und lacht", die Mutter aller TV-Prunksitzungen, lockt jährlich rund 7 Mio. Menschen vor die Mattscheibe. Zum Höhepunkt der närrischen Zeit strömen am Fastnachtsmontag mehr als 500.000 Narren in die Innenstadt, um den traditionsreichen Rosenmontagszug mitzuerleben.

Der Schillerplatz ist das närrische Zentrum von Mainz. Jedes Jahr wird hier am 11. November um 11.11 Uhr in einer feierlichen Zeremonie die fünfte Jahreszeit eingeläutet. Vom Balkon des Osteiner Hofs wird das „Närrische Grundgesetz" verlesen, dann stimmt der Präsident des Mainzer Carneval-Vereins (MCV) als höchster närrischer Würdenträger im Beisein des Bürgermeisters den Countdown an: elf, zehn, neun … Rund 5000 Karnevalsfreunde zählen gespannt mit, dann ertönt die Nationalhymne des Mainzer Narrenvolks, der Narrhallamarsch – und die Fastnacht ist offiziell eröffnet.

So schnell das maskierte Volk aus seinen Verstecken hervorkommt, um den Karneval gebührend zu begrüßen, so schnell verabschiedet man sich dann schon wieder demaskiert in die Adventszeit. Der eigentliche Startschuss für die Karnevalskampagne fällt erst am 1. Januar, wenn mit dem Neujahrsumzug der Garden die Straßenfastnacht eingeläutet wird. Auch der schier endlose Marathon von Prunksitzungen der Karnevalsvereine geht dann in die entscheidende Phase. Tausende Fastnachter ziehen in Rheingoldhalle und Kurfürstliches Schloss ein, um die lange Tradition des politisch-literarischen Karnevals hochleben zu lassen.

Kleine Geschichte der Mainzer Fastnacht

Der Beginn der modernen Fastnacht in Mainz lässt sich auf die Jahre vor der

Deutschen Revolution von 1848 datieren. In den Zeiten des Vormärz formierte sich 1837 mit der Mainzer Ranzengarde die erste organisierte Fastnachtskorporation der Stadt, aus deren Reihen ein Jahr später der erste und heute größte Mainzer Carneval-Verein (MCV) gegründet wurde. Im Februar 1838 fand dann auch das erste Mal ein Umzug am Rosenmontag statt.

Schon im Spätmittelalter hatten sich die Bürger mit ausgelassenen, kleinen Volksfesten auf die kräftezehrende christliche Fastenzeit vorbereitet. Da diese Feste aber nicht selten in exzessive und unkontrollierbare Gelage ausgeufert waren, war der städtischen Obrigkeit die Gründung des MCV sehr willkommen. Man hoffte, dass hierdurch die wilde Narrenschar in geordnete Bahnen gelenkt werden würde. Was man damals nicht ahnte: Der MCV war nicht nur eine Ansammlung dem neckischen Frohsinn verfallener Karnevalisten. Schon bald wurden die Prunksitzungen zur Plattform für versteckte Kritik an der politischen Kaste.

Der Frankfurter Hof wurde in den 1840er-Jahren zur Keimzelle der literarisch-politischen Fastnacht, die bis heute eine der Besonderheiten des Mainzer Karnevals geblieben ist. Mit der Fastnachtszeitung „Narrhalla" wurde ab 1843 ein närrisches Propagandainstrument publiziert, das Themen wie Demokratie und Pressefreiheit in den Fokus der Öffentlichkeit rückte. Auch während des Nationalsozialismus geizten die Narren nicht mit verschlüsselter Kritik am Regime. Die Fastnachtskampagne 1935 firmierte unter dem Motto „Alles unner änner Kapp!" – eine Anspielung auf die Gleichschaltung des öffentlichen Lebens zu jener Zeit.

Heute existieren in Mainz über 70 Karnevalsvereine und Garden. Jeder Stadtteil kann mindestens mit einer Fastnachtsvereinigung aufwarten. Bis zum Aschermittwoch finden jährlich rund 200 Sitzungen der Vereine statt, die mehr als 130.000 Karnevalisten in die großen und kleinen Hallen der Stadt locken. Unbestrittenes Highlight bleibt aber der große Rosenmontagszug.

Das närrische Grundgesetz

Sollte sich ein überzeugter Karnevalsmuffel versehentlich doch in der närrischen Zeit um den Rosenmontag nach Mainz verirren und ob seines Unverständnisses für bunte Narreteien kritische Blicke oder dumme Sprüche ernten, dann darf er sich auf Artikel 2, Satz 4 des „Närrischen Grundgesetzes" berufen, wo es heißt: „Es soll niemand wegen Humormangel benachteiligt oder wegen seiner Wichtigtuerei bevorzugt werden."

Rosenmontagszug

Nicht nur zur Fastnachtszeit ein Narr ist, wer ernsthaft versucht, am Rosenmontag mit dem Auto in die Mainzer Innenstadt vorzudringen. Die Alt- und Neustadt sind ab den Morgenstunden für den privaten Verkehr weiträumig abgeriegelt. Die Kneipen bereiten sich auf den Ansturm von einer halben Million feierlustiger und vor allem durstiger Karnevalisten vor. Restaurants und Geschäfte bleiben zum Großteil geschlossen, manch ein Schaufenster wird mit Gittern oder Holzpaletten vorsichtshalber etwas wehrhafter gestaltet.

Um 11.11 Uhr ist es dann soweit: Angeführt von der Mainzer Ranzengarde setzt sich der Karnevalstross in Bewegung. Aus der Neustadt – bei der Boppstraße – ziehen die rund 9500 Teilnehmer behäbig-lustig durch die Straßen in Richtung Gutenbergplatz. Bevor die letzten Zugnummern loslaufen, sind die ersten Karnevalisten schon am Ziel des 7 km langen Weges angekommen. Zu dem uniformierten Fußvolk aus Gardisten, Fahnenschwingern und Musikgruppen gesellen sich berittene Narren, große und kleine Motivwagen und zwischendurch immer wieder die berühmten „Meenzer Schwellköpp". Bereits seit 1927 sind die rund 30 Schwellköpp um „Butze", „Lackaff", „Schambes" und Co. fester Bestandteil der Straßenfastnacht. Dass sich Jahr um Jahr immer wieder freiwillige Träger für die überdimensionierten Pappmaché-Köpfe finden lassen, ist angesichts des Gewichts von etwa 25 kg sowie einer Zugdauer von mehr als vier Stunden schon erstaunlich.

Aus den musizierenden Narren stechen besonders die **Guggenmusik-Truppen** hervor, die sich einer besonderen Variante der Blasmusik verschrieben haben. Die Trompeter, Posaunisten und Trommler geben sich alle Mühe, bloß keinen richtigen Ton zu treffen – gekonnt wird immer knapp neben der Melodie gespielt. Die Tradition der Guggenmusik stammt ursprünglich aus dem alemannischen Raum; die schrillen Klänge sollten früher vermutlich die Geister des Winters in ihre Sommerdomizile verscheuchen.

Ob Schnee, Blitzeis, Hagel oder Regen: Der Karnevalstross rollt bei fast jedem Wetter durch die Gassen. 2016 musste der Zug allerdings erstmals wegen einer Sturmwarnung abgesagt und im Mai nachgeholt werden. Sonst vermögen nur Ereignisse von weltpolitischer Bedeutung den Narrenzug zu stoppen. So wurde 1991 der Umzug aufgrund des Ausbruchs des Zweiten Golfkrieges gänzlich abgesagt. Im Jahr 2013 mussten die Narren gleich zu Beginn eine halbstündige Pause einlegen, weil Papst Benedikt XVI. pünktlich zum Rosenmontagsspektakel seinen Rücktritt vom höchsten katholischen Kirchenamt erklärt hatte. Natürlich ging das den meisten Zugteilnehmern und den Schaulustigen an den Straßenrändern an ihren Pappnasen vorbei. Um aber auch die Daheimgebliebenen vor den TV-Geräten am bunten Treiben teilhaben zu lassen, wartete der Rosenmontagszug brav ab, bis die ARD ihre Sonderberichterstattung zum Papstrücktritt abgeschlossen hatte. Danach regnete es wieder fleißig Konfetti, Brezeln und Kamelle.

Um die 350.000 Euro lässt sich der MCV als Veranstalter den großen Rosenmontagszug jährlich kosten, der 2016 zum 115. Mal stattfand. Außer durch Spenden wird das Spektakel seit 1950 vor allem durch den Verkauf von

Mainz im Kasten

Wo bekommt man eigentlich ... Fastnachts-Kostüme?

Wer in der närrischen Zeit auf der Suche nach einem passenden Outfit ist, wird in Mainz definitiv kein Problem haben, ausgefallene Verkleidungen aufzustöbern. Spätestens Anfang Januar richten die großen Kaufhäuser (Karstadt, Kaufhof) eigene Fastnachts-Abteilungen ein. Vom Dirndl bis zum Batman- oder Kuh-Kostüm darf man sich nach Lust und Laune alles überstreifen. Matrosenuniformen, Clownskostüme, Kinderoutfits und Pipapo gibt's ganzjährig im Kostümgeschäft Deiters (Dominikanerstr. 7–9, www.deiters.de/mainz). Wer seinen Kleiderschrank nicht überfrachten will, der hat die Möglichkeit, sich für die Prunksitzung oder den Rosenmontagszug ein Kostüm zu leihen. Gewänder von der Römer- bis zur Neuzeit bieten u. a. der Kostümverleih Claudia Plachetka (Kurfürstenstr. 23, www.modeverleih-mainz.net) oder der Kostümverleih Elena Meier-Scourteli (Stadthausstr. 1a, www.kostuemverleihmainz.de). Wer sich in eine Gardeuniform schmeißen möchte, sollte am besten gleich Mitglied in einem Karnevalsverein werden. Da die schönsten und kreativsten Kostüme ohnehin immer noch Marke Eigenbau sind, darf man gerne auch dem närrischen Konsum trotzen und sich aus ausgedienten Klamotten und allem, was der Haushalt so hergibt, sein eigenes Kostüm für die Kampagne zusammenschustern. Anregungen gibt's tagtäglich auf der Straße oder im Internet (www.karnevalskostueme.de, www.heimwerker.de, www.perfekt-schminken.de).

Vor dem Staatstheater lässt sich der Zug von Tribünen aus verfolgen

Zugplaketten finanziert. Spätestens Anfang Dezember werden in den Fußgängerzonen der Innenstadt allerorts die „Zugplakettcher" feilgeboten. Die kleinen Plastikfiguren gelten nicht wenigen als begehrte Sammelobjekte.

Saalfastnacht

„Mainz bleibt Mainz, wie es singt und lacht!" Die jährlich am Freitag vor dem Rosenmontag deutschlandweit live im Fernsehen übertragene Prunksitzung aus dem Kurfürstlichen Schloss stellt lediglich das mediale Highlight der politisch-literarischen Mainzer Saalfastnacht dar. Schon ab Anfang Januar schicken die großen Karnevalsvereine ihre besten Redner in die Bütt und ihre schrillsten Musiker auf die Bretter. Zu buntem Humbug und Klamauk gesellen sich versteckte Kritik an Politik, Wirtschaft und Gesellschaft. Die einzelnen Sitzungen der Saalfastnacht können dabei durchaus als große Castingshows gesehen werden, bei denen ZDF und SWR im jährlichen Wechsel die massentauglichsten Büttenredner für die große Live-Übertragung auswählen.

Die Sitzungen finden jedes Jahr unter einem neuen Motto statt. Aus verschiedenen Themenvorschlägen wählt eine 29-köpfige Jury aus professionellen Narren und solchen aus Politik, Wirtschaft und Medien jeweils im Juni eine Kampagne aus, die dann als thematischer Rahmen für die gesamte Karnevalszeit dient. So betonten etwa im Jahr 2016 Saal- und Straßenfastnacht: „Ein echter Narr ist ohne Sprüch, rhoihessisch, herzlich, määnzerisch!"

Doch nicht jeder Mainzer Narr bringt der Saalfastnacht große Sympathie entgegen. Was von den einen als gesellige Volkskunst zelebriert wird, ist den anderen längst zum gekünstelten Frohsinn verkommen. Vor allem die jüngere Generation setzt seit einigen Jahren neue Akzente in der Mainzer Fastnacht. So haben sich heute zu den klassischen Sitzungen auch weitgehend unpolitische Stehungen dazugesellt. Und wer will, der findet natürlich auch Karnevalspartys ganz ohne närrisches Gequassel, bei denen es nur noch auf die musikalische Unterhaltung ankommt – natürlich in angemessener Maskerade.

Highlights der Mainzer Straßenfastnacht

Proklamation der Narrencharta: Am 11. November um 11.11 Uhr wird am Schillerplatz die fünfte Jahreszeit mit obligatorischem Zeremoniell eröffnet. Während auf der Bühne Musiker ihre neuen Fastnachts-Hymnen vorstellen, gibt's an den Buden um den Platz ausreichend närrische Grundverpflegung: „Weck, Worscht und Woi".

Neujahrsumzug: Den eigentlichen Startschuss für die Kampagne markiert der Umzug der Garden am 1. Januar durch die Innenstadt. Trotz der vorangegangenen Silvesternacht schaffen es Tausende Besucher, das neue Jahr gebührend närrisch willkommen zu heißen – natürlich um 11.11 Uhr.

Altweiberfastnacht: Traditionell eigentlich nicht in Mainz verankert, begeht man hier mittlerweile längst auch die Altweiberfastnacht. Der Startschuss fällt am Donnerstag vor Rosenmontag um 11.11 Uhr am Schillerplatz. Abends glühen die Zapfhähne in den Kneipen der Innenstadt.

Jugendmaskenzug: Am Fastnachtssamstag schicken Kindergärten, Schulen und Jugendorganisationen den Narrennachwuchs ins Rennen. Los geht's um 14.11 Uhr in der Neustadt. Im Anschluss findet vor dem Staatstheater die Rekrutenvereidigung auf Prinz Carneval und Fürst Jokus statt. Der Schlachtruf „Meenzer Blut is kaa Buttermilch" muss dann sitzen.

Parade der närrischen Garden: Am Fastnachtssonntag gibt's ab 11.11 Uhr einen Vorgeschmack auf den großen Zug am Montag. Nach der Parade durch die Innenstadt können die Motivwagen der Kampagne in der Ludwigsstraße kritisch beäugt werden.

Zug der Finther Lebensfreude: Ebenfalls am Sonntag findet in Mainz-Finthen ab 14.11 Uhr der nach dem Rosenmontagszug größte Karnevalszug der Region statt. Bis zu 70.000 Besucher lassen sich dieses Spektakel im Mainzer „Spargel-Stadtteil" nicht entgehen. Wegen knapper Kassen ist der Fortbestand des Zuges leider gefährdet.

Rosenmontagszug: Scheu vor Menschenmassen sollte man nicht haben, wenn sich ab 11.11 Uhr der große Zug in Bewegung setzt: Dann regnet es tonnenweise Kamelle auf die Hunderttausenden Besucher an den Straßenrändern und die Innenstadt wird zu einer einzigen Partymeile.

Kappenfahrt: Die übrig gebliebenen Süßigkeiten werden am Fastnachtsdienstag verschleudert. Ab 14.11 Uhr zieht sich ein Autokorso mit dutzenden narrengeschmückten Cabrios durch die Altstadt. In den Abendstunden wird schließlich in den Kneipen die Fastnacht noch einmal mit feierlichem „Helau" beerdigt, bevor mit dem Beginn des Aschermittwochs die fünfte Jahreszeit beendet ist.

Leider gibt es bis dato keine Website, die einen umfassenden Überblick über die einzelnen Veranstaltungen der Mainzer Saal- und Straßenfastnacht bietet. Die einzelnen Karnevalsvereine kochen weitgehend ihre eigenen Süppchen und promoten sich in erster Linie selbst. Bei Fragen rund um Termine, den Verlauf der Züge oder zur Kartenreservierung für die Prunksitzungen wirft man am besten einen Blick in die Tageszeitungen und Stadtmagazine oder wendet sich gleich direkt an die hilfsbereite Touristeninformation. Hier ist auch eine kostenlose Übersichtsbroschüre rund um den Mainzer Karneval und seine Veranstaltungen „Im Saal un uff de Gass" erhältlich.

Vom Feld in die City – frische Produkte gibt's auf Mainzer Märkten

Shoppen in Mainz

Die Fußgängerzonen in der Altstadt halten für den Shopping-Begeisterten Mainz-Besucher eigentlich alles bereit, was man von einer größeren Stadt erwarten darf – von Mode über kulinarische Spezialitäten wie Wein und Schokolade bis hin zu allerlei stadtspezifischen Souvenirs.

In der Augustinerstraße und den kleinen Nebengässchen um den Kirschgarten laden hübsche, kleine Geschäfte, Souvenirläden, Boutiquen und Galerien zum Schaufenster-Bummel ein. Filialen bekannter Modeketten, Schmuckgeschäfte, ein großer Elektronikmarkt und Buchhandlungen befinden sich zwischen Markt und Rathaus im Brand-Einkaufszentrum. Zwischen Ludwigsstraße und Großer Bleiche erstreckt sich die sog. City-Meile, die vor wenigen Jahren renovierte Hauptfußgängerzone der Stadt, mit mehreren großen Kaufhäusern (Kaufhof, C&A), kleinen Fachgeschäften und der Römerpassage samt Isis-Heiligtum. Im angrenzenden Bleichenviertel haben sich exotische Lebensmittelläden und Supermärkte niedergelassen.

Geöffnet haben die Supermärkte in der Innenstadt (vorwiegend REWE) Montag bis Samstag von 8 bis 22 Uhr; mit Zigaretten, Alkohol, Erfrischungsgetränken und anderen Kleinigkeiten kann man sich täglich bis 23/24 Uhr in den Kiosken der Alt- und der Neustadt versorgen. Die Geschäfte und großen Kaufhäuser in den Fußgängerzonen um Augustinerstraße, Schillerplatz, Brand-Zentrum, City-Meile und Bleichenviertel öffnen in der Regel Montag bis Samstag um 9.30/10 Uhr und schließen um 19/19.30 Uhr.

Wer sich absolut nichts entgehen lassen will, der kann sich in der Touristeninformation einen Einkaufsführer besorgen. Eine Auswahl an besonderen Mainzer Geschäften und Einkaufsmöglichkeiten findet sich hier:

Shops in der Altstadt

ZDF-Shop Mainz **7** → Karte S. 30/31. Fans des Mainzer TV-Senders können sich im Schatten des Doms mit allerlei Produkten der ZDF-

Familie versorgen (ein weiterer Shop ist im Empfangsgebäude auf dem Lerchenberg untergebracht). Die Mainzelmännchen sind als Kultfiguren natürlich besonders häufig vertreten: Stets freundlich grinsend finden sich Anton, Berti & Co. auf Tassen, Schlüsselanhängern, Postkarten, Baby-Stramplern etc. Daneben gibt's aktuelle sowie bereits in Vergessenheit geratene TV-Serien aus 50 Jahren Sendergeschichte zu erstehen. Aber selbst wenn auf den DVDs und Blu-Rays verlockende „20 % gespart"-Aufkleber pappen, kann man sich sicher sein, immer noch wesentlich mehr bezahlen zu müssen als in jedem Elektromarkt. Mo–Fr 10–18.30 Uhr, Sa 10–17 Uhr, So (außer feiertags) 11.30–16.30 Uhr. Schöfferstr. 6, www.zdf-shop.de.

Gutenberg-Shops **2**, **4** → Karte S. 30/31. Gleich zwei Läden widmen sich dem Erbe des berühmtesten Sohnes der Stadt. Neben diverser Literatur über Gutenberg und die Druckkunst kann man sich hier mit Nachdrucken der berühmten 42-zeiligen Bibel, Stempeln, Drucktypen, ausgefallenen Postkarten, Briefpapier u. a. eindecken. Zu den Klassikern im Sortiment gehört das „kleinste Buch der Welt", das kaum die Größe eines Streichholzkopfes übersteigt, aber immer noch genug Platz für das Vaterunser in mehreren Sprachen bietet. Ein Shop ist direkt im Gutenberg-Museum am Liebfrauenplatz (Nr. 5) untergebracht: Di–Sa 9–17 Uhr, So 11–15 Uhr. Ein weiterer findet sich im Kundencenter der Allgemeinen Zeitung am Markt (Nr. 17): Mo–Fr 10–18 Uhr, Sa 10–13 Uhr. www.gutenberg-shop.de.

Mitbringsel gefällig?

Souvenirs de Mayence **25** → Karte S. 30/31. Mit Andenken und Mitbringseln von ulkig bis kitschig kann man sich in der sonst wenig attraktiven Malakoff-Passage eindecken. Neben textilen Liebesbekenntnissen an die Stadt gibt's Artikel rund um Fastnacht, Dom und was sonst von touristischem Interesse sein könnte. Mo–Fr 10–19 Uhr, Sa 10–18 Uhr. Rheinstr. 4.

Schokoladenhaus am Dom **7** → Karte S. 30/31. Gleich neben dem ZDF-Shop lockt in einer der laut „Feinschmecker" 500 besten Einkaufsadressen in Deutschland eine bunte Auswahl erlesener Schokoladenprodukte. Schoko-Geister, Trinkschokoladen und Pralinen-Variationen warten darauf, sich endlich in Hüftgold verwandeln zu dürfen. Mo–Fr 9.30–18.30 Uhr, Sa 9.30–15 Uhr. Schöfferstr. 6, www.schokokasper.de.

MeinTipp **Schokophonie** **14** → Karte S. 30/31. Süße Versuchungen aus der Welt der Schokolade bietet auch der etwas versteckt im Kirschgarten gelegene Laden von Gisela Dittmar und Friedel Weinel an. Weil den beiden ihre Jobs als Leiter einer Supermarktfiliale mit der Zeit langweilig wurden, wagte das Paar mit über 50 Jahren den Neuanfang und machte seine Leidenschaft für Schokolade zum neuen Beruf. Angeboten werden bekannte und ausgefallene Köstlichkeiten aus ausgewählten Schoko-Manufakturen: 30 Sorten Trüffel aus dem Münsterland konkurrieren mit belgischer Schokolade und allerlei anderem um die Gunst der Schleckermäuler. Tischchen vor dem Geschäft laden zu einer „Trinkschoki am Stil" vor historischer Fachwerk-Kulisse ein. Mo–Fr 10–18.30 Uhr, Sa 10–17 Uhr. Kirschgarten 24.

The CapeHouse **15** → Karte S. 30/31. Wenn nach zahlreichen Besuchen in den Mainzer Weinstuben die Tropfen aus Rheingau und Rheinhessen tatsächlich etwas an Reiz verloren haben sollten, darf man ruhig mal die alkoholischen Traubensäfte von der Südhalbkugel versuchen. Die Winzer aus den Wine Lands bei Kapstadt müssen den Vergleich mit ihren deutschen Kollegen keineswegs scheuen. Mit der Pinotage, einer Kreuzung der beiden roten Rebsorten Cinsault und Pinot Noir, hat Südafrika sogar so etwas wie seine eigene Rebsorte. Neben diversen Weiß- und Rotweinen bietet das Cape House am Kirschgarten auch südafrikanischen Schmuck, Keramiken, Lederwaren und allerlei Kleinigkeiten wie Teelichter aus Straußeneiern etc. an. Mo–Fr 10–18.30 Uhr, Sa 10–16 Uhr. Kirschgarten 22, www.capehouse.eu.

Mainz im Kasten

Die Mainzelmännchen – Ikonen des deutschen Werbefernsehens

Seit Sendestart 1963 sind die kleinen, fleißigen Kobolde das Markenzeichen des ZDF. Allabendlich hüpfen sie als zeitlose Werbetrenner über die Mattscheiben und versuchen, die Werbeblöcke etwas aufzulockern und erträglicher zu machen. Anton, Berti, Conni, Det, Edi und Fritzchen entstammen der Feder des 2012 verstorbenen Zeichners Wolf Gerlach, der ihnen auch über die Jahre ihre krächzenden Stimmen einhauchte. Heute arbeiten von der Skizze auf Papier bis zur sendefertigen Animation rund 30 Zeichner und Grafiker an den liebenswerten Zeitgenossen. Insgesamt wurden bis dato etwa 50.000 Folgen der Mainzelmännchen produziert. Im Laufe der Zeit wurden die Figuren dabei immer wieder dem Zeitgeist angepasst. Den jüngsten Facelift bekamen sie 2003 – jetzt tragen sie statt Zipfelmütze schon mal Rastalocken, Baggy Pants statt Latzhose, fahren Snowboard, versuchen sich als Discjockey und legen Hammer und Schraubenzieher aus der Hand, wenn Smartphone und Notebook rufen.

Während die sechs Jungs aus dem Werbefernsehen in gleichgeschlechtlicher Gesellschaft leben, bringen in der Trickserie „Die Mainzels" (2003/04) zwei Mainzelfrauchen etwas Unordnung in den geregelten Männerhaushalt. Nachwuchs brachte die Truppe bis heute aber noch nicht zustande, wobei die anatomischen Voraussetzungen seitens der Männchen durchaus gegeben wären, wie ein kleiner Spot erkennen ließ. Von einer Frauenquote in der Mainzel-Welt hält das ZDF aber herzlich wenig. Man setzt auf Tradition, und so wird wohl auch in Zukunft das charakteristische „Gud'n Aamd" nicht von Babygeschrei gestört werden. Schade eigentlich!

Wolsdorff Cigarren 7 → Karte S. 65. Hinter der Alten Universität versteckt sich ein kleines Paradies für Freunde aromatischer Zigarren oder Pfeifentabake. Pfeifenraucher finden nur hier die beliebte und fruchtige Serie „Mainzer Qualm". Bei Entscheidungsschwierigkeiten helfen die freundlichen Damen des Ladens gerne. Mo–Fr 10–14 und 14.30–18.30 Uhr, Sa 10–18 Uhr. Betzelsstr. 23–25.

Villa Vinum 3 → Karte S. 65. Die am besten bestückte Weinhandlung von Mainz bietet rund 1000 Rebensäfte aus den Weinbauregionen der Welt. Preiswerter Tafelwein kann hier ebenso gekostet und erstanden werden wie Flüssig-Raritäten für den anspruchsvollen Gaumen. Passend dazu sind kleine kulinarische Spezialitäten im Angebot. Mo–Do 10–18.30 Uhr, Fr 10–19, Sa 10–16 Uhr. Große Bleiche 44, www.villavinum.de.

Der Kinderladen 1 → Karte S. 48/49. Alles, was die Herzen kleiner und großer Kinder höher schlagen lässt, bietet dieses seit rund 100 Jahren familiengeführte Kinder-Shopping-Paradies. Überdimensionierte Spielfiguren glotzen verführerisch aus den Schaufenstern des großen Eckhauses auf den Münsterplatz hinunter. Auf 5 Etagen und über 2.000 m² tummeln sich Puppen, Teddys, Spielzeugautos und was Kindern sonst noch alles den Alltag versüßt. Wer es mit Kind und Kegel im Schlepptau eilig hat, sollte also aus strategischen Gründen lieber einen großen Bogen um den Münsterplatz machen. Mo–Fr 10–19 Uhr, Sa 10–18 Uhr. Schillerstr. 48, www.wirth-mainz.de.

Shops außerhalb der Innenstadt

Anja Gockel Atelier & Shop **1** → Karte S. 94/95. Die gebürtige Mainzerin ist mit ihrer Mode inzwischen längst in Boutiquen rund um den Globus vertreten. Nach dem Designstudium arbeitete sie zunächst für die englische Star-Designerin Vivienne Westwood, bevor sie sich 1996 mit ihrem eigenen Modelabel selbstständig machte. Ein roter Hahnenkamm ziert seitdem als Firmenlogo die Stoffe, die ihr Mainzer Atelier verlassen. Zu ihren Kundinnen zählten u. a. schon die schwedische Königin, deutsche TV-Moderatorinnen und Heidi Klums Top-Models. Im Kunstquartier Alte Patrone nahe dem SWR-Funkhaus steht das Atelier mit Shop jeder modebewussten Dame für einen kostenlosen Überblick über die Kollektion der Saison offen. Wer ein Kleidchen mit nach Hause nehmen will, sollte dann aber schon um die 380 € aufwärts entbehren können. Mo–Fr 10–19 Uhr, Sa 10–16 Uhr. Am Judensand 59e, www.anja-gockel.de.

Mainz-05-Fanshop **8** → Karte S. 65. Ein offizieller 05er-Fanshop ist direkt in der Opel Arena untergebracht. Mit Trikots, Schals, Mützen und allem, was das Fanherz sonst noch höher schlagen lässt, kann man sich hier versorgen. Seit März 2016 findet sich unweit des Gutenbergplatzes in der Seppel-Glückert-Passage 16 ein weiterer offizieller Shop (Mo–Sa 10–19 Uhr). Hier gibt's auf 150 m² ebenfalls ein buntes Fanartikel-Sortiment und Tickets fürs Stadion. Aber auch in den Souvenirläden oder Sportabteilungen der Kaufhäuser bekommt man allerlei 05er-Accessoires. Mo–Fr 10–18 Uhr, Sa 10–14 Uhr. Opel Arena, Eugen-Salomon-Str. 1, www.mainz05shop.de.

Märkte

Hauptwochenmarkt: Gleich 3-mal in der Woche lädt der größte Mainzer Markt zu einem Bummel über die drei Domplätze ein. Neben Obst und Gemüse der Saison direkt von Baum, Strauch oder Acker finden sich an den Ständen der regionalen Produzenten auch Blumen, Marmeladen, Säfte und diverse andere Erzeugnisse. Aber auch regionsfremde, exotische Produkte werden hier angeboten. Und natürlich darf auch der begehrteste Exportschlager der Region nicht fehlen: Von Mitte März bis November laden die Mainzer Winzer immer samstags auf dem Liebfrauenplatz zu ihrem Marktfrühstück ein. Di/Fr/Sa 7–14 Uhr. Markt/Liebfrauenplatz.

Wochenmarkt Altstadt: Um den plätschernden Brunnen im Schatten des Westchors des Doms gruppieren sich 1-mal wöchentlich auf dem Leichhof die Obst- und Gemüsestände der Landwirte aus der Region. Mi 10–18 Uhr. Leichhof.

Erzeugermarkt Altstadt: Mit Äpfeln, Birnen, Weintrauben, Karotten, Salaten, Kartoffeln und vielem mehr aus ökologischem Anbau kann man sich 1-mal in der Woche am Südende der Augustinerstraße versorgen. Do 11–18 Uhr. Am Graben.

Wochenmarkt Neustadt: Unweit der Christuskirche versorgt immer donnerstags ein kleiner Markt die Nachbarschaft mit frischem Obst und Gemüse. Daneben gibt's leckeren Käse, Fisch und Wurstwaren. Do 7–13 Uhr. Frauenlobplatz.

Krempelmarkt am Rheinufer: Antike Sammlerstücke, nützliche Raritäten, unentbehrlichen Unfug, ein bisschen Schrott und alles, was man sonst so nicht länger auf dem Speicher verstauben lassen möchte, wird regelmäßig am Rheinufer unters Volk gebracht. Um die Theodor-Heuss-Brücke feilscht und verkauft der Nachwuchs auf dem Kinderflohmarkt alles, was das Herz entbehren kann. April–Okt. jeden ersten und dritten Samstag im Monat 7–16 Uhr, Nov.–März jeden dritten Samstag 9–15 Uhr. Rheinufer.

Gutenberg-Antiquariatsmarkt: Bücherfreunde können 1-mal im Monat vor dem Gutenberg-Museum hemmungslos mit allem handeln, was bedrucktes Papier hergibt. Wertvolle Unikate lassen sich ebenso entdecken wie weniger wertvolle Massenware – nur antiquarisch angehaucht sollte das Feilgebotene eben sein. Jeden ersten Samstag im Monat 8–14 Uhr. Liebfrauenplatz.

Während der **Johannisnacht** (→ S. 160) im Juni gruppieren sich Bücherstände um den Ballplatz und ziehen Tausende Besucher an. Manch einer spricht dann gar vom schönsten Büchermarkt Deutschlands!

Wasserspielplatz im Hartenbergpark

Mainz mit Kindern

Mainz ist kinderlieb, und das zeigt es auch. Den Städtetrip mit Kindern bereichern neben tollen Mitmachangeboten rund um den Buchdruck die Familientage der Museen, der Wildpark Gonsenheim oder die großen Parks und Wasserspielplätze am Rande der Innenstadt.

Informationen über Freizeitangebote für Kinder und Jugendliche, wie die Familien-Jazz-Picknicks im Volkspark, das Kindertheaterfestival oder die Kinderfastnacht, stellt das Amt für Jugend und Familie der Stadt Mainz auf einer eigenen Website bereit: **www.jugend-in-mainz.de**. Auf der Homepage findet man auch einen Kinderstadtplan, der stadtteilgenau Informationen zu den Spiel-, Skate- und Bolzplätzen sowie zu Museen und anderen Kultureinrichtungen liefert. Für Familien lohnt sich auch ein Blick in die Programmhefte der großen **Museen**: Neben den dauerhaften Angeboten und Sonderaktionen für Kinder gibt es dort vor allem am Familientag (meist der Sonntag) viel zu erleben.

Sechsmal im Jahr erscheint mit dem „Kuckuck" ein kostenloses **Familienmagazin** für Mainz, Wiesbaden und die Umgebung mit einem detailreichen und kinderfreundlichen Veranstaltungskalender (www.kuckuck-magazin.de). Erhältlich ist der „Kuckuck" u. a. in der Touristeninformation.

Museums- und andere Mitmachangebote

Im **Druckladen des Gutenberg-Museums** (→ S. 43) kann sich Groß und Klein in der Kunst des Druckens erproben. Von Dienstag bis Samstag gibt es Druckvorführungen an der Gutenberg-Presse und einen Gutenberg-Film. Weitere Museumsführungen speziell für Kinder sowie Workshops finden einmal in der Woche bzw. im Monat statt.

Sonntag ist Familiennachmittag: 15–17 Uhr Kinderführung „Von tanzenden Buchstaben und bunten Blättern" (ab 3 J., 4 € pro Kind); jeden zweiten Samstag im Monat Kinderführungen durch Museum und Druckladen (ab 6 J., 4 € pro Kind, 3,50 € Erw.); jeden ersten Samstag im Monat Familienvormittage mit Workshop und Museumsführung (im Eintrittspreis enthalten). Seilergasse 1, ✆ 06131/122686, www.gutenberg-druckladen.de.

Im **zeitRAUM** im Erdgeschoss des **Landesmuseums** (→ S. 70) können kleine Besucher die zehn Mitmachstationen ausprobieren – Spiel- und Kreativmaterialien sind inklusive. Parallel zu den Erwachsenenführungen finden auch spezielle Rundgänge für Kinder statt (im Museumseintritt inbegriffen).

Jeder erste Sonntag im Monat ist Familiensonntag: 14–17 Uhr Themenführung und Aktionsangebote zum „Sehen – Hören – Selbermachen“. Unter dem Motto „Museum aktiv“ bietet das Landesmuseum darüber hinaus ein regelmäßiges Programm für Kinder, Jugendliche und Familien. Große Bleiche 49–51, ✆ 06131/28570, www.landesmuseum-mainz.de.

Gerade für Kinder gibt es im **Naturhistorischen Museum** viel Spannendes zu entdecken (→ S. 76). In der zweimal wöchentlich stattfindenden Vorlesestunde für Kinder zwischen fünf und neun Jahren lernen die Kleinen das jeweilige Tier des Monats kennen.

Di 16 Uhr, Do 15 Uhr, 3 €, Anmeldung zur Vorlesestunde unter ✆ 06131/122268, Reichklarastr. 1, www.mainz.de/nhm.

Wildpark Gonsenheim – was guckst du?!

Malen, schreiben und drucken können Kinder und Jugendliche ab fünf Jahren auch in der bunten **BuchKinder-Werkstatt** in Mainz-Mombach. Die vom Kunstverein Eisenturm (→ S. 64) eingerichtete offene Werkstatt empfängt Kinder und auch ihre Eltern immer donnerstags zwischen 15 und 18 Uhr (außer an Feiertagen).

Zeystr. 5, ✆ 06131/362405, www.buchkinderwerkstatt.de.

Im **Haus der Jugend** finden wöchentlich diverse Veranstaltungen wie Kochkurse für Kinder oder Breakdance-Kurse statt.

Mitternachtsgasse 8, ✆ 06131/228442, www.hdj-mainz.de.

Kultur für Kinder

Theater für das jüngere Publikum bietet die **Junge Bühne Mainz** im Haus der Jugend.

Mitternachtsgasse 8, www.junge-buehne-mainz.de.

Auch das **Staatstheater** hat regelmäßig Stücke für Kinder und Jugendliche im Programm (→ S. 50, ✆ 06131/2851156).

Jährlich zur Weihnachtszeit bringt das **Mainzer Kinder- und Jugendtheater** Weihnachtsmärchen für Kinder ab 4 Jahren auf die Bühne. Spielstätte sind die Kammerspiele im Fort-Malakoff-Park.

Rheinstr. 4, ✆ 06131/225002, www.mainzer-kindertheater.de.

Führungen und Rundfahrten

Stadtführungen und Naturerkundungen mit Kindern und Jugendlichen unternimmt man am besten mit einem Guide des Vereins **Geographie für Alle**

(Erw. 7 €, erm. 5 €, Kinder unter 14 J. kostenlos). Infos zum abwechslungsreichen Familienprogramm gibt es unter www.geographie-fuer-alle.de.

Auch das Team des **Botanischen Gartens Mainz** bietet immer wieder Führungen zu wechselnden Themen für die ganze Familie an. Start ist am „Treffpunkt für Führungen" im Anselm-Franz-von-Bentzel-Weg 9b, eine Anmeldung ist nicht erforderlich (März–Okt. So 11 Uhr, Dauer ca. 90 Min., Erw. 3 €, Kinder kostenlos). Weitere Infos zum Botanischen Garten unter www.botgarten.uni-mainz.de und auf S. 97.

Und wollen müde Kinderbeine die Mainzer Alt- und Neustadt nicht mehr zu Fuß erkunden, springt man einfach in den **Gutenberg-Express** (→ S. 192). In knapp einer Stunde passiert die kleine Bahn die wichtigsten Sehenswürdigkeiten der Stadt.

Spielplätze draußen und drinnen

Ein wahres Paradies für Kinder findet sich im ausladenden **Hartenbergpark** mit mehreren schattigen Spielplätzen, Klettermöglichkeiten, Seilbahn, Barfußpfad, kleinem Rollschuh- und Skateplatz und einem Minigolfplatz. Auch im **Volkspark** stehen Klettergeräte, eine Rollschuhbahn und ein Minigolfplatz zur Verfügung. Klettern, Tischtennis, Rollschuhfahren und Basketball ist außerdem auf dem **Goetheplatz** möglich. Auf dem **Windmühlenberg** bei der Zitadelle wartet eine größere Kinderrutsche. Und im **Drususwall** nahe des Fichteplatzes finden sich weitere Spielgeräte für die Kleinen sowie ein größeres Planschbecken. Etwas außerhalb, aber gut kombinierbar mit einem Besuch des nahen Wildparks Gonsenheim ist der „**Abenteuerwald**", wo Gleichgewichtssinn und Kletterfähigkeit an mehreren Installationen getestet werden dürfen.

Besonders an heißen Tagen locken die tollen **Wasserspielplätze** im Hartenbergpark, im Volkspark und auf dem Goetheplatz. Bei schlechtem Wetter weicht man einfach in die überdachten Spielparadiese aus: Die Mainzer Indoorspielplätze sind **Rambazamba** in Mainz-Mombach (Mombacher Str. 76a, ✆ 06131/5701770, www.rambazamba-mainz.de) oder **Tobolino** in Laubenheim (Dammweg 11, ✆ 061316/228202, www.tobolino.org). Ebenfalls eine gute Adresse bei Regen ist die **Kletterkiste Mainz** (→ S. 191) – das DAV-Kletterzentrum verfügt nämlich auch über eine Kinderkletterwand.

Wildpark Gonsenheim

In unmittelbarer Nähe zu den Naturschutzgebieten Lennebergwald und Mainzer Sand erstreckt sich am Rande des Gonsenheimer Villenviertels auf ca. 3 ha der kleine Wildpark Gonsenheim. In den 1950er-Jahren als Freigehege für Hirsche und Wildschweine errichtet, beherbergt die Anlage heute rund 20 Arten. Neben Rot-, Dam-, und Muffelwild gibt es Hängebauchschweine, Heidschnucken, Zwergziegen, kleine Wildkatzen, Waschbären, Frettchen, Eulen und verschiedenen Wasservögel zu sehen. Highlight für die kleinen Besucher ist seit 2006 ein Streichel-Zoo mit Kaninchen und Meerschweinchen.

Die Tieranlagen sind umzäunt, aber von den Gehwegen gut einsehbar. Wer Wildschwein und Co. einen Gefallen tun will, kann sich am Automaten mit speziellem Futter versorgen. Ein Brezelstand und ein Café in der Nähe wissen auch für das leibliche Wohl der Tierparkbesucher zu sorgen. Leider ist die Zukunft des Tierparks alles andere als gesichert. Wegen der knappen Stadtkasse wird immer wieder über die Schließung der Anlage diskutiert.

Der Besuch des Tierparks ist kostenlos und ganzjährig möglich. Mini-Zoo tägl. 10–16 Uhr. Hunde müssen an der Leine gehalten werden. Parkplätze stehen vor dem Zugang zum Waldfriedhof Gonsenheim kostenlos und ausreichend zur Verfügung. Die Buslinien 57 und 62 verbinden die Innenstadt direkt mit dem Wildpark. Ecke Am Sportfeld/Kirchstraße, 55124 Mainz-Gonsenheim, www.wildpark-mainz.de.

Frühling im idyllischen Mainzer Stadtpark

Mainz (fast) umsonst

Auch wenn für den Erhalt von Natur, Kultur und Geschichte immer Geld benötigt wird, sind viele Angebote in und um Mainz bis heute kostenlos geblieben. Ein Besuch der Mainzer Gotteshäuser ist natürlich grundsätzlich kostenfrei. Auch in einigen Museen wird kein Eintritt verlangt, wobei man sich gleichwohl über eine kleine Spende freut. Ordentlich sparen können Besucher mit der Mainz Card, die kostenfreien Eintritt in alle Museen sowie Vergünstigungen beim Kauf von Theatertickets bietet und darüber hinaus als Fahrschein für Busse und Bahnen dient.

Antike Kult- und Kulturstätten

Isis und Mater Magna Heiligtum: Die Überreste einer römischen Kultstätte aus dem 1. Jh. befinden sich in einem Schauraum in der Galerie Römerpassage und können Montag bis Samstag kostenlos besichtigt werden. Originale Fundstücke, darunter Opfergaben, Verwünschungstafeln, eine Voodoo-Puppe und vieles mehr, geben Einblick in den spirituellen Alltag der Bewohner des antiken Mogontiacums. → Tour 4, S. 68

Museum für Antike Schiffahrt: In der Nähe des Römischen Theaters widmet sich ein kostenfreies Museum der Bedeutung des Rheins als Wasserstraße. Zu besichtigen sind originale Überreste römischer Kriegsschiffe, außerdem erhalten Besucher Informationen zum historischen Schiffsbau sowie Einblicke in die angeschlossenen Restaurationswerkstätten. → Tour 3, S. 60

Römisch-Germanisches Zentralmuseum: Die Dauerausstellungen im Ostflügel des Kurfürstlichen Schlosses zeigen eine beeindruckende Sammlung archäologischer Funde aus römischer Zeit und dem frühen Mittelalter. Schwerpunkte sind der römische Totenkult, das antike Militärwesen und Handwerk sowie der Niedergang des Imperium Romanum. Der Eintritt ist kostenlos, für Führungen werden ein paar Euro verlangt. → Tour 4, S. 73

Reduit Kaserne & Römischer Ehrenbogen: In Mainz-Kastel ist immer sonntags der kostenfreie Besuch des Museum Castellum in der ehemaligen Reduit-Kaserne sowie des nahe gelegenen unterirdischen Museums Römischer Ehrenbogen möglich. Gezeigt werden u. a. Alltagsgegenstände und Militaria aus der Römerzeit. → Tour 5, S. 89 und 90

Mainzer Zitadelle: Am Rande der Altstadt liegt eines der bedeutendsten Baudenkmäler von Mainz. Die gewaltige Festung wurde um 1660 auf dem Jakobsberg erbaut und war als Sitz des Militärkommandos rund 250 Jahre lang die wichtigste strategische Schaltstelle der Stadt. Hier befindet sich mit dem Drususstein auch das Ehrengrab für den Stadtgründer. Der Besuch ist rund um die Uhr kostenlos möglich. An einem Sonntag im September findet hier zudem jährlich das Zitadellenfest mit buntem Programm statt. → Tour 3, S. 58

Stadtpark: Die ausladende Parkanlage eignet sich sehr gut für einen kleinen Sparziergang, eine Rast im Biergarten des Favorite-Hotels oder im 9500 m^2 großen Rosengarten. Gerne dürfen auch Nichtgäste einen Blick ins Hotel werfen – hier sind ein Pflanzenhaus mit Meerwasseraquarium sowie ein Leguanterrarium untergebracht. Vom Stadtpark kommt man über eine Brücke schnell an den Rhein oder in den angrenzenden Volkspark mit Wasserspielplatz, Biergarten und vielen Freizeitmöglichkeiten. → Tour 6, S. 93

Botanischer Garten: Auf rund 10 ha präsentiert der wissenschaftliche Garten der Gutenberg-Universität rund 9000 Pflanzenarten aus aller Welt. Der Besuch ist kostenlos und lohnt nicht nur im Frühjahr, wenn die meisten Gewächse ihre Blütenpracht entfalten. Ganz in der Nähe des Botanischen Gartens finden sich mit den Römersteinen beeindruckende Reste der antiken Wasserleitung. → Tour 6, S. 97

Steinbruch Weisenau: Zwischen Rhein und Autobahn lädt der stillgelegte und renaturierte Kalksteinbruch zu einem gemütlichen Sparziergang ein. Ein ca. 2 km langer Rundweg bietet Informationen zur erdgeschichtlichen Entwicklung der Region. Nicht nur die Mainzer wissen den Steinbruch als Rückzugsort zu schätzen. Auch Bussarde und Milane legen hier gerne eine Rast ein. Die ehemalige Abbauwand ist zudem Lebensraum für Felsbrüter wie Turm- und Wanderfalke. → Ausflug 2, S. 119

Mainz Card

Mit der „mainzcardplus" kommt man in den Genuss diverser Vergünstigungen: Sie gilt nicht nur als Fahrschein für alle öffentlichen Verkehrsmittel in Mainz und Wiesbaden, sondern ermöglicht außerdem freien Eintritt in alle Museen, 10 % Ermäßigung bei Veranstaltungen im Staatstheater oder Frankfurter Hof, 20 % Ermäßigung für Schiffsfahrten der KD sowie die kostenlose Teilnahme an der Stadtführung durchs „Goldene Mainz". Sie ist in der Touristeninformation, im Verkehrs Center Mainz sowie an vielen Hotelrezeptionen erhältlich und gilt an zwei aufeinanderfolgenden Tagen (Einzelkarte 11,95 €, Gruppe bis 5 Pers. 25 €). → S. 189

Wildpark Gonsenheim: Nahe der Naturschutzgebiete Lennebergwald und Mainzer Sand liegt diese kleine Parkanlage. Zu den tierischen Bewohnern zählen Rehe, Hängebauchschweine, Heidschnucken, Zwergziegen, kleine Wildkatzen, Waschbären, Frettchen, Eulen und Wasservögel. Im Streichel-Zoo warten Kaninchen und Meerschweinchen auf die kleinen Besucher. → S. 173

Medienwelten

ZDF & SWR: Die Fernseh- und Funkhäuser der beiden großen Mainzer Sender können nach Anmeldung im Rahmen einer kostenlosen Führung erkundet werden. Neben ironisch-selbstkritischen Rundgängen durch die Studios gibt's Informationen zur technischen Ausstattung und zu den Produktionsabläufen. Auch das ein oder andere bekannte TV-Gesicht flitzt hier und da mal über die Gänge. → S. 140/141

Kompakt

Museen

Kirchen- und Druckkunst

Dommuseum: Kunsthistorisch wertvolle Schätze aus allen Epochen. Ein Highlight der überschaubaren Sammlung ist das Drehtabernakel von Kunstschreiner Abraham Roentgen aus dem 18. Jh. ■ S. 26

Domschatz: Reich verzierte Messkelche und Monstranzen, mit Edelsteinen besetzte Kruzifixe sowie diverse bischöfliche Insignien aus 1000 Jahren Kirchengeschichte. ■ S. 26

Martinus Bibliothek: Im Erdgeschoss der Diözesanbibliothek des Bistums Mainz werden wechselnde Ausstellungen rund um die Themen Buchkunst, Religion und Geschichte gezeigt. ■ S. 41

Gutenberg-Museum: Das meistbesuchte Museum der Stadt widmet sich nicht nur dem Leben und Werk des Druckpioniers, sondern auch der Entwicklung des Nachrichtenwesens sowie der asiatischen Schrift- und Druckkunst. Besucher können sich sogar selbst in der Druckkunst versuchen. ■ S. 42

Ruine St. Christoph: In den Überresten des Kirchleins, in dem einst Gutenberg getauft wurde, informieren leuchtend bunte Glastafeln über die Nazizeit in Mainz. ■ S. 76

Antike und Archäologie

Römisch-Germanisches Zentralmuseum: Zwei Dauerausstellungen führen durch die europäische Geschichte von der Zeit Caesars bis zu Karl dem Großen. Neben originalen Grabbeigaben, Waffen, Rüstungen und Münzen auch einige Nachbildungen längst zerstörter oder verschollener archäologischer Schätze. ■ S. 73

Museum für Antike Schifffahrt: Gezeigt werden neben Nachbauten auch die Reste von fünf römischen Kriegsschiffen, dazu kommt ein genereller Überblick zur Geschichte des Schiffsbaus. ■ S. 60

Heiligtum der Isis und Mater Magna: Die Überreste dieses römischen Tempels aus dem 1. Jh. kamen beim Bau einer Einkaufspassage zum Vorschein. Der Besuch ist kostenfrei und absolut empfehlenswert. ■ S. 68

Museum Castellum: In der ehemaligen Reduit-Kaserne werden Alltagsgegenstände und Militaria aus der römischen Epoche sowie der Zeit des Deutschen Bundes ausgestellt. ■ S. 89

Museum Römischer Ehrenbogen: Der unterirdische Schauraum unweit der Reduit zeigt die Fundamentreste des gewaltigen Germanicus-Bogens und informiert auf Schautafeln über die Antike in Mainz. ■ S. 90

Stadt, Land, Fluss

Stadthistorisches Museum: Ausschnitte aus der Stadtgeschichte vom römischen Mogontiacum bis heute. Eine Dauerausstellung widmet sich der Geschichte der Mainzer Juden. Insgesamt wenig Exponate und viele Texttafeln. ■ S. 60

Landesmuseum: In der einstigen kurfürstlichen Golden-Ross-Kaserne befindet sich die größte kunst- und kulturgeschichtliche Sammlung des Landes Rheinland-Pfalz. Von den Reliefzinnen des Kurfürstenzyklus bis zu Picassos kubistischem „Frauenkopf". Auch Angebote für Kinder. ■ S. 70

Naturhistorisches Museum: Das größte naturkundliche Museum von Rheinland-Pfalz. Die Dauerausstellung widmet sich vor allem der Geologie sowie der Tier- und Pflanzenwelt des Landes. Der „Bitte-nicht-streicheln-Zoo" ist besonders für Kinder spannend. ■ S. 76

Sekt, Narren und Satire

Fastnachtsmuseum: Geschichtlicher Abriss der Mainzer Fastnacht vom ersten Rosenmontagszug 1837 bis zum bunten Narrentreiben der heutigen Zeit. Narrenkappen, Gardeuniformen, Schwellköpp und sonstiges Fastnachtszubehör. ■ S. 54

Deutsches Kabarettarchiv: Die kleine Dauerausstellung gibt einen Überblick über bekannte und unbekannte Vertreter des Genres. ■ S. 54

Kupferberg-Museum: Die Gewölbekeller gelten als die tiefsten Sektkeller der Welt und können im Rahmen einer Führung besichtigt werden. Der Besuch beinhaltet natürlich auch eine Sektprobe. ■ S. 54

Hyatt Regency – hier nächtigen Popstars und Präsidenten

Karte S. 182/183

Übernachten

Wer sich in Sichtweite des Rheins zu betten gedenkt, der sollte mit Preisen von 100 € aufwärts für das Doppelzimmer rechnen. Durch Frühbucherrabatte lassen sich aber insbesondere in den gehobenen Unterkünften bis zu 20 % sparen. Vor allem in der Schluss- und somit Hochphase der närrischen Zeit empfiehlt sich zeitiges Reservieren.

Ende Januar und im Februar fallen jährlich unzählige Fastnachtsfreunde und Schaulustige aus der ganzen Welt in das beschauliche Mainz ein und bringen die Stadt an den Rand ihrer Beherbergungskapazitäten. Auch im Zeitraum großer Kongresse und Messen kann es in den Hotels und Pensionen in der Innenstadt ziemlich eng werden – im Oktober suchen nicht selten sogar Besucher der Buchmesse in Frankfurt am Main nach einem Dach überm Kopf in der Stadt am Rhein. Dann muss man in vielen Mainzer Unterkünften zudem mit erhöhten Übernachtungspreisen rechnen.

Sobald es Frühling wird, sind die Campingplätze entlang des Rheins und Mains begehrt. Für die Übernachtung in Zelt oder Wohnmobil muss man allerdings den Sprung über die Stadtgrenze auf eine Rheininsel wagen, denn der einzige Mainzer Campingplatz wurde Mitte 2012 infolge einer nicht unumstrittenen Gerichtsentscheidung geschlossen – fehlende Baugenehmigungen bedeuteten das Ende des kleinen Platzes am Rheinufer von Mainz-Laubenheim. Einen Stellplatz für sein Zelt findet man eigentlich immer irgendwo, Caravanstellplätze sind jedoch heiß umkämpft, weshalb sich beim Camping im fahrbaren Wohnzimmer vor allem in den Sommermonaten eine frühzeitige Platzreservierung empfiehlt.

Wer ein richtiges Bett bevorzugt, das gleichzeitig preiswert ist, der wird am Rande des Volksparks in der einzigen Mainzer Jugendherberge fündig. Für Low-Budget-Touristen bietet es sich außerdem an, Zimmer oder Wohnungen zur Mini-Zwischenmiete zu nutzen

(→ Kasten S. 179). Wer nicht allzu hohe Ansprüche an Wohnkomfort und Nachtruhe stellt, der kann auf diese Weise mal für ein paar Tage wie ein echter Meenzer leben.

Natürlich gibt es auch außerhalb der Innenstadt, am rechtsrheinischen Ufer und in der ländlichen Umgebung von Mainz zahlreiche Unterkünfte, die in diesem Buch aber nur in begrenztem Umfang Beachtung finden können. Wem nach aufregenden Erkundungstouren durch die quirlige Altstadt eher nach einer Bleibe im beschaulichen Grün Rheinhessens oder im Rheingau zumute ist, dem sei der Besuch der Homepage der „mainzplus CITY-MARKETING GmbH" (www.touristik-mainz.de) empfohlen. Neben Kurzinformationen zu Hotels finden sich hier auch zahlreiche Angebote von Ferienwohnungen und Privatzimmern in der Umgebung von Mainz. Auch unter www.deutsche-pensionen.de/pension-mainz sind eine Reihe von preiswerten privaten Gästehäusern und Ferienwohnungen im Stadtgebiet und in der nahen Umland gelistet.

Ob Zimmer, Apartment oder ganzes Ferienhaus – über Online-Marktplätze wie www.airbnb.de oder www.wimdu.de lassen sich ebenfalls günstige Unterbringungsmöglichkeiten in Mainz und Umgebung entdecken. Die Übernachtungspreise starten bei etwa 20 €, können je nach Komfort aber auch auf über 200 € klettern. Gebucht wird unkompliziert online. Durch Kundenbewertung sollten sich böse Überraschungen vermeiden lassen.

Hotels

Gehobene Preisklasse

Hyatt Regency Mainz 14 Die wohl beste Adresse der Stadt! Der 1998 eröffnete Hotelkomplex direkt am Rhein fällt durch die architektonische Symbiose auf, die hier ein moderner Neubau und das Fort Malakoff aus dem 19. Jh. eingehen. Die ehemalige Kaponniere, einst Teil der Rheinkehlbefestigung, beherbergt heute die Malakoff-Bar, der man auch als Nichthotelgast gerne einen Besuch abstatten kann. Gleiches gilt für das etwas ungemütliche Hotelrestaurant „Bellpepper" mit Rheinterrasse sowie den Spa-Bereich. Die Zimmer (30–45) sind mit großzügigen Bädern und edlem Schieferboden ausgestattet. DZ mit Blick in den Innenhof ab 120 €, Rheinblick gibt's ab 200 € (ohne Frühstück, Tee und Kaffee kostenlos). Bei offenem Fenster kann es an Sommerabenden schon mal etwas lauter werden, da die Terrassentreppen zum Rhein auch beliebter Treffpunkt der Mainzer Nachtschwärmer sind. Malakoff-Terrasse 1, ✆ 06131/731234, www.mainz.regency.hyatt.de.

Hilton Mainz 2 Das Business-Hotel liegt direkt neben der Rheingoldhalle. Von einigen der großzügig geschnittenen Zimmer mit eleganter Ausstattung bietet sich der Blick auf die Theodor-Heuss-Brücke und das Kasteler Ufer mit der Bastion Schönborn. Einfache DZ/EZ ab 90 €, ohne Frühstück, für die Luxusausstattung kann man aber auch über 500 € bezahlen. Rheinstr. 68, ✆ 06131/2450, www.hilton.de/mainz.

Favorite Parkhotel 23 Am Rande des Mainzer Stadtparks gelegen – dort, wo einst Kurfürst Lothar Franz von Schönborn das Lustschloss Favorite errichten ließ. Fürstlich speisen lässt es sich heute im hoteleigenen Gourmetrestaurant, das 2011 für seine Küche vom Guide Michelin mit einem Stern ausgezeichnet wurde. Etwas bodenständiger und wesentlich günstiger geht's im angeschlossenen Biergarten zu. Ende Aug./Anfang Sept. kann es im Stadtpark etwas lauter werden, dann ist an 2 Wochenenden Weinfest. DZ mit Blick auf den Rhein oder in den Park 139–255 €, EZ ab 109 €, inkl. Frühstück. Karl-Weiser-Str. 1, ✆ 06131/80150, www.favorite-mainz.de.

Novotel Mainz 13 Das Hotel mit Fitness-und Wellnessbereich liegt an historisch bedeutender Stelle: Die Römer errichteten hier auf dem Kästrich einst ihr Militärlager und legten so den Grundstein für die Stadtentwicklung. Gleich neben dem Hotel liegen auch die Reste des spätantiken Stadttores. Von hier kommt man über die Kupferbergterrasse in wenigen Gehminuten zum Schillerplatz und in die Innenstadt. DZ/EZ mit teils etwas in die Jahre gekommenen Möbeln ab 80 €, ohne Frühstück. Augustusstr. 6, ✆ 06131/9540, www.novotel.com.

Mittlere Preisklasse

Hilton Mainz City 9 Sehr zentral, unweit des Schillerplatzes, liegt dieses etwas in die Jahre gekommene Hotel. Von manchen Zimmern Blick auf das ehemalige Proviantmagazin. Hotelrestaurant mit Terrasse im Innenhof. Einfaches DZ/EZ ab 90 €, ohne Frühstück. Münsterstr. 11, ✆ 06131/2780, www.hilton.de/mainzcity.

InterCityHotel Mainz 8 In unmittelbarer Nähe zum Hauptbahnhof verteilen sich auf 7 Etagen 180 Zimmer in warmen Brauntönen. Dank Fünffachverglasung trotz verkehrsreicher Lage ruhig. Übernachtung im ca. 20 m² großen DZ ab 85 €, EZ ab 63 €, ohne Frühstück. Binger Str. 21, ✆ 06131/588510, www.intercityhotel.com.

Hotel Hammer 5 Nach dem Inhaberwechsel 2008 wurde das Hotel gegenüber vom Hauptbahnhof behutsam neu eingerichtet und etwas mehr Luxus geschaffen. Die Zimmer der Premiumkategorie dürften insbesondere bei Fans von violetten Farbtönen (z. B. Teppiche, Stühle) gut ankommen. Den Hotelgästen steht ein kleiner Saunabereich mit Tauchbecken zur Verfügung. DZ 99–159 €, EZ 89–149 €, inkl. Frühstück. Bahnhofplatz 6, ✆ 06131/965280, www.hotel-hammer.de.

Advena Europa Hotel 3 Zentral am Übergang von der Neustadt in die Altstadt. 98 sehr hell und freundlich eingerichtete Zimmer. DZ 97–159 €, EZ 77–139 €, inklusive Frühstücksbuffet. Kaiserstr. 7, ✆ 06131/971070, europahotel.advenahotels.com.

Hotel Mainzer Hof 1 An der Grenze zur Neustadt in der Nähe von Christuskirche und Rhein gelegenes 3-Sterne-Hotel mit Panorama-Speisesalon. Von den meisten der schlicht gehaltenen Zimmer Blick auf den Fluss bzw. die stark befahrene Rheinallee. Die Badezimmer sind teilweise etwas zu klein geraten. Seit Anfang 2016 wird das Hotel umfassend renoviert. DZ 69–149 €, EZ 55–109 €, inklusive Frühstücksbuffet. Kaiserstr. 98, ✆ 06131/288990, www.hotel-mainzerhof.de.

Guesthouse Mainz 4 Im internationalen Nichtraucherhotel unweit des Hauptbahnhofs stehen insgesamt 25 helle und modern

Mainz im Kasten

Wohnen wie ein Meenzer – Mini-Zwischenmiete

Die etwa 35.000 Studierenden der Gutenberg-Uni machen fast ein Sechstel der Mainzer Bevölkerung aus und sind aus der Stadt als Abnehmer von günstigem Wohnraum nicht mehr wegzudenken. Rund 3600 Studis finden derzeit in den zentrumsnahen Wohnheimen Platz, Tausende andere leben in Wohngemeinschaften oder kleinen Apartments, vor allem in den innerstädtischen Bezirken. Für Touristen, die auf der Suche nach einer günstigen Alternative zur klassischen Hotel- oder Pensionsübernachtung sind, lohnt sich der Blick auf **www.studenten-wg.de** oder **www.wg-gesucht.de**, denn gerade in den Semesterferien (Mitte Februar bis Mitte April und Anfang August bis Mitte Oktober) und so auch zur quirligen Fastnachtszeit werden viele Studentenunterkünfte zur Zwischen- oder Ferienmiete angeboten.

Die Bandbreite des studentischen Wohnkomforts ist freilich groß: Vom 11 m²-Zimmerchen in einer WG mit Gemeinschaftsbad bis zur gepflegten Zweizimmerwohnung lässt sich alles finden. Dabei kommt es auch darauf an, in welchem Stadtteil die Unterkunft liegt. In der Mainzer Neustadt sollte man eher nicht mit großem Luxus rechnen – die Wassertemperatur diktiert hier oftmals noch die Flamme im Gasboiler. Mit etwas Glück findet sich dagegen in der Altstadt sogar eine kernsanierte Altbauwohnung mit Stuck an der Decke und Panoramafenstern. Auch in der Oberstadt und in Hartenberg/Münchfeld bieten immer wieder Studenten oder Auszubildende ihre zentrumsnahen Domizile zur Zwischenmiete an.

Solche Zimmer- bzw. Wohnungsangebote werden zwar in der Mehrheit erst ab einer Mietdauer von einer Woche oder gar einem Monat ausgeschrieben, doch auch tageweise Übernachtungen sind auf Anfrage oft möglich – meist reicht ein Anruf, um die Konditionen zu klären. Die Preise für die Mini-Zwischenmiete bewegen sich je nach Unterkunft zwischen 15 € und 100 € pro Tag und werden auch gerne spontan vereinbart. Neue Kontakte und ortskundige Mitbewohner gibt's je nach Wohnung gratis.

eingerichtete Studios für 1–3 Pers. oder Zimmer mit Verbindungstür für Familien zur Verfügung. Alle Studios sind mit einer Küchenzeile inkl. Kühlschrank, Herd, Mikrowelle und Kaffeemaschine ausgestattet. WLAN, iPhone-Dockingstation und Soundsystem kostenfrei. Gastronomie nicht vorhanden, aber in der Umgebung zahlreiche Einkehrmöglichkeiten. Übernachtung ab 99 €, Sa/So ab 85 €. Kaiserstr. 20, ✆ 06131/270270, www.guesthouse-mz.de.

Hotel Schwan 7 Zentraler geht es kaum: Am Liebfrauenplatz, direkt neben dem Gutenberg-Museum, liegt dieses historische Hotel in einem Haus aus dem 16. Jh. Die rustikal-romantische Einrichtung der 11 individuell gestalteten Zimmer ist sicherlich nicht jedermanns Sache, dafür nächtigt man im Herzen der Stadt und braucht nur den Fuß vor die Tür zu setzen, und schon ist man an Dom und Marktplatz. Die Lage hat dann natürlich auch ihren Preis: die DZ gibt's ab 98 €, EZ ab 68 €, inkl. Frühstück. Liebfrauenplatz 7, ✆ 06131/144920, www.mainz-hotel-schwan.de.

Hof Ehrenfels 10 Nur wenige Schritte sind es von diesem Hotel mit Restaurant in die berühmte Augustinerstraße. Hinter denkmalgeschützten Mauern verbirgt sich ein kleiner Innenhof mit Fachwerkskonstruktionen und einem kleinen Laubengang (mit Tischchen für die Raucher). Von 3 der 22 zweckmäßig eingerichteten Zimmer mit kleinem Duschbad Blick auf die Südseite des Doms. DZ ab 90 €, EZ ab 68 €, inklusive Frühstücksbuffet. Grebenstr. 5–7, ✆ 06131/9712340, www.hof-ehrenfels.de.

Untere Preisklasse

Hotel Königshof 6 Hotel in der Nähe des Bahnhofs mit wirklich sehr gutem Preis-Leistungs-Verhältnis. Die Zimmer mit roten Teppichböden und schlichter Holzeinrichtung sind modisch nicht mehr ganz up to date, erfüllen aber ihren Zweck. Wer ruhigen Schlaf bei offenem Fenster sucht, der sollte lieber keines der Zimmer zum Bahnhof hin nehmen, denn am Bahnhofsplatz kann es nicht nur am Wochenende zu nächtlichen Gröl-Orgien kommen. DZ ab 85 €, EZ ab 68 €, inkl. Frühstücksbuffet. Schottstr. 1–5, ✆ 06131/960110, www.hotel-koenigshof-mainz.de.

Ibis Mainz 16 Am südlichen Rand der Altstadt gegenüber dem Museum für Antike Schiffahrt und nur einen Katzensprung von der Augustinerstraße entfernt gelegenes, einfaches (Nichtraucher-)Hotel. DZ mit schlichter, aber ausreichender Einrichtung 69–111 €, EZ ab 59 €, ohne Frühstück. Holzhofstr. 2, ✆ 06131/2470, www.ibishotel.com.

Hotel Am Römerwall 12 Am nordwestlichen Rande des Mainzer Grüngürtels gelegener, denkmalgeschützter Jugendstilkomplex mit kleiner Parkanlage. Einfach eingerichtete Zimmer mit Holzbetten und eine sympathisch-familiäre Atmosphäre im ganzen Haus. DZ ab 75 €, EZ ab 60 €, 10 € Zuschlag wird für das Frühstück im Wintergarten berechnet. Römerwall 51–55, ✆ 06131/2577, www.roemerwallhotel.de.

Hotel Zum Engel 21 Wer partout nicht am Rhein übernachten will, ist hier richtig: Das 2-Sterne-Haus mit Restaurant liegt in der Nähe der Mainmündung direkt am Ufer. Die knapp 20 m² großen DZ mit Duschbad wurden 2012 renoviert und bieten teilweise Sicht auf den Main. Der in vierter Generation geführte Familienbetrieb hat ein Herz für Radler, die bekommen Preisnachlass auf die Übernachtung. Sonst DZ 80–96 €, EZ ab 45 €, inkl. Frühstücksbuffet. Mainufer 22, 55246 Mainz-Kostheim, ✆ 06134/18180, www.hotelzumengel.de.

Pensionen und Ferienwohnungen

Mein Tipp **Villa Rheinblick 20** Am Rheinufer in einem kleinen Villenviertel in Mainz-Kastel liegt dieses gehobene Gästehaus mit schönem Garten. Über die Theodor-Heuss-Brücke zu Fuß etwa 20 Min. in die Mainzer City. Unabhängig voneinander vermietet werden 4 große Zimmer (18–35 m²) mit modernem Bad, TV, WLAN, Espressomaschine. Vom hellen Luxuszimmer mit Balkon im 2. Stock Blick auf Rhein, Dom und Christuskirche. Sollten die Leiden nach einem anstrengenden Tag groß sein, können die Gäste entscheiden, ob sie ihre Wehwehchen lieber mit ein paar Schoppen aus dem hauseigenen Weinkeller lindern oder bei Hausherrin Sabine Banz eine Behandlung beanspruchen – die Ärztin betreibt eine Praxis für Homöopathie im EG des Hauses. Vom Hausherren gibt's Tipps, wo man die beste Sülze mit Bratkartoffeln essen kann oder vernünftige Rouladen bekommt. DZ 80–135 €, EZ ab 50 €, auf Wunsch Frühstück ans Bett für 10 €. An der Klaus 6, 55252 Mainz-Kastel, ✆ 06134/260200, www.villa-rheinblick.de.

Privatzimmer Feichtmaier 19 Nur ein paar Häuser von der Villa Rheinblick entfernt bietet Hundebesitzerin Marianne Feichtmaier zwei 25 bzw. 30 m² große Zimmer mit TV, WLAN, Kühlschrank und Kaffeemaschine. Die Zimmer teilen sich ein Duschbad und können separat, aber auch als Wohneinheit (für max. 5 Pers.)

gemietet werden. Im Sommer dürfen die Gäste auch mal einen Sprung in den Pool im Garten wagen oder eine Runde Tischtennis spielen. Die Hausherrin braucht mit ihrem Mountainbike weniger als 10 Min. zum Domplatz – diesen Rekord gilt es zu knacken! Übernachtung im DZ 45–70 €, ohne Frühstück. Wiesbadener Str. 23, 55252 Mainz-Kastel, ✆ 06134/287328, www.zimmer-in-mainz.de.

Ferienapartment Franka **17** Knapp 30 m² große Einzimmerwohnung im 2. OG einer schmucklosen, aber bei Mainzern nicht unbeliebten Wohnanlage direkt am Drususwall mit Blick in den Garten. Knapp 10 Min. zu Fuß zum Schillerplatz. Hier nächtigt man in einer gepflegten Quasi-Studentenbude mit Doppelbett, Sitzecke, TV, Pantryküche und fensterlosem Duschbad. Übernachtung 60 €/2 Pers., 45 €/1 Pers. (2 Nächte Mindestaufenthalt). Am Fort Elisabeth 17, ✆ 06131/9088057, www.mainz-ferienapartment.de.

meinTipp **Appartement Kirschgarten** **11** Idyllisch wohnt es sich im Herzen der Stadt in einem sanierten Fachwerkhaus aus dem 15. Jh. Die Ferienwohnungen haben ländlich-modernen Flair und sind alle mit Tageslichtbad, französischem Doppelbett und Pantryküche ausgestattet. Übernachtung 102 €/2 Pers., 77 €/1 Pers., bei längerem Aufenthalt Preisnachlass. Kirschgarten 23, ✆ 0171/5727225 (mobil), www.appartement-kirschgarten.de. Die Inhaber Waltraud und Roman Bauer vermieten nur ein paar Straßen weiter, in der Rochusstraße, weitere Apartments **15** – ebenfalls zentral gelegen und mit moderner Einrichtung.

Jugendherberge und Camping

Rhein-Main-Jugendherberge **24** Das Familien- und Jugendhaus grenzt direkt an den Volkspark und bietet somit umfangreiche Sport- und Erholungsmöglichkeiten direkt vor der Haustür. Zu Fuß ist man in rund 20 Min. am Dom, in der näheren Umgebung finden sich auch 2 Bushaltestellen. Insgesamt verteilen sich 173 Betten auf 1-, 2-, 4- oder 6-Bett-Zimmer. Alle Zimmer haben ihr eigenes Bad und sind minimalistisch mit dem Notwendigsten eingerichtet. Übernachtung mit Frühstück pro Pers. 23 € im Mehrbettzimmer, im DZ 28,50 € – die Mitgliedschaft im Deutschen Jugendherbergswerk ist erforderlich. Otto-Brunfels-Schneise 4, ✆ 06131/85332, www.diejugendherbergen.de.

Campingplatz Maaraue **22** Die parkähnliche Anlage der Maaraue beherbergt den am zentralsten und verkehrsgünstigsten gelegenen Campingplatz der Umgebung. Auf rund 20.000 m² verteilen sich knapp 100 Caravan- und Zeltplätze unter schattenspendenden Bäumen; hinter Buschwerk versteckt sich ein separater Bereich für Jugendgruppen. Kiosk und Waschraum im modernisierten Empfangsgebäude. Nur ein paar Schritte entfernt liegt das Restaurant Domblick – hier gibt es preiswerte, gutbürgerliche Gerichte und vom Biergarten einen schönen Blick auf die Silhouette von Mainz. Sportmöglichkeiten (Tennis, Kanu, Rudern) und das Freibad Maaraue finden sich in unmittelbarer Umgebung. Über die Theodor-Heuss-Brücke gelangt man zu Fuß in einer halben Stunde in die Innenstadt. Kosten für die Nacht pro Pers. 4,50 €, Zelt 3 €, Pkw 3 €, Caravan 8 €. April–Okt. geöffnet. Maaraue 48, 55246 Mainz-Kostheim, ✆ 06134/2575922, www.campingplatz-maaraue.de.

Campingplätze Rettbergsaue **18** Auf der grünen Rheininsel vor den Wiesbadener Stadtteilen Biebrich und Schierstein verstecken sich zwei kleine Campingplätze direkt am Flussufer, die mit schönen Sandstränden, Bademöglichkeiten und allerlei Freizeitangeboten aufwarten können. Die beiden Plätze sind ausschließlich für Zeltgäste, einige Dauercamper haben aber auch ihre Wohnanhänger auf die Insel verschifft. Im **Schiersteiner Bereich** nördlich der Autobahnbrücke tummelt sich eher die jüngere Generation, weil hier gefahrlos im Rhein geplanscht werden kann. Auf dem **Biebricher Zeltplatz** mit Blick auf das prächtige Barockschloss geht's dagegen wesentlich ruhiger zu. Telefonische Anmeldung mindestens drei Tage vor Anreise erforderlich. Übernachtung pro Zelt 6 €, Person 2 €. April/Mai/Sept. Mo–Do 9–18.45 Uhr, Fr–So und feiertags 9–19.45 Uhr; Juni bis Aug. tägl. 9–19.45 Uhr. Gartenfeldstr. 57, 65189 Wiesbaden, ✆ 0611/24551 (Biebrich) bzw. 0611/24508 (Schierstein), www.rettbergsau.de.

Achtung: Die Rettbergsaue kann außerhalb der Öffnungszeiten weder betreten noch verlassen werden. Wer seine Zelte auf der Rheininsel aufschlägt, muss also unbedingt die letzte Fähre erwischen. Die Fähre „Tamara“ steuert die Insel von April bis Sept. täglich zwischen 9 und 18.30 Uhr an, Sa/So bis 20 Uhr (→ S. 112).
Auch der Treppenabgang von der Schiersteiner Brücke bleibt über Nacht geschlossen. Wer sich ins Mainzer Nachtleben stürzen will, der wird als Camper auf der Rettbergsaue eher nicht glücklich.

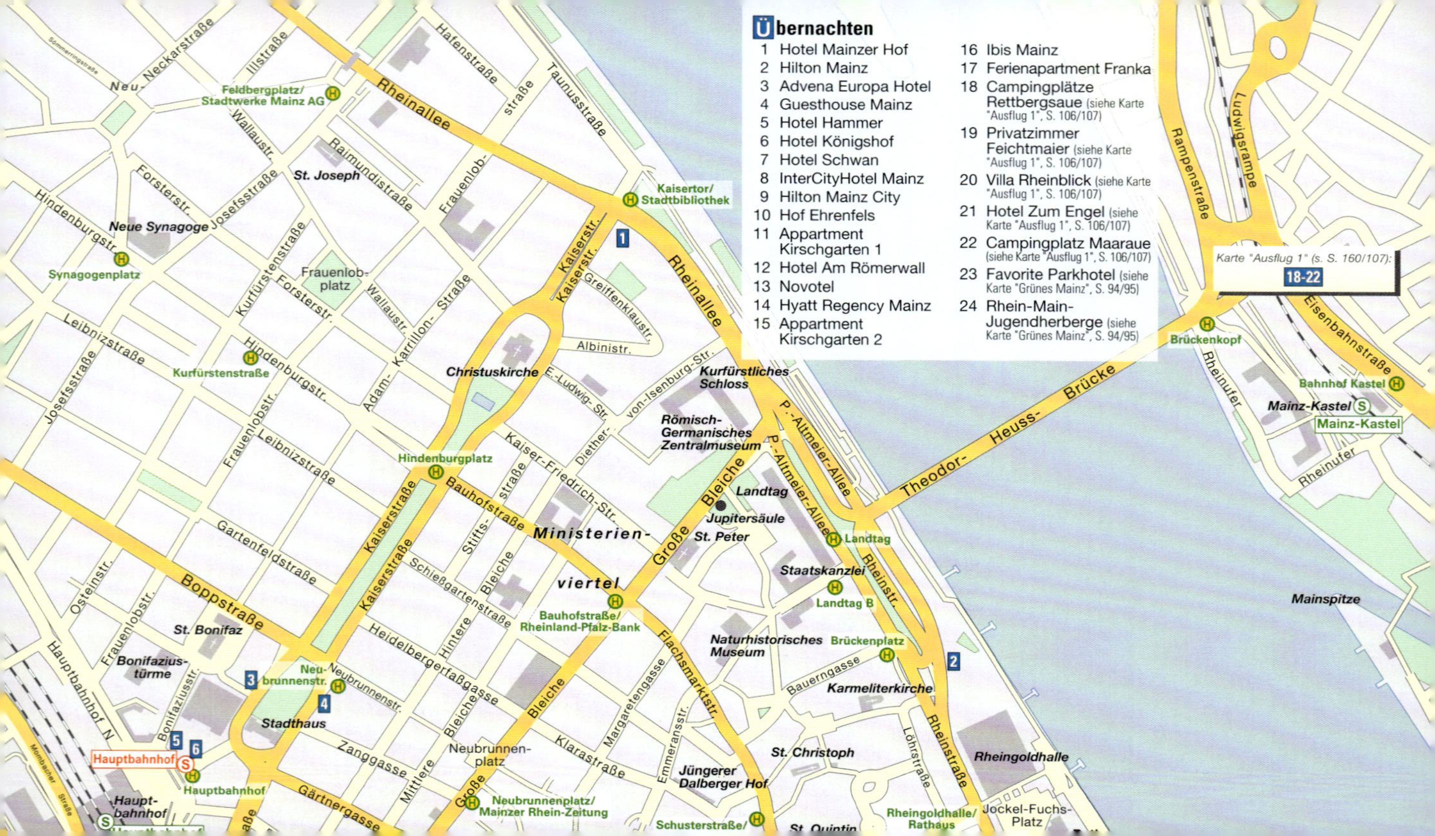
Übernachten
1 Hotel Mainzer Hof
2 Hilton Mainz
3 Advena Europa Hotel
4 Guesthouse Mainz
5 Hotel Hammer
6 Hotel Königshof
7 Hotel Schwan
8 InterCityHotel Mainz
9 Hilton Mainz City
10 Hof Ehrenfels
11 Appartment Kirschgarten 1
12 Hotel Am Römerwall
13 Novotel
14 Hyatt Regency Mainz
15 Appartment Kirschgarten 2
16 Ibis Mainz
17 Ferienapartment Franka
18 Campingplätze Rettbergsaue (siehe Karte "Ausflug 1", S. 106/107)
19 Privatzimmer Feichtmaier (siehe Karte "Ausflug 1", S. 106/107)
20 Villa Rheinblick (siehe Karte "Ausflug 1", S. 106/107)
21 Hotel Zum Engel (siehe Karte "Ausflug 1", S. 106/107)
22 Campingplatz Maaraue (siehe Karte "Ausflug 1", S. 106/107)
23 Favorite Parkhotel (siehe Karte "Grünes Mainz", S. 94/95)
24 Rhein-Main-Jugendherberge (siehe Karte "Grünes Mainz", S. 94/95)
Karte "Ausflug 1" (s. S. 160/107):
18-22
Rheinallee
Kaisertor/ Stadtbibliothek
Feldbergplatz/ Stadtwerke Mainz AG
St. Joseph
Neue Synagoge
Synagogenplatz
Frauenlob-platz
Kurfürstenstraße
Christuskirche
Kurfürstliches Schloss
Römisch-Germanisches Zentralmuseum
Hindenburgplatz
Ministerien-viertel
Landtag
Jupitersäule
St. Peter
Staatskanzlei
Landtag B
Bauhofstraße/ Rheinland-Pfalz-Bank
Naturhistorisches Museum
Brückenplatz
Karmeliterkirche
St. Christoph
Jüngerer Dalberger Hof
Rheingoldhalle
Rheingoldhalle/ Rathaus
Jockel-Fuchs-Platz
St. Quintin
Schusterstraße/
Neubrunnenplatz/ Mainzer Rhein-Zeitung
Neubrunnen-platz
Stadthaus
Neu-brunnenstr.
St. Bonifaz
Bonifazius-türme
Hauptbahnhof
Haupt-bahnhof
Boppstraße
Kaiserstraße
Große Bleiche
Theodor-Heuss-Brücke
Brückenkopf
Bahnhof Kastel
Mainz-Kastel
Mainspitze
Rampenstraße
Ludwigsrampe
Eisenbahnstraße
Rheinufer
Rheinstraße
P.-Altmeier-Allee

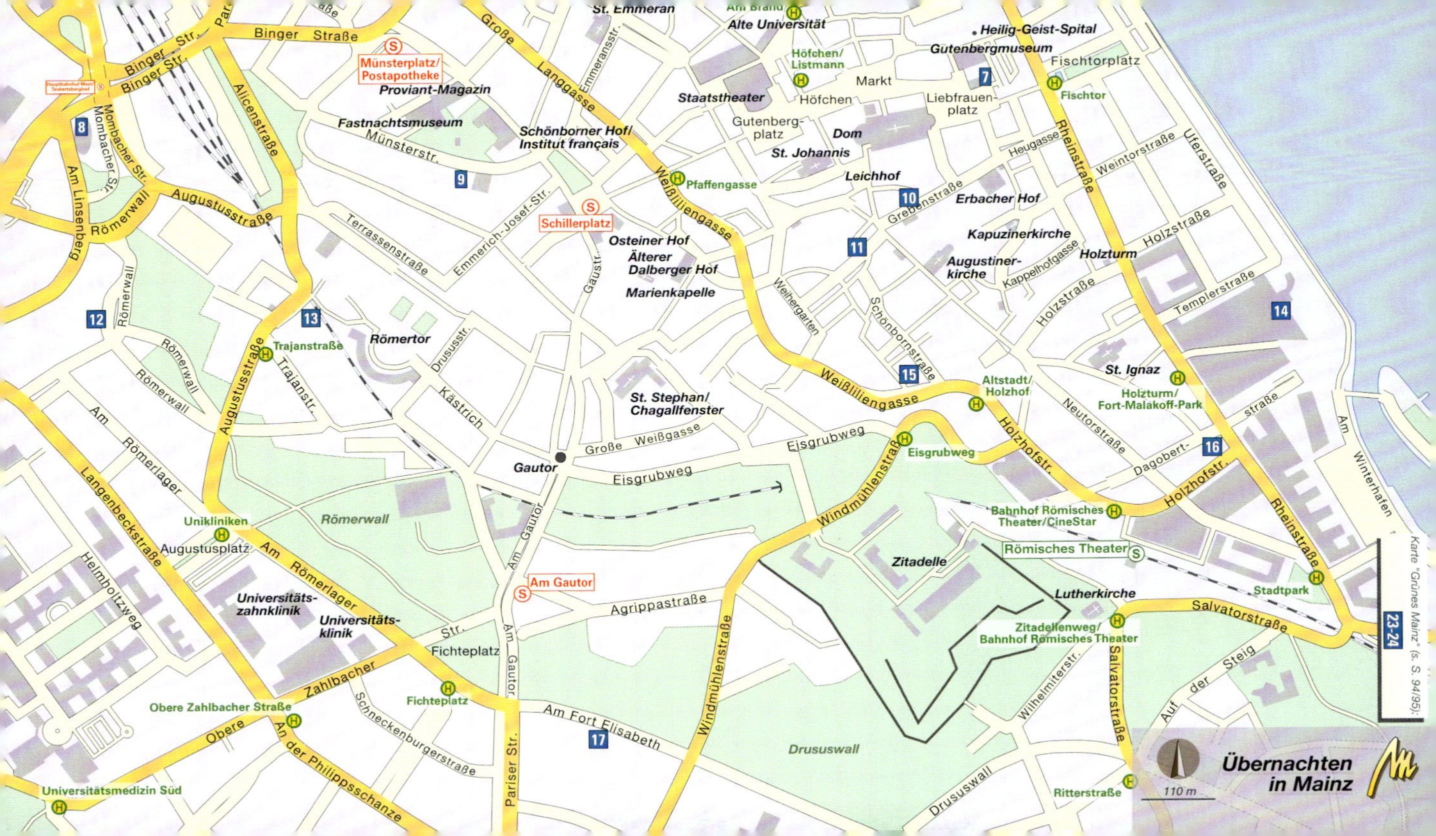

Übernachten in Mainz
Karte "Grünes Mainz" (s. S. 94/95):
23-24
110 m
Heilig-Geist-Spital
Gutenbergmuseum
Fischtorplatz
Fischtor
Alte Universität
Am Brand
Höfchen/ Listmann
Markt
Höfchen
Liebfrauen-platz
Staatstheater
Gutenberg-platz
Dom
St. Johannis
Leichhof
Erbacher Hof
Kapuzinerkirche
Augustiner-kirche
Holzturm
St. Emmeran
Große Langgasse
Emmeransstr.
Münsterplatz/ Postapotheke
Proviant-Magazin
Fastnachtsmuseum
Münsterstr.
Schönborner Hof/ Institut français
Pfaffengasse
Weißliliengasse
Schillerplatz
Osteiner Hof
Älterer Dalberger Hof
Marienkapelle
Binger Straße
Binger Str.
Mombacher Str.
Am Linsenberg
Römerwall
Augustusstraße
Alicenstraße
Terrassenstraße
Emmerich-Josef-Str.
Gaustr.
Weihergarten
Schönbornstraße
Grebenstraße
Heugasse
Weintorstraße
Uferstraße
Rheinstraße
Holzstraße
Kappelhofgasse
Templerstraße
St. Ignaz
Holzturm/ Fort-Malakoff-Park
Altstadt/ Holzhof
Neutorstraße
Dagobert-straße
Holzhofstr.
Am Winterhafen
Römertor
Drususstr.
Kästrich
Trajanstraße
Trajanstr.
St. Stephan/ Chagallfenster
Große Weißgasse
Eisgrubweg
Gautor
Am Gautor
Windmühlenstraße
Bahnhof Römisches Theater/CineStar
Römisches Theater
Zitadelle
Lutherkirche
Stadtpark
Salvatorstraße
Zitadellenweg/ Bahnhof Römisches Theater
Auf der Steig
Wilhelmiterstr.
Ritterstraße
Drususwall
Römerwall
Uniklinken
Augustusplatz
Am Römerlager
Universitäts-zahnklinik
Universitäts-klinik
Agrippastraße
Fichteplatz
Zahlbacher Str.
Am Fort Elisabeth
Pariser Str.
Schneckenburgerstraße
Obere Zahlbacher Straße
An der Philippsschanze
Langenbeckstraße
Helmholtzweg
Universitätsmedizin Süd

Der Gutenberg-Express steuert die wichtigsten Sehenswürdigkeiten an

Mainz von A bis Z

Anreise

Autofahrer sollten bedenken, dass das Mainzer Stadtgebiet innerhalb des Autobahnrings **Umweltzone** ist – seit Februar 2013 dürfen sich hier nur Fahrzeuge mit grüner Plakette blicken lassen. Ausnahmen bilden die Industriegebiete Nord und Süd (eine Übersichtskarte und Infos gibt's auf www.mainz.de).

Das Rhein-Main-Gebiet gehört zu den verkehrstechnisch am besten erschlossenen Regionen der Welt. Mit dem **eigenen Auto** findet man über die Autobahnen A 60, A 63, A 643 oder A 66 seinen Weg in die Landeshauptstadt. Da das benachbarte Frankfurt werktags Zehntausende Pendler anzieht, sollte man sich am Spätnachmittag auf entsprechend verstopfte Verkehrsadern einstellen (vor allem am Frankfurter Kreuz und bei der Anfahrt durch Wiesbaden).

Unmotorisierte Zeitgenossen können das Angebot einer **Mitfahrzentrale** nutzen. Aus den meisten größeren Städten werden fast täglich Fahrten nach Mainz angeboten (Preis für einen Mitfahrer ca. 5 € pro 100 km; Infos unter www.blablacar.de).

Wer die Schiene der Straße vorzieht, sollte ebenfalls kein Problem haben, nach Mainz zu kommen. Aus vielen Städten fährt die **Bahn** den Mainzer Hauptbahnhof direkt an. Wer mindestens eine Woche vor der Reise sein Ticket bucht, kann bis zu 50 % des Normalpreises für die Schnellzüge der Deutschen Bahn sparen. Von München fährt man dann etwa mit dem ICE für 49 € statt 98 €, aus Berlin kommt man für 69 € nach Mainz, aus Hamburg sind es 79 € statt 120 € und aus Stuttgart sogar nur 29 €. Besitzer einer BahnCard 25 erhalten auf diese sog. Sparangebote noch einmal einen entsprechenden Preisnachlass, während die BahnCard 50 nicht mit den Sparangeboten kombinierbar ist. Wem die bescheidenere Reisegeschwindigkeit von Regionalzügen sowie ggf. mehrmaliges Umsteigen nichts ausmacht, der kommt bei geschickter Kombination von Ländertickets etc. noch billiger weg. Informationen gibt es unter www.bahn.de – am besten, man sucht sich hier die günstigste Verbindung heraus und lässt diese direkt am Bahnschalter noch einmal unterbieten.

Keineswegs billig, aber die schnellste Art, um nach Mainz zu gelangen, ist ein **Flug** nach Frankfurt. Vom Frankfurt Airport braucht die S-Bahn weniger als 30 Min. zum Mainzer Hauptbahnhof und damit in die Innenstadt. Und vom kleinen Flughafen Frankfurt-Hahn fahren mehrmals täglich Busse zum Hauptbahnhof Mainz (Fahrzeit 1 Std.). Verbindungen unter www.frankfurt-airport.de bzw. www.hahn-airport.de.

Neben Straße, Schiene und Luft ist der Wasserweg die vierte Variante der Anreise. Von März bis Oktober verkehren auf Rhein und Main die **Schiffe** der großen Chartergesellschaften (→ S. 191).

Autovermietung

In der Nähe des Hauptbahnhofs haben mehrere **Verleiher** ihren Standort: Hero am Kaiser-Willhelm-Ring 9, ✆ 06131/8373878; Korak in der Boppstr. 70, ✆ 06131/5539799; Sixt in der Binger Str. 19 (im Parkhaus City-Port), ✆ 01805/252525 (14 ct/Min.).

Daneben finden sich an mehreren Stellen in der Stadt **Carsharing-Stationen**, an denen sich registrierte Kunden ein Gefährt leihen können; Informationen hierzu unter www.book-n-drive.de oder www.flinkster.de.

Baden

Auch wenn es naheliegend und verlockend scheint – im Rhein darf in und um Mainz nicht überall ohne Weiteres gebadet werden. Zwar ist das **Baden im Rhein** grundsätzlich erlaubt; allerdings nur da, wo es das Bundeswasserstraßengesetz nicht verbietet. Schwimmen und Baden ist demnach untersagt in der Nähe von Brücken, Hafeneinfahrten, Schiffsanlegestellen oder Fähranlagen. Dies hat zur Folge, dass quasi im gesamten Uferbereich von Mainz sowie in den Wiesbadener Stadtteilen Mainz-Kostheim, Mainz-Kastel und Mainz-Amöneburg keine Badefreuden möglich sind. Doch auch an den Stellen, wo Schwimmen erlaubt ist, sollte man sich auf Planschen beschränken und nicht gleich zur Rheinüberquerung ansetzen. Die Strömung und die teils nah am Ufer fahrenden Schiffe sind auch für geübte Schwimmer nicht zu unterschätzende Gefahrenquellen. Schwimmen und Baden im Rhein stellt deshalb laut Wasserschutzpolizei „im Allgemeinen eine gefahrengeneigte Tätigkeit" dar. Zur Abkühlung kurz mal die Füße ins Wasser halten fällt nicht darunter; dies darf man etwa an den Stränden oder Terrassen entlang der Ufer mit der nötigen Vorsicht gerne tun. Den Sprung ins Wasser wagen kann man problemlos auf der Rettbergsaue (→ S. 112), einer der größten Inseln im Rhein. Das Baden wird hier in einem toten Nebenarm des Rheins toleriert. Neben feinen Sandstränden bietet die Insel viele Sport- und Freizeitmöglichkeiten, ein Café und zwei Zeltplätze.

Für alle, die es weniger abenteuerlich mögen, stehen auch einige **Frei- und Hallenbäder** zur Verfügung:

Taubertsbergbad. Direkt oberhalb des Hauptbahnhofs liegt dieses Hallen- und Freibad mit Wellness- und Saunalandschaft, wo sich auch allerlei Massagen und ähnliche Anwendungen buchen lassen. Freibad Erw. 3,70 €, Kinder bis 14 J. 2,70 €; Tageskarte Hallenbad inklusive Therme und Sportbad 16,50 €, Sauna 7,10 € extra. Freibad von Mai bis Mitte Sept. 9.30–20 Uhr geöffnet; Hallenbad ganzjährig tägl. 9.30–23 Uhr, freitags Mitternachtssauna bis 2 Uhr. Wallstr. 9. ✆ 06131/584460, www.taubertsbergbad.de.

Hallen- und Freibad Mainz-Mombach. Auf insgesamt 70.000 m² Fläche tummeln sich in den heißen Sommermonaten bis zu 6000 Gäste. Neben einem kleinen Hallenbad mit Kinderrutsche und Wasserfall gibt es im Freien ein Babyplanschbecken, ein Gemeinschaftsbecken und ein 50-m-Sportbecken. Letzteres wird ab September mit einem Luftzelt überbaut, damit sich auch bei kühleren Temperaturen das Außenbecken noch nutzen lässt. Auch zwei

Beachvolleyballfelder, ein Mini-Basketballplatz, Tischtennisplatten sowie eine Bocciabahn stehen bereit. Erw. 3,50 €, Kinder unter 18 J. 2,30 €. Hallenbad ganzjährig Mo–Sa 7–21 Uhr, So bis 13 Uhr; Freibad Mai–Sept. tägl. 6–20 Uhr. Obere Kreuzstr. 11–13, ✆ 06131/629990, www.schwimmbad-mainz.de.

Freibad Maaraue. Zwischen Rhein und Main erstreckt sich mitten im Landschaftsschutzgebiet der Maaraue das größte Freibad Wiesbadens mit rund 46.000 m² Liegefläche und 3700 m² Wasserfläche. Neben mehreren Schwimmbecken gibt es eine Bocciabahn, Tischtennisplatten, Badminton- und Volleyballfelder. Obwohl auf der „falschen" Rheinseite gelegen, ist das Freibad auch bei Mainzern sehr beliebt – zumal sich von der Maaraue ein schöner Blick auf die Silhouette der Mainzer Altstadt bietet. Von der Innenstadt gelangt man am besten zu Fuß oder per Rad zum Freibad: über die Theodor-Heuss-Brücke, dann rechts ein Stück am Kasteler Strand entlang und über eine Brücke auf die Maaraue. Erw. 4,20 € (ab 17 Uhr 2,70 €), erm. 1,50 €. In der Hauptsaison Mo–So 9–20 Uhr, vom 9. Sept. bis Mai geschlossen. Maaraue 27, 55246 Mainz-Kostheim, ✆ 06134/285664.

Behinderte

In puncto Barrierefreiheit sind die Mainzer Museen, der Verkehrsverbund und andere öffentliche Einrichtungen sehr engagiert. Ein **Reliefbuch** mit Groß- und Brailleschrift sowie der dazugehörige **Reliefstadtplan** informieren auch sehbehinderte Besucher über Sehenswürdigkeiten und helfen bei der Orientierung. Beides kann bei der Touristeninformation gegen Pfand ausgeliehen werden. Ebenfalls ausleihbar oder auch als Download auf der Homepage der Stadt Mainz verfügbar ist der **Audio-Stadtführer** mit Wegbeschreibungen und Infos; die Touristeninformation bietet auch barrierefreie **Stadtführungen** mit einem Guide an. Und nicht nur für Blinde interessant ist das **Tastmodell** des Mainzer Doms auf dem Liebfrauenplatz.

Infos im Internet unter www.mainz.de und auf www.touristik-mainz.de.

Thermen in Wiesbaden und im Taunus

Wiesbaden ist, wie auch viele Städte im nördlich des Rheins aufsteigenden Taunus, bekannt für eine lange Bädertradition. Schon zu Zeiten der Römer wusste man sich das hier austretende mineralhaltige Quellwasser zunutze zu machen.

Kaiser-Friedrich-Therme. Im Herzen von Wiesbaden erstreckt sich auf 1450 m2 diese luxuriöse Thermal- und Saunalandschaft. Säulenverzierte Räume und Ornamente erinnern an das römische Schwitzbad, auf dessen Fundamenten die Therme um 1910 errichtet wurde. Wer sich steigern möchte, startet im Tepidarium bei 40° C, hüpft ins Sudatorium bei 50° C, geht ins aromatisierte Sanarium bei 60° C und gipfelt in der finnischen Sauna bei über 90° C. Abkühlung garantiert das frisch-luftige Frigidarium. Massageangebote für 25–85 €. Kleine Stärkungen gibt's in der Quellenbar. Mai–Aug. 5 €/Std. (erm. 3 €), Sept.–April 6,50 €/Std. (erm. 4,50 €). Tägl. 10–22 Uhr, in der Wintersaison Fr/Sa bis 24 Uhr. Es gibt nur wenige Parkplätze; vom Hauptbahnhof Wiesbaden fahren die Linien 1 und 8 zur Haltestelle Webergasse direkt an der Therme. Langgase 38–40, 65183 Wiesbaden, ✆ 0611/317060.

Taunus-Therme. 40 km von Mainz entfernt findet man in Bad Homburg eine kombinierte Bade- und Saunalandschaft, die Erholungssuchenden, aber auch Familien zu empfehlen ist. Im Erdgeschoss befinden sich Thermal-Becken, Gymnastik-Becken sowie ein großer Außenpool. Ruhiger und wesentlich entblößter geht's im separaten Obergeschoss mit den 11 Saunen zu. Abkühlen kann man auf FKK-Liegewiese und Außenterrasse. Im zum FKK-Bereich gehörigen „Hamam-Paradies" wartet ein Pfad durch 1001 Nacht mit 15 Stationen. Abwechslungsreiches Massageprogramm in der Wellness-Lounge. Restaurant und Bar mit Getränken, Snacks, Mahlzeiten. Mo–Fr 2 Std. 14,70 €, 3 Std. 17,30 €, 4 Std. 19,50 €, Tag 26,20 €; Sa/So und feiertags 2 € Aufschlag. Mo/Di/Do/So 9–23 Uhr, Mi/Fr/Sa 9–24 Uhr. Seedammweg 10, Bad Homburg v. d. Höhe, ✆ 06172/40640, www.taunus-therme.de.

Busse, Bahnen und Tickets

Der öffentliche Mainzer Stadtverkehr wird überwiegend von den rund 30 Buslinien (und Nachtbussen) abgewickelt, die ausgehend vom Hauptbahnhof die Innenstadt mit den weiteren Stadtteilen verbinden. Drei Straßenbahnlinien ergänzen das Angebot. Als einzige Stadt außerhalb Hessens ist Mainz mit seiner Verkehrsgesellschaft MVG Mitglied im Rhein-Main-Verkehrsverbund (RMV). Zusammen mit dem „Rivalen" auf der anderen Rheinseite hat man sich zum Verkehrsverbund Mainz-Wiesbaden (VMW) zusammengeschlossen und bildet das **RMV-Tarifgebiet 65**. Dieser Umstand bringt den preiswerten Vorteil, dass man sich quasi mit jedem in Mainz gültigen Ticket auch bequem in Wiesbaden bewegen kann. Inhaber der Mainz Card (→ S. 189) nutzen Bahn, Bus und Straßenbahn 48 Std. kostenlos!

Etwas komplizierter wird es, wenn man das Tarifgebiet 65 verlässt. Dann gelten Übergangstarife oder die Tarife anderer Verkehrsverbände und man sollte sich vorher im Internet (www.rmv.de oder www.mvg-mainz.de), am Bahnhof oder im Zweifel direkt beim Busfahrer oder Schaffner erkundigen. Folgend einige wichtige Tickets/Tarife, die für Mainz-Besucher relevant sind:

Stadtgebiet Mainz-Wiesbaden (Tarifgebiet 65)

Einzelfahrschein: direkte Fahrt von A nach B (Rund-, Rückfahrten und Fahrtunterbrechungen nicht möglich). Erw. 2,75 €, Kinder (6–14 J.) 1,60 €. 5er-Pack 11 €/6,75 €.

Tageskarte: bis 4 Uhr des Folgetages darf beliebig oft ein-, aus- und umgestiegen werden. Erw. 6,60 €, Kinder (6–14 J.) 3,90 €.

Gruppentageskarte: Tageskarte für bis zu 5 Erw. 9,90 €.

Wochenkarte: gilt für 1 Pers. an 7 aufeinanderfolgenden Tagen und ist übertragbar. Mo–Fr ab 19 Uhr sowie Sa/So und feiertags darf eine weitere Person kostenlos mitfahren. Die eigenen Kinder bis 14 J. (oder max. 3 „fremde" Kinder) fahren grundsätzlich kostenfrei mit. Preis 23 €.

Anreise über die Mainzer Südbrücke

Monatskarte: gilt ab Ausstellung bis zum gleichen Kalendertag des Folgemonats. Sonst gleiche Bedingungen wie bei der Wochenkarte. Preis 78,20 € (bzw. 62,20 € für die 9-Uhr-Monatskarte, die erst für Fahrten nach 9 Uhr gültig ist).

Länder-Tickets

Rheinland-Pfalz-Ticket: gültig für bis zu 5 Pers., Mo–Fr von 9 Uhr bis 3 Uhr des Folgetages, Sa/So und feiertags ganztägig. Für alle Busse und S-Bahnen in RP. Preis je nach Anzahl der Mitfahrer ab 24 €.

Hessen-Ticket: 5-Personen-Fahrschein für Hessen und das Stadtgebiet von Mainz. Gültig Mo–Fr von 9 Uhr bis Betriebsende, Sa/So und feiertags ganztägig. Preis 33 €.

Verkaufsstellen

Die genannten Fahrscheine sind an allen Automaten, in diversen Vorverkaufsstellen und in Bussen direkt beim Fahrer erhältlich. Automaten finden sich beispielsweise am Bahnhof, Höfchen oder Schillerplatz. Verkaufsstellen sind u. a. das Verkehrs Center Mainz am Bahnhofplatz 6a und die Touristeninformation am Rathaus.

Fahrradverleih

MVGmeinRad. Seit 2012 können an vielen Standorten in der Stadt die gelben Räder der Mainzer Verkehrsgesellschaft geliehen werden. Hierfür lässt man sich kostenlos vom Verkehrs Center Mainz oder von der Touristeninformation eine Kundenkarte ausstellen und erhält eine persönliche PIN. Mit diesem vierstelligen Code lässt sich an den Computerterminals ein Fahrrad aus der Station lösen, das an jeder beliebigen Station wieder abgegeben werden kann. Die Räder sind relativ schwer und eignen sich nur begrenzt für Touren über Stock und Stein. Die halbe Stunde kostet zum Normaltarif 1,40 €, der Betrag wird direkt vom Konto des Kundenkarteninhabers abgebucht. Einen Plan der Verleihstationen gibt's mit der Kundenkarte oder unter www.mvg-mainz.de.Literaturtipps

CJD Radverleih. Der Mainzer Ableger des Christlichen Jugenddorfwerk Deutschlands verleiht am Parkhaus City-Port am Hauptbahnhof Mountainbikes, Trekking-Räder, Kinderräder und Tandems. Um die 9 €/Tag (genaue Preisliste auf der Website). April–Okt. Mo–Fr 8–19.30, Sa 8–16 Uhr. Binger Str. 19 (Hauptbahnhof Ausgang West), ✆ 06131/3361225, www.cjd-mainz.de.

Leihfahrräder der Stadt Mainz

Fundbüro

Das Fundbüro ist im Rechts- und Ordnungsamt in der Kaiserstr. 3–5 untergebracht, ✆ 06131/122432. Sollte etwas in Bus oder Bahn vergessen worden sein, wendet man sich am besten gleich an das Verkehrs Center Mainz am Bahnhofplatz 6a, ✆ 06131/127777.

Grillplätze

Im gesamten Bereich zwischen Zollhafen und Malakoff-Terrasse ist das Grillen am Rhein verboten. Losgebruzzelt werden darf am Mainzer Rheinufer nur südlich der alten Drehbrücke am **Winterhafen**. Auf der Wiesbadener Seite gilt ebenfalls ein Verbot für wildes Grillen, auf der **Maaraue** sind aber mehrere offizielle Grillplätze/Feuerstellen vorhanden. Im gesamten **Volkspark** ist Grillen grundsätzlich erlaubt. Es gibt aber auch zwei feste Grillplätze, die kostenlos über das städtische Grünamt angemietet werden können; gegen eine Kaution von 100 € kann auch ein Grillrost geliehen werden (Kontakt über Herrn Klein oder Kollegen vom städtischen Grünamt: ✆ 0152/22878899). Im **Hartenbergpark** sind Grillfreuden nur an ausgewiesenen Plätzen erlaubt: Es stehen eine überdachte Grillhütte (10 €/Tag) sowie drei Freiplätze (7,50 €/Tag) zur Verfügung, die alle auch über Grillroste verfügen (Kontakt über Minigolfclub: ✆ 06131/387073).

Weitere Informationen rund um Grillmöglichkeiten in und um Mainz finden sich auf www.mainz.de („Freizeit/Sport" – „Grünes Mainz" – „Grillplätze").

Informationen im Internet

Wer sich im Netz über Mainz informieren will, kann dies auf der offiziellen Website der Stadt tun: **www.mainz.de**. Informationen speziell für Besucher gibt's unter **www.touristik-mainz.de**. Einen geschichtlichen Überblick zur Stadt Mainz und ganz Rheinhessen bietet **www.regionalgeschichte.net**.

Auf der Website der Rhein-Main-Presse kann man sich einen Überblick zu tagesaktuellen Themen aus Mainz, Wiesbaden und der gesamten Region verschaffen: **www.rhein-main-presse.de**.

Literaturtipps

Sachliteratur

Kleine Mainzer Stadtgeschichte. Der ehemalige Mainzer Geschichtsprofessor Peter C. Hartmann bietet auf knapp 170 Seiten einen flotten Abriss der Stadtgeschichte. Populärwissenschaftliches Standardwerk. 14,95 €, Verlag Friedrich Pustet, Regensburg 2011.

Mainz – Menschen, Bauten, Ereignisse. Knapp 400-seitiger, sorgfältig recherchierter Ausflug in 2000 Jahre Stadtgeschichte mit historischen Abbildungen und Fotografien. Der Autorenpool aus etablierten und angehenden Mainz-Historikern um die Herausgeber Franz Dumont und Ferdinand Scherf geizt nicht mit interessanten Geschichten und geht ins kleinste Detail. Das mag den Laien zuweilen etwas langweilen, wer aber tiefer in die Stadthistorie eintauchen will, der greift zur richtigen Lektüre. Das umfangreiche Werk ist auch eines der besten Bilderbücher über Mainz. 39,90 €, Verlag Philipp von Zabern, Mainz 2010.

Mainz – Domstadt zwischen Rhein und Reben. Der FAZ-Journalist Bernhard Biener beschreibt Mainz in ansprechender, unterhaltsamer Sprache als eine facettenreiche Stadt, die Fotograf Matthias Langer kunstvoll zu visualisieren versteht. 144 Seiten, 19,90 €, Societäts-Verlag, Frankfurt am Main 2002.

Die Mainzer Stadtteile. Informativer Überblick von AZ-Journalist Claus Wolff über Geschichte und Charakter der Mainzer Stadtteile – „zwischen dörflichem Idyll und pulsierender Innenstadt". 144 Seiten, 16,80 €. Emons Verlag, Köln 2004.

Belletristik

Die Fastnachtsbeichte. Eines der bekanntesten Werke des Schriftstellers Carl Zuckmayer, der in Mainz seine Jugendjahre verlebte. Am sündigen Fastnachtssamstag 1913 wird ein beichtwilliger Soldat im Dom erstochen. Warum, wieso, weshalb ... und was hat der Karnevalsprinz damit zu tun? Im heiteren Fastnachtsrausch gilt es, zwischen Bordell und Familiendrama einen Mord aufzuklären. 160 Seiten, 7,95 €, Fischer Taschenbuch Verlag, Erstauflage 1959.

Für Lesemuffel gibt's „Die Fastnachtsbeichte" auch als Verfilmung (1960) von Wilhelm Dieterle mit Hans Söhnker und dem jungen Götz George.

Mörderisches Rheinhessen. Kein Buch, sondern eine Gruppe von 13 Autorinnen und Autoren, die in Mainz und Umgebung viel Blut fließen lassen. „Gestern gab es nur Wein. Heute gibt es auch Mörder." – ein literarischer Verdienst von Peter Jackob („Narrenmord"), Vera Bleibtreu („Schneezeit") und ihren Mitstreitern.

Weitere Informationen und eine Liste der kurzweiligen Regional-Krimis gibt's unter www.moerderisches-rheinhessen.de.

Mainz Card

Für Besucher der Domstadt ein absolutes Muss! Aber auch Mainzer, die mal ein kulturelles Wochenende in ihrer Heimatstadt erleben wollen, können mit der „mainzcardplus" ordentlich sparen. Die Mainz Card bietet ihrem Besitzer diverse Vergünstigungen wie freien Eintritt in alle Museen, 10 % Ermäßigung bei Veranstaltungen im Staatstheater oder Frankfurter Hof sowie kostenlose Teilnahme an der Stadtführung durchs „Goldene Mainz". Daneben gilt sie als Fahrschein für alle öffentlichen Verkehrsmittel in Mainz und Wiesbaden – das allein lohnt den Kauf oft schon.

Die Mainz Card gilt an zwei aufeinanderfolgenden Tagen (insgesamt 48 Std. ab Ausstellung) und ist in der Touristeninformation, im Verkehrs Center Mainz am Bahnhofplatz 6a sowie an vielen Hotelrezeptionen erhältlich. Die Einzelkarte kostet 11,95 €, die Gruppenkarte (für bis zu 5 Pers.) gibt's für 25 €. www.touristik-mainz.de/mainzcard.

Parken

Die kostenfreien Parkmöglichkeiten in der Innenstadt sind äußerst bescheiden und werden zudem sukzessive zurückgebaut. In der Altstadt kommt man quasi nicht drum herum, einen Parkschein zu lösen. Genügend Parkplätze sind aber eigentlich immer vorhanden: Die 25 Parkhäuser der Parken in Mainz GmbH (PMG) bieten knapp 9500 Stellplätze, verteilt über die gesamte Innenstadt. In der Regel kostet jede angefangene halbe Stunde 1 €. Die Tageshöchstgebühr beträgt 15,50 €, die Nacht kostet 5 € – wer mit EC-Karte bezahlt, erhält 10 % Rabatt. Dabei gilt das Parkticket in den PMG-Parkhäusern gleichzeitig als Fahrschein für das gesamte Bus- und Straßenbahnnetz in Mainz; bis zu vier Begleitpersonen können dann kostenfrei mitfahren.

Wer gebührenpflichtiges Parken prinzipiell ablehnt, dem bleibt die Möglichkeit, sein Gefährt in einem zentrumsnahen Stadtteil abzustellen und dann mit Bus, Bahn oder per pedes seinen Weg ins Zentrum zu finden. Infrage kommen hier vorwiegend (von Süd nach Nord) Weisenau, Oberstadt, Hartenberg-Münchfeld oder Mombach.

Tipp: Bis dato noch nicht als Anwohner-Parkzone ausgewiesen ist zudem der Neustadtbereich zwischen Goethestraße und Kaiser-Karl-Ring.

Informationen rund um Parkhausstandorte, Tarife sowie Spezialangebote in Mainz gibt's über die PMG. ☏ 06131/9520152, www.parken-in-mainz.de.

Rauchen

Grundsätzlich gilt auch in Mainz in allen öffentlichen Gebäuden sowie in Restaurants, Weinstuben und Cafés absolutes Rauchverbot. Ganz so feindlich wie etwa in Bayern begegnet man Rauchern in Rheinland-Pfalz aber nicht. In vielen Kneipen ist es überhaupt kein Problem, sich ein Kippchen anzustecken. Je später der Abend, desto lascher handhabt der ein oder andere Kneipier dann auch das Rauchverbot. Diskotheken haben in der Regel Raucher-Lounges oder Terrassen. Steht ein Aschenbecher auf dem Tisch, darf man grundsätzlich davon ausgehen, dass der da nicht ohne Grund seinen Platz beansprucht. Und erntet man doch einmal finstere Blicke, wenn Zigarette, Zigarre, Pfeife und Co. gezückt werden, tritt man eben die Flucht ins Freie an.

Rheinschifffahrt

Köln-Düsseldorfer (KD). Schon 1826 pendelte das erste Dampfschiff der heutigen KD zwischen

Mainz im Kasten

Parksünder sollen städtischen Schuldensumpf trockenlegen

Da kann man noch so geschickt hin- und herrechnen, unterm Strich stehen letztlich insgesamt rund 1 Mrd. € Schulden, die Mainz und seinen Bürgern das Leben schwer machen. Die finanzielle Situation verbessern, das sollen nun seit einiger Zeit schon die fleißigen Kontrolleure vom Ordnungsamt. Von Sonnenaufgang bis weit nach Sonnenuntergang patrouillieren sie bei Wind und Wetter mit Adleraugen durch die Alt- und Neustadt – immer auf der Suche nach nicht exakt regelkonform abgestellten Fahrzeugen. Den Aktionsradius der blau gekleideten Damen und Herren hat man im Dezember 2012 noch etwas erweitert, indem fast die komplette Neustadt als Anwohner-Parkzone ausgewiesen wurde. Und durch die seit Februar 2013 im Stadtgebiet geltende Umweltzone lassen sich Autofahrern, die es wagen, ohne entsprechende Plakette in die Stadt einzudringen, noch ein paar mehr Mäuse aus der Tasche ziehen.

Und weil das alles noch nicht reicht, um das enorme Loch in der Stadtkasse zu stopfen, greifen die städtischen Verantwortlichen schon mal in die Trickkiste: An mehreren Stellen in der Innenstadt wurden und werden deutlich erkennbare Straßenmarkierungen durch zusätzlich aufgestellte Straßenschilder außer Kraft gesetzt. Schon seit Jahren wird auf diese Weise in der Hindenburgstraße eine Feuerwehreinfahrt geschickt als Parkplatz getarnt. Eine pfiffige Idee des Stadtplanungsamtes, über die selbst das Ordnungsamt nur ungläubig den Kopf schütteln kann – fleißig abkassiert wird natürlich trotzdem: jedes Mal 35 €.

den Rheinstädten Köln und Mainz. Heute bietet das Unternehmen zwi-schen Ende März und Ende Oktober diverse Linien- und Ausflugsfahrten auf Rhein, Main und Mosel an. Ein Tagesausflug (Linienfahrt) von Mainz durchs Mittelrheintal nach Koblenz und wieder zurück kostet rund 60 €; durch Studenten-, Familien-, Gruppen- oder Seniorentarife lassen sich aber bis zu 50 % sparen (Informationen auf der KD-Homepage). Der Anleger der KD befindet sich auf Höhe des Rathauses; hier gibt's in einem kleinen Häuschen auch die Tickets. Von Ende März bis Ende April tägl. 8–20.30 Uhr. ✆ 06131/232800, www.k-d.de.

Personen Schiffahrt Nikolay. In den Sommermonaten diverse Tagesausflüge beispielsweise ins Obere Mittelrheintal zur Loreley (27 €) oder eine Schleusenfahrt nach Frankfurt (25 €), in der Adventszeit steuert Nikolay den Rüdesheimer Weihnachtsmarkt an (14 €). Anleger je nach Ausflugsziel in Wiesbaden-Schierstein oder in Mainz am Fischtor. ✆ 06139/378, www.schiffahrt-nikolay.de.

Primus-Linie. Von Juni bis August Tagesfahrten von Mainz nach Frankfurt mit 2:30 Std. Aufenthalt in der Goethestadt. Ticket 27,50 €, Anleger am Fischtor in Mainz. ✆ 069/1338370, www.primus-linie.de.

Ausflug ins Mittelrheintal

Besonders empfehlenswert ist ein Ausflug zu Wasser ins UNESCO-Welterbe Oberes Mittelrheintal. Auf rund 70 km schlängelt sich der Rhein zwischen Bingen/Rüdesheim und Koblenz durch eine atemberaubende Natur- und Kulturlandschaft. Saftig grüne Wälder ziehen das vom Fluss ausgewaschene Tal empor. An exponierten Stellen haben sich schon vor Jahrhunderten mächtige Burgen, Schlösser und Festungen strategisch günstige Lagen erobert. Viele kleine Ortschaften um den schon von Brentano und Heine besungenen, mächtigen Schieferfelsen der Loreley versetzen noch heute den Besucher zurück in die Zeit des Mittelalters.

Sport/Aktivitäten

Bowling/Lasertag

Phönixbowling Mainz. Bowlingcenter mit 20 Bahnen und 10 Turnierbillardtischen in Mainz-Bretzenheim, verkehrsgünstig an der Bundesstraße 40 gelegen. Hier findet alljährlich zur Johannisnacht um den 24. Juni mit dem Gutenberg-Cup das Highlight unter den Tunieren der Mainzer Bowlingszene statt. Bahn pro Std. 19,50–29 €. Mo–Do 16–24 Uhr, Fr 14–2 Uhr, Sa 11–2 Uhr, So 10–23 Uhr. Am Schleifweg 15, ✆ 06131/9320204, www.phoenixbowling.de.

Bowling Room Mainz. 10 Bowling-Bahnen, mehrere Billard-Tische, Dart-Scheiben und weitere Spielgeräte sorgen für Spaß. In der Lasertag-Arena kann in futuristischer Umgebung geballert werden. Burger und andere Snacks gibt's im Restaurant. Bahn pro Std. 19,50–29,50 €. Lasertag pro 15 Min. 6,50–7,50 €. Mo–Do 17–23 Uhr, Fr 14–2 Uhr, Sa 11–2 Uhr, So 9–22 Uhr. Mombacher Str. 76a, ✆ 06131/3029660, www.bowlingroom.com.

Disc-Golf

Die aus den USA „eingewanderte" Trendsportart ist inzwischen auch im Mainzer **Volkspark** angekommen. Einzig notwenige Spielutensilien sind dabei normale Frisbee-Scheiben (es gibt aber auch extra Disc-Golf-Scheiben), die gekonnt in spezielle Disc-Golf-Körbe geworfen werden müssen. Analog zum klassischen Golf ist es Ziel, einen Parcours mit mehreren Bahnen mit möglichst wenigen Würfen zu bewältigen. Tafeln im Volkspark informieren über den Verlauf der insgesamt sechs Bahnen. Weitere Disc-Golf-Bahnen finden sich im Mainzer Grüngürtel rund um den **Drususwall**.

Übersichtspläne zu den Parcours-Verläufen, detaillierte Spielregeln, Hintergründe zu diesem Sport sowie weitere Informationen gibt es unter www.discgolf-mainz.de.

Klettern

Kletterkiste Mainz. In der Kletterhalle des Deutschen Alpenvereins in Mainz-Mombach warten 600 m² Kletterfläche mit bis zu 13 m Höhe darauf, überwunden zu werden. Neben insgesamt 90 Kletterrouten in verschiedenen Schwierigkeitsgraden gibt es auch eine Kinderkletterwand, außerdem Einsteigerkurse für Indoorklettern. Tageskarte 12 €, Kinder/Jugendliche 6 €. Mo–Fr 17–23 Uhr, Sa/So 14–20 Uhr, für DAV-Mitglieder auch zu anderen Zeiten. Turmstr. 85, ✆ 06131/688829, www.kletterkiste-mainz.de.

Minigolf

Mainzer Minigolfclub. Im grünen Hartenbergpark trainieren die Freizeit-Profis vom 1. Mainzer Minigolf Club e.V. – dementsprechend gut ist die Infrastruktur. Aber auch Gäste können auf den insgesamt 36 Beton- und Eternitbahnen den kleinen Ball um Hindernisse ins Loch scheuchen. Von April bis Anfang Okt. Mo–Fr 12–18 Uhr (letzter Einlass), Sa/So und feiertags ab 11 Uhr. Am Lungenberg 16, ✆ 06131/387073, www.mgc-mainz.de.

MSV Mainz Pistenteufel. Ein kleiner Minigolf-Platz mit 18 Betonbahnen findet sich auch im Volkspark. Mo–Fr von 11 Uhr „bis 1 Std. vor Sonnenuntergang" geöffnet, Sa/So und feiertags ab 10 Uhr. Zugang über Göttelmannstraße, ✆ 0175/2406378 (mobil, Klaus Bals), www.minigolf-mz.de.

Wassersport/Bootsfahrten

Erste Anlaufstelle für Hobby-Kapitäne und Wassersportler ist der **Winterhafen**. Hier finden sich in der kleinen Marina am Victor-Hugo-Ufer die privaten Bootsliegeplätze und die Büros zweier Bootsverleiher sowie Anbieter von Bootsrundfahrten oder Wasserski- und Wakeboardkursen.

On Water Sports. Wer keine Lust auf die großen Touristenschiffe hat, aber trotzdem den Rhein per Boot erkunden will, der kann sich in der Bootsschule am Winterhafen unterschiedliche Wassergefährte plus Skipper chartern (ab 99 € pro Pers.). Daneben werden Anfängerkurse für Wakeboarden und Wasserski angeboten (30 Min. auf dem Wasser kosten 99 €). Einen Jetski gibt's für 89 € die halbe Std. Victor-Hugo-Ufer 22, ✆ 06131/4956840 und 0177/6320704 (mobil), www.onwatersports.de.

Hener Marin Boote. Besitzer eines Binnen-Sportbootführerscheins können hier selbst ihr Bötchen mieten (3 Std. ab 113 €). Daneben gibt es organisierte Ausflugsfahrten ins Rheintal um Rüdesheim und Bingen sowie Wasserski und Wakeboards. Saison März–Okt. Am Winterhafen 7, ✆ 06131/279277, www.henermarin.de.

Bootsschule AT Maritim. Verschiedene Bootsrundfahrten für bis zu drei Fahrgäste (+ Skipper) ab 79 €. Schusterstr. 10 (Eingang Korbgasse), ✆ 01577/2636200 oder 0178/5644602 (beides mobil), www.at-maritim.de.

Stadtführungen/ Stadtrundfahrten

Führungen durch Mainz und seine 2000-jährige Geschichte werden regelmäßig von der Touristeninformation und weiteren Organisationen angeboten. Die Palette reicht hierbei vom öden Herumstehen auf dem Marktplatz und einem Nickerchen im Dom bis zur hochinformativen und spannenden Reise ins unbekannte Mainz und seine Unterwelt.

Touristeninformation Mainz. Regelmäßige Führungen (auch barrierefrei) in Zusammenarbeit mit dem Gästeführerverband Mainz für Gruppen und Individualreisende durch die Altstadt, das Gutenberg-Museum und die Kirche St. Stephan mit den Chagall-Fenstern. Daneben auch diverse themenspezifische Kulturspaziergänge. Die 1- bis 2-stündigen Führungen werden in verschiedenen Sprachen angeboten. Treffpunkt vor der Touristeninformation am Brückenturm oder nach Absprache. ✆ 06131/242888, www.touristik-mainz.de.

Gästeführerverband Mainz. Unter dem Dach des Vereins haben sich mittlerweile rund 90 Gästeführer zusammengefunden, aus deren Kreis auch die Guides für die Stadtführungen der Touristeninformation rekrutiert werden. Thematisch ist das Angebot an Führungen erfreulich differenziert: Von der Weinwanderung über Führungen durch das römische, jüdische und französische Mainz bis hin zu Rundgängen im historischen Gewand ist für jeden Geschmack etwas dabei. Es lohnt sich, einmal auf der Homepage zu stöbern. Hier findet sich eine Liste mit ausgewählten Gästeführern, ihren Telefonnummern und Spezialgebieten. Bei Bedarf können dann auch individuelle Führungen zu Wunschthemen vereinbart werden. www.gaestefuehrungen-mainz.de.

Geographie für Alle. Das Geographische Institut der Uni Mainz bietet thematische Stadtführungen, Stadtrallyes und Ausflüge in die Mainzer Umgebung an. Das Angebot richtet sich auch an Kinder und Jugendliche. Erw. 7 €, erm. 5 €, Kinder unter 14 J. kostenlos. Weitere Infos unter ✆ 06131/3925145 oder www.geographie-fuer-alle.de.

Dominformation. Führungen durch den Dom und die Altstadt – nur für Gruppen. Geöffnet Mai–Sept. Mo–Fr 9–18 Uhr, Sa 9–14 Uhr, So 12.30–16 Uhr; Okt.–April Mo–Fr 9–17 Uhr, Sa 9–14 Uhr. Am Markt 8–10, ✆ 06131/253412, www.bistummainz.de.

Gutenberg-Express. Fast das ganze Jahr über startet täglich vor dem Staatstheater die rote Touristenbahn zu einer 1-stündigen Stadtrundfahrt. Die Tour führt u. a. über den Schillerplatz, an Dom, Stephanskirche und Neuer Synagoge vorbei, zum Kurfürstlichen Schloss und ein Stück den Rhein entlang. Während der Fahrt gibt's Informationen vom Band. Mit einem Fahrschein kann man den ganzen Tag über an einer der 10 Haltestellen zu- oder aussteigen und die Fahrt beliebig oft unterbrechen. Der Express verkehrt ab Gutenbergplatz April–Okt. tägl. 10.30–17.30 Uhr alle 70 Min., Sa/So alle 35 Min.; März/Nov./Dez. nur Sa/So 10.30–16.20 Uhr. Tickets gibt's direkt beim Zugführer. Erw. 9 €, Kinder 6–14 J. 4 €. www.gutenberg-express.de.

Taxi

Größere Taxistände finden sich u. a. am Hauptbahnhof und am Höfchen. Zu vorgerückter Stunde positionieren sich die Taxifahrer erfreulicherweise gleich in der Nähe beliebter Bars und Clubs. Sollte weit und breit mal kein Taxi auszumachen sein, wendet man sich an die Taxi-Zentrale: ✆ 06131/910910.

Touristeninformation

Die vom Bereich Tourismus der „mainzplus CITYMARKETING GmbH" betriebene Anlaufstelle für Besucher findet sich im Brückenturm am Fußgängerübergang über die Rheinstraße zwischen Brand-Zentrum und Rathaus. Neben diversen Informationsmaterialien zur Stadt bekommt man hier auch einen aktuellen Veranstaltungskalender sowie Tickets für Konzerte, Theater und Co. Vor der Touristeninformation ist auch der Treffpunkt für die regelmäßigen Stadt- und Kulturführungen durch Mainz. Eine weitere Touristeninformation findet sich seit 2016 im Landesmuseum.

Tourist Service Center im Brückenturm: Mo–Fr 9–17 Uhr, Sa 10–16 Uhr, So und an Feiertagen geschlossen Rheinstr. 55, ✆ 06131/242888, www.touristik-mainz.de.

Wellness

Entspannen, saunen und überhaupt die Seele baumeln lassen kann man im Sauna- und Wellnessbereich des Taubertsbergbades (→ S. 185) sowie in den Wellness- bzw. Spa-Anlagen der großen Hotels wie dem Favorite Parkhotel, Novotel Mainz und Hyatt Regency Mainz (→ Übernachten). Kuren wie einst die Römer lässt es sich darüber hinaus in den nahe gelegenen Thermen in Wiesbaden bzw. im Taunus, wo luxuriöse Bade- und Saunalandschaften warten (→ Kasten S. 186). Im Kurbad Wiesbaden, dem „Gesundheitsstandort", wie sich die Stadt selbst vermarktet, gibt es ohnehin allerlei Wellness-Angebote, die anwendungsbedürftige Mainz-Besucher rüber auf die „falsche" Rheinseite locken könnten.

Zeitungen und Stadtmagazine

Tageszeitungen

Allgemeine Zeitung Mainz. Mit einer verkauften Auflage von gut 50.000 Exemplaren ist die Allgemeine Zeitung (AZ) die mit Abstand meistgelesene Tageszeitung der Stadt. Nachdem die Mainzer Rhein-Zeitung Ende 2013 eingestellt wurde, ist die AZ zudem die einzig verbliebene Lokalzeitung. Das Blatt erscheint zusammen mit anderen Zeitungen bei der Rhein-Main-Presse und gehört zur Verlagsgruppe Rhein Main, die in Mainz ihren Sitz hat. Die Mainzer Redaktion der Allgemeinen Zeitung befindet sich direkt am Marktplatz. www.allgemeine-zeitung.de.

Stadtmagazine

Der Mainzer. Die kostenlose Stadtillustrierte erscheint monatlich und liegt in vielen Geschäften, Kneipen, Hotels etc. aus. Neben Hintergrundberichten zu aktuellen Lokalthemen gibt's Tipps rund um Essen und Trinken in Mainz sowie einen monatlichen Veranstaltungskalender für Theater, Konzerte, Party und Co. www.dermainzer.net.

sensor. Das Gratis-Monatsmagazin versorgt seine Leser seit Ende 2010 mit einem Veranstaltungskalender und ernsten bis amüsanten Storys rund um das politische, gesellschaftliche und kulturelle Leben in Mainz. www.sensor-magazin.de.

STUZ. Die 1998 gegründete Studentenzeitung nimmt eher die jüngere Generation ins Visier. Neben Berichten aus der Szene gibt's jeden Monat einen kulturellen Terminkalender mit deutlichen Hinweisen, wo der Alkohol besonders günstig ist. Die STUZ liegt ebenfalls an diversen Stellen in der Stadt kostenfrei aus. Für Wiesbaden gibt es eine eigene Ausgabe. www.stuz.de.

Kartenverzeichnis und Zeichenerklärung

Autobahn

Schnellstraße

Hauptstraße

Nebenstraße

Bahnlinie

Grünanlage

Friedhof

jüdischer Friedhof

Fußgängerzone

Information

Rundgang Anfang/Ende

Denkmal

Museum

Parkhaus/Parkplatz

Synagoge

Campingplatz

Mainz im Kasten

Fotoverzeichnis

Alle Fotos von **Johannes Kral**, außer: **INTERFOTO / Danita Delimont / Miva Stock** Covermotiv: **Bettina Müller** S. 154 | **Gutenberg-Museum** S. 45 | **Sascha Kopp** S. 160, 162 | **Wolfgang Kral** S. 34, 69, 77, 89, 104, 177, 200/201 | **Mainz 05/Stefan Sämmer** S. 103 | **Dominique Roth** S. 159 | **ZDF** S. 140

Impressum

Text und Recherche Johannes Kral | **Lektorat** Ute Fuchs, Lisa Kügel | **Redaktion** Ute Fuchs | **Layout** Mirko Graf | **Karten** Hans-Joachim Bode, Torsten Böhm, Theresa Flenger, Judit Ladik, Gábor Sztrecska | **Covergestaltung** Karl Serwotka | **Covermotiv** St. Martin Kathedrale mit Brunnen: INTERFOTO / Danita Delimont /Miva Stock

Die in diesem Reisebuch enthaltenen Informationen wurden vom Autor nach bestem Wissen erstellt und von ihm und dem Verlag mit größtmöglicher Sorgfalt überprüft. Dennoch sind, wie wir im Sinne des Produkthaftungsrechts betonen müssen, inhaltliche Fehler nicht mit letzter Gewissheit auszuschließen. Daher erfolgen die Angaben ohne jegliche Verpflichtung oder Garantie des Autors bzw. des Verlags. Autor und Verlag übernehmen keinerlei Verantwortung bzw. Haftung für mögliche Unstimmigkeiten. Wir bitten um Verständnis und sind jederzeit für Anregungen und Verbesserungsvorschläge dankbar.

ISBN 978-3-95654-430-9

Alle Angaben ohne Gewähr. Druck: Westermann Druck Zwickau GmbH.

Newsletter

Aktuelle Infos zu unseren Titeln, Hintergrundgeschichten zu unseren Reisezielen sowie brandneue Tipps erhalten Sie in unserem regelmäßig erscheinenden Newsletter, den Sie im Internet unter www.michael-mueller-verlag.de kostenlos abonnieren können.

Abruzzen ▪ Ägypten ▪ Algarve ▪ Allgäu ▪ Allgäuer Alpen ▪ Altmühltal & Fränk. Seenland ▪ Amsterdam ▪ Andalusien ▪ Andalusien ▪ Apulien ▪ Australien – der Osten ▪ Azoren ▪ Bali & Lombok ▪ Barcelona ▪ Bayerischer Wald ▪ Bayerischer Wald ▪ Berlin ▪ Bodensee ▪ Bretagne ▪ Brüssel ▪ Budapest ▪ Chalkidiki ▪ Chiemgauer Alpen ▪ Chios ▪ Cilento ▪ Cornwall & Devon ▪ Comer See ▪ Costa Brava ▪ Costa de la Luz ▪ Côte d'Azur ▪ Cuba ▪ Dolomiten – Südtirol Ost ▪ Dominikanische Republik ▪ Dresden ▪ Dublin ▪ Düsseldorf ▪ Ecuador ▪ Eifel ▪ Elba ▪ Elsass ▪ Elsass ▪ England ▪ Fehmarn ▪ Franken ▪ Fränkische Schweiz ▪ Fränkische Schweiz ▪ Friaul-Julisch Venetien ▪ Gardasee ▪ Gardasee ▪ Genferseeregion ▪ Golf von Neapel ▪ Gomera ▪ Gomera ▪ Gran Canaria ▪ Graubünden ▪ Hamburg ▪ Harz ▪ Haute-Provence ▪ Havanna ▪ Ibiza ▪ Irland ▪ Island ▪ Istanbul ▪ Istrien ▪ Italien ▪ Italienische Adriaküste ▪ Kalabrien & Basilikata ▪ Kanada – Atlantische Provinzen ▪ Karpathos ▪ Kärnten ▪ Katalonien ▪ Kefalonia & Ithaka ▪ Köln ▪ Kopenhagen ▪ Korfu ▪ Korsika ▪ Korsika Fernwanderwege ▪ Korsika ▪ Kos ▪ Krakau ▪ Kreta ▪ Kreta ▪ Kroatische Inseln & Küstenstädte ▪ Kykladen ▪ Lago Maggiore ▪ Lago Maggiore ▪ La Palma ▪ La Palma ▪ Languedoc-Roussillon ▪ Lanzarote ▪ Lesbos ▪ Ligurien – Italienische Riviera, Genua, Cinque Terre ▪ Ligurien & Cinque Terre ▪ Limousin & Auvergne ▪ Limnos ▪ Liparische Inseln ▪ Lissabon & Umgebung ▪ Lissabon ▪ London ▪ Lübeck ▪ Madeira ▪ Madeira ▪ Madrid ▪ Mainfranken ▪ Mainz ▪ Mallorca ▪ Mallorca ▪ Malta, Gozo, Comino ▪ Marken ▪ Mecklenburgische Seenplatte ▪ Mecklenburg-Vorpommern ▪ Menorca ▪ Midi-Pyrénées ▪ Mittel- und Süddalmatien ▪ Montenegro ▪ Moskau ▪ München ▪ Münchner Ausflugsberge ▪ Naxos ▪ Neuseeland ▪ New York ▪ Niederlande ▪ Niltal ▪ Norddalmatien ▪ Norderney ▪ Nord- u. Mittelengland ▪ Nord- u. Mittelgriechenland ▪ Nordkroatien – Zagreb & Kvarner Bucht ▪ Nördliche Sporaden – Skiathos, Skopelos, Alonnisos, Skyros ▪ Nordportugal ▪ Nordspanien ▪ Normandie ▪ Norwegen ▪ Nürnberg, Fürth, Erlangen ▪ Oberbayerische Seen ▪ Oberitalien ▪ Oberitalienische Seen ▪ Odenwald ▪ Ostfriesland & Ostfriesische Inseln ▪ Ostseeküste – Mecklenburg-Vorpommern ▪ Ostseeküste – von Lübeck bis Kiel ▪ Östliche Allgäuer Alpen ▪ Paris ▪ Peloponnes ▪ Pfalz ▪ Pfälzer Wald ▪ Piemont & Aostatal ▪ Piemont ▪ Polnische Ostseeküste ▪ Portugal ▪ Prag ▪ Provence & Côte d'Azur ▪ Provence ▪ Rhodos ▪ Rom ▪ Rügen, Stralsund, Hiddensee ▪ Rumänien ▪ Rund um Meran ▪ Sächsische Schweiz ▪ Salzburg & Salzkammergut ▪ Samos ▪ Santorini ▪ Sardinien ▪ Sardinien ▪ Schottland ▪ Schwarzwald Mitte/Nord ▪ Schwarzwald Süd ▪ Schwäbische Alb ▪ Schwäbische Alb ▪ Shanghai ▪ Sinai & Rotes Meer ▪ Sizilien ▪ Sizilien ▪ Slowakei ▪ Slowenien ▪ Spanien ▪ Span. Jakobsweg ▪ St. Petersburg ▪ Steiermark ▪ Südböhmen ▪ Südengland ▪ Südfrankreich ▪ Südmarokko ▪ Südnorwegen ▪ Südschwarzwald ▪ Südschweden ▪ Südtirol ▪ Südtoscana ▪ Südwestfrankreich ▪ Sylt ▪ Teneriffa ▪ Teneriffa ▪ Tessin ▪ Thassos & Samothraki ▪ Toscana ▪ Toscana ▪ Tschechien ▪ Türkei ▪ Türkei – Lykische Küste ▪ Türkei – Mittelmeerküste ▪ Türkei – Südägäis ▪ Türkische Riviera – Kappadokien ▪ USA – Südwesten ▪ Umbrien ▪ Usedom ▪ Varadero & Havanna ▪ Venedig ▪ Venetien ▪ Wachau, Wald- u. Weinviertel ▪ Westböhmen & Bäderdreieck ▪ Wales ▪ Warschau ▪ Westliche Allgäuer Alpen und Kleinwalsertal ▪ Wien ▪ Zakynthos ▪ Zentrale Allgäuer Alpen ▪ Zypern

Reisehandbuch **MM-City** **MM-Wandern**

Register

Die in Klammern gesetzten Koordinaten verweisen auf die beigefügte Mainz-Karte.

Sommer auf der Malakoff-Terrasse

Newsletter

Aktuelle Infos zu unseren Titeln, Hintergrundgeschichten zu unseren Reisezielen sowie brandneue Tipps erhalten Sie in unserem regelmäßig erscheinenden Newsletter, den Sie im Internet unter www.michael-mueller-verlag.de kostenlos abonnieren können.

Was haben Sie entdeckt?

Haben Sie ein besonderes Restaurant, ein neues Museum oder ein nettes Hotel entdeckt? Wenn Sie Ergänzungen, Verbesserungen oder Tipps zum Buch haben, lassen Sie es uns gerne wissen!

Schreiben Sie an: Johannes Kral, Stichwort „Mainz" |
c/o Michael Müller Verlag GmbH | Gerberei 19, D – 91054 Erlangen |